Toute ma 1re année

D0764842

Colette Laberge

Toute ma 1re année

Enfin tout pour se préparer et réussir !

Auteur de la section Anglais : Audrey Faille
Illustrations : Agathe Bray-Bourret et Julien Del Busso
Conception graphique et mise en pages : Folio infographie
Couverture : Cyclone Design
Illustration de la couverture : EyeWire Images
Correction d'épreuves : Audrey Faille

Imprimé au Canada

ISBN 978-2-89642-308-8
Dépôt légal – Bibliothèque et Archives nationales du Québec, 2010

© 2010 Éditions Caractère inc.

Tous droits réservés. Toute reproduction, traduction ou adaptation en tout ou en partie, par quelque procédé que ce soit, est strictement interdite sans l'autorisation préalable de l'Éditeur.

Nous reconnaissons l'aide financière du gouvernement du Canada par l'entremise du Fonds du livre du Canada pour nos activités d'édition.

Canada

Visitez le site des Éditions Caractère
editionscaractere.com

Table des matières

Mot aux parents

Toute ma première année est un ouvrage qui s'adresse aux parents qui veulent aider leur enfant à progresser dans son cheminement scolaire. Son but n'est pas de faire de vous un professeur à la maison, mais de permettre à votre enfant de revoir les notions apprises en classe et de le préparer à la quatrième année.

Les exercices variés et stimulants couvrent l'essentiel du Programme de formation de l'école québécoise du ministère de l'Éducation, du Loisir et du Sport et favorisent une démarche active de la part de votre enfant dans son processus d'apprentissage.

La première année du premier cycle représente tout un défi ! Votre enfant apprendra à lire, à écrire et à compter et il en tirera une grande fierté. Encouragez-le à lire régulièrement : il n'en deviendra que meilleur. Utilisez les situations de la vie quotidienne pour ancrer ses apprentissages : faites-lui lire les panneaux sur l'autoroute, demandez-lui de réciter ses tables d'addition, de vous raconter une histoire, etc. Soyez présent et attentif, c'est un cadeau inestimable que vous lui ferez.

Votre enfant n'est pas obligé de faire les exercices dans l'ordre : il peut faire un peu d'anglais, quelques pages de mathématique, s'amuser à réaliser les expériences dans la section Science ou encore ne compléter que la section Français en premier. Libre à lui de choisir. Vous pourrez toujours l'inciter à faire certaines sections plus tard. L'important est qu'il prenne plaisir à apprendre.

Nous avons intégré dans le corrigé les différentes graphies dictées par la nouvelle orthographe. Ces mots sont entre parenthèses et suivis d'un astérisque. Exemple : (ou chaine*).

Nous espérons que ce cahier d'exercices vous permettra de vous familiariser avec les notions que votre enfant apprend en classe et qu'il lui permettra de mieux réussir.

Français

Les chemins de la coccinelle

Suis les chemins de la coccinelle sans lever ton crayon.

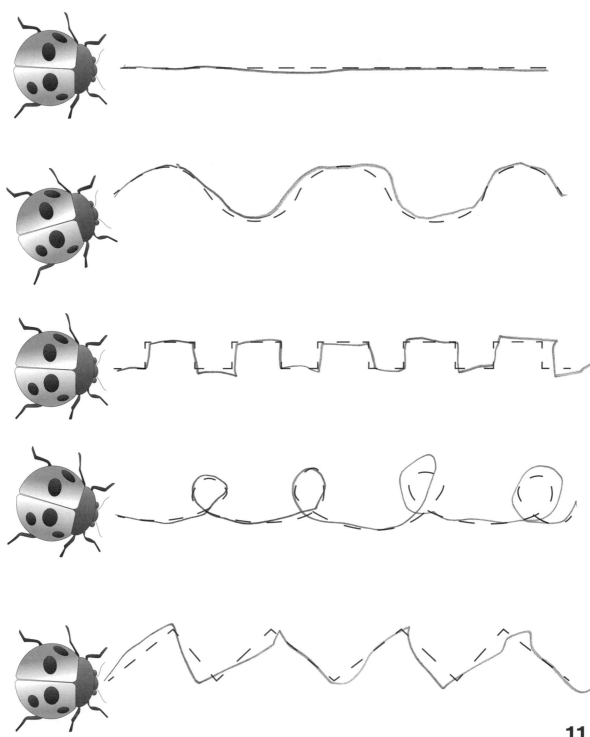

Des fils de laine

Suis les fils de laine sans lever ton crayon.

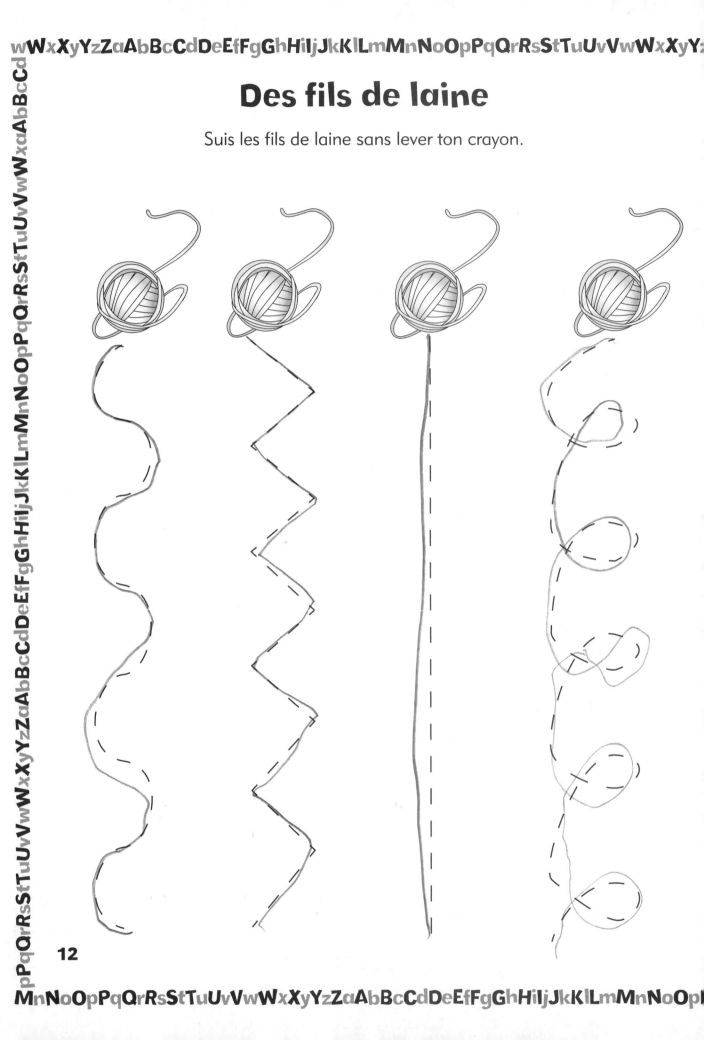

Je trace des images

Suis les pointillés pour former les dessins.

J'écris la lettre *a-A*

Exerce-toi à écrire les lettres de l'alphabet.
Attention, tu dois commencer à former la lettre
à partir du point et suivre le sens du crayon.

J'écris la lettre *b-B*

Exerce-toi à écrire les lettres de l'alphabet.
Attention, tu dois commencer à former la lettre
à partir du point et suivre le sens du crayon.

b   b   b   b   b   b

b   b   b   b   b   b

B   B   B   B   B   B

B   B   B   B   B   B

J'écris la lettre *c-C*

Exerce-toi à écrire les lettres de l'alphabet.
Attention, tu dois commencer à former la lettre
à partir du point et suivre le sens du crayon.

C   C   C   C   C   C

C   C   C   C   C   C

C   C   C   C   C   C

C   C   C   C   C   C

J'écris la lettre *d-D*

Exerce-toi à écrire les lettres de l'alphabet.
Attention, tu dois commencer à former la lettre
à partir du point et suivre le sens du crayon.

J'écris la lettre *e-E*

Exerce-toi à écrire les lettres de l'alphabet.
Attention, tu dois commencer à former la lettre
à partir du point et suivre le sens du crayon.

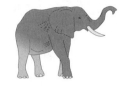

e e e e e e

e e e e e e

E E E E E E

E E E E E E

J'écris la lettre *f-F*

Exerce-toi à écrire les lettres de l'alphabet.
Attention, tu dois commencer à former la lettre
à partir du point et suivre le sens du crayon.

wWxXyYzZaAbBcCdDeEfFgGhHiIjJkKlLmMnNoOpPqQrRsStTuUvVwWxXyYz

W
x
a
A
b
B
c
C
d
D
e
E
f
F
g
G
h
H
i
I
j
J
k
K
l
L
m
M
n
N
o
O
p
P
q
Q
r
R
s
S
t
T
u
U
v
V
w
W
x
X
y
Y
z
Z
a
A
b
B
c
C
d
D

J'écris la lettre *g-G*

Exerce-toi à écrire les lettres de l'alphabet.
Attention, tu dois commencer à former la lettre
à partir du point et suivre le sens du crayon.

g   g   g   g   g   g

g   g   g   g   g   g

G   G   G   G   G   G

G   G   G   G   G   G

J'écris la lettre *h-H*

Exerce-toi à écrire les lettres de l'alphabet.
Attention, tu dois commencer à former la lettre
à partir du point et suivre le sens du crayon.

h   h   h   h   h   h

h   h   h   h   h   h

H   H   H   H   H   H

H   H   H   H   H   H

J'écris la lettre *i-I*

Exerce-toi à écrire les lettres de l'alphabet.
Attention, tu dois commencer à former la lettre
à partir du point et suivre le sens du crayon.

J'écris la lettre *j-J*

LE JOURNAL

Exerce-toi à écrire les lettres de l'alphabet.
Attention, tu dois commencer à former la lettre
à partir du point et suivre le sens du crayon.

J'écris la lettre *k-K*

Exerce-toi à écrire les lettres de l'alphabet.
Attention, tu dois commencer à former la lettre
à partir du point et suivre le sens du crayon.

J'écris la lettre I-L

Exerce-toi à écrire les lettres de l'alphabet.
Attention, tu dois commencer à former la lettre
à partir du point et suivre le sens du crayon.

J'écris la lettre *m-M*

Exerce-toi à écrire les lettres de l'alphabet.
Attention, tu dois commencer à former la lettre
à partir du point et suivre le sens du crayon.

m   m   m   m   m   m

m   m   m   m   m   m

M   M   M   M   M   M

M   M   M   M   M   M

J'écris la lettre *n-N*

Exerce-toi à écrire les lettres de l'alphabet.
Attention, tu dois commencer à former la lettre
à partir du point et suivre le sens du crayon.

J'écris la lettre *o-O*

Exerce-toi à écrire les lettres de l'alphabet.
Attention, tu dois commencer à former la lettre
à partir du point et suivre le sens du crayon.

J'écris la lettre *p-P*

Exerce-toi à écrire les lettres de l'alphabet.
Attention, tu dois commencer à former la lettre
à partir du point et suivre le sens du crayon.

P   P   P   P   P   P

P   P   P   P   P   P

P   P   P   P   P   P

P   P   P   P   P   P

J'écris la lettre q-Q

Exerce-toi à écrire les lettres de l'alphabet.
Attention, tu dois commencer à former la lettre
à partir du point et suivre le sens du crayon.

q   q   q   q   q   q

q   q   q   q   q   q

Q   Q   Q   Q   Q   Q

Q   Q   Q   Q   Q   Q

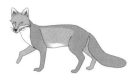

J'écris la lettre r-R

Exerce-toi à écrire les lettres de l'alphabet.
Attention, tu dois commencer à former la lettre
à partir du point et suivre le sens du crayon.

J'écris la lettre s-S

Exerce-toi à écrire les lettres de l'alphabet.
Attention, tu dois commencer à former la lettre
à partir du point et suivre le sens du crayon.

S   S   S   S   S   S

S   S   S   S   S   S

S   S   S   S   S   S

S   S   S   S   S   S

J'écris la lettre t-T

Exerce-toi à écrire les lettres de l'alphabet.
Attention, tu dois commencer à former la lettre
à partir du point et suivre le sens du crayon.

J'écris la lettre u-U

1

Exerce-toi à écrire les lettres de l'alphabet.
Attention, tu dois commencer à former la lettre
à partir du point et suivre le sens du crayon.

u u u u u u

u u u u u u

U U U U U U

U U U U U U

J'écris la lettre v-V

Exerce-toi à écrire les lettres de l'alphabet.
Attention, tu dois commencer à former la lettre
à partir du point et suivre le sens du crayon.

J'écris la lettre w-W

Exerce-toi à écrire les lettres de l'alphabet.
Attention, tu dois commencer à former la lettre
à partir du point et suivre le sens du crayon.

J'écris la lettre x-X

Exerce-toi à écrire les lettres de l'alphabet.
Attention, tu dois commencer à former la lettre
à partir du point et suivre le sens du crayon.

J'écris la lettre y-Y

Exerce-toi à écrire les lettres de l'alphabet.
Attention, tu dois commencer à former la lettre
à partir du point et suivre le sens du crayon.

J'écris la lettre z-Z

Exerce-toi à écrire les lettres de l'alphabet.
Attention, tu dois commencer à former la lettre
à partir du point et suivre le sens du crayon.

z   z   z   z   z   z

z   z   z   z   z   z

Z   Z   Z   Z   Z   Z

Z   Z   Z   Z   Z   Z

J'écris les chiffres de 1 à 9

Exerce-toi à écrire les chiffres de 1 à 9. Attention, tu dois commencer
à former le chiffre à partir du point et suivre le sens du crayon.

1 1

2 2

3 3

4 4

5 5

6 6

7 7

8 8

9 9

Je me présente

Remplis la fiche d'information suivante.

Colle une photo de toi ou fais un dessin.

Colle une photo ou dessine ton animal préféré.

Nom : Victoria

Prénom : Gaudreau

Âge : 7

Adresse : bouchavril ru de ban

Numéro de téléphone : 450-857-1248

Qu'aimes-tu ?

Recopie dans les cœurs ce que tu aimes.

ma mère
mon père
mon chien
le hockey
le chocolat

ma sœur
mon frère
jouer dehors
la gymnastique
les bonbons

les légumes
ma sœur
patiner
le karaté
chanter

les fruits
mon chat
skier
la danse
le soccer

mon chien
ma mère

patiner

les bonhme
jouer dehors

Je te présente ma famille

Découpe des photos des membres de ta famille et colle-les dans les cadres. Ensuite, écris leur nom dans l'espace approprié.

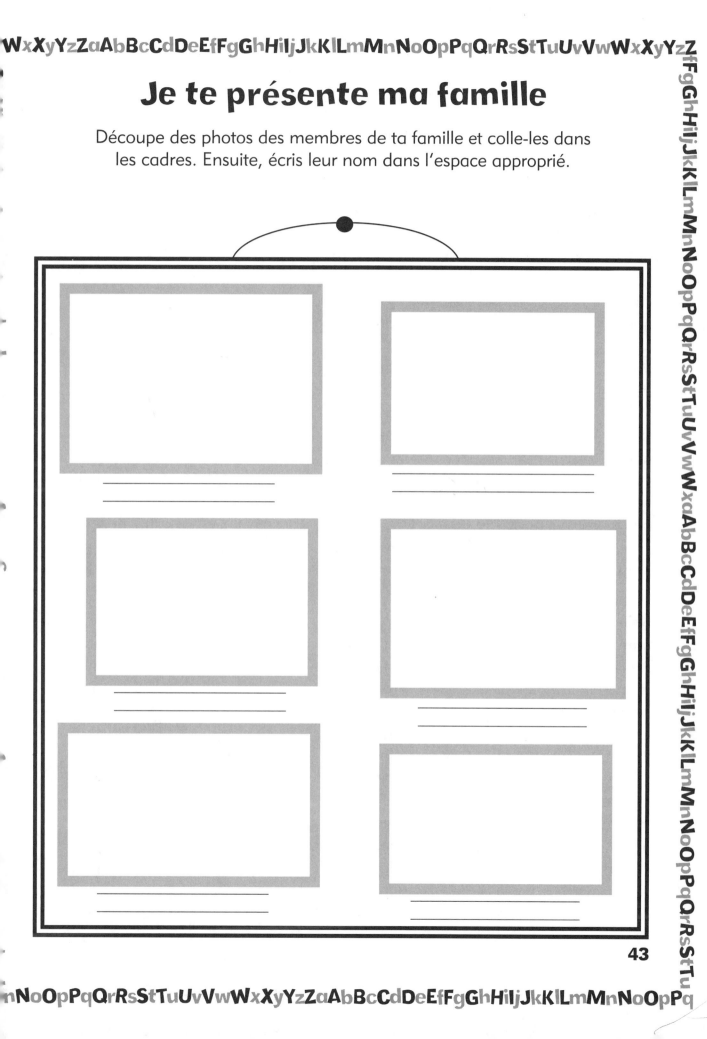

Des tas de lettres

Encercle les lettres demandées dans chaque colonne.

b et d	p et q	s et c
cube	cirque	cadeau
odeur	pomme	aussi
ordinateur	poisson	caresse
bonjour	inquiet	absent
jambon	jonquille	ici
perdu	ampoule	lancer
radis	camp	après
rond	musique	adresse
décembre	piquant	morceau
belle	quai	assiette
sud	après	lecture
habit	capitaine	majuscule
adieu	papa	soulier
boîte	apporter	sorcière
bond	piqûre	décembre

m et n	w et v	g et j
menu	hiver	âge
uniforme	wagon	bonjour
minute	mauvais	déjeuner
amie	olive	gagnant
mamie	William	berger
banane	kiwi	cage
lama	novembre	jouet
lune	louve	jupe
ananas	clown	toujours
mante	wapiti	neige
tomate	navire	jungle
fané	locomotive	joyeux
nylon	lavabo	dragon
rame	janvier	escargot
matou	wigwam	jardin

Je trouve les lettres

Encercle les **a** et les **e** dans la comptine.

Ma petite vache

Ma petite vache a mal aux pattes
Tirons-la par la queue
Elle deviendra mieux
Dans un jour ou deux…

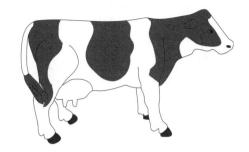

Encercle les **l** et les **t** dans la comptine.

Alouette

Alouette, gentille Alouette,
Alouette, je te plumerai.
Alouette, gentille Alouette,
Alouette, je te plumerai.
Je te plumerai le bec,
Je te plumerai le bec,
Et le bec, et le bec.

Maintenant, recopie la comptine suivante.

Violette

1, 2, 3, 4, 5, 6, 7

Violette, Violette

1, 2, 3, 4, 5, 6, 7

Violette à bicyclette!

_____
_____
_____
_____
_____
_____
_____

Je trouve des mots

Encercle le bon mot.

a)	soulier sapin saucisse	b)	ballon botte bouteille
c)	château chanson chapeau	d)	pantalon pantoufle papa
e)	jouet jupe jaune	f)	canard casquette cadenas
g)	foulard fou fête	h)	chaussette chaussure chanson
i)	girafe gaufre gant	j)	ballon botte bouteille
k)	rouge robe robinet	l)	pantoufle pantalon chandail

Des mots perdus

Relie les images dans les étoiles aux mots correspondants.

chat

fille

garçon

étoile

cheval

hibou

tomate

maison

papa

maman

poisson

clown

Je reconnais les mots

Encercle dans chaque phrase le mot écrit dans la première colonne.

a)	pomme		Mon amie mange une pomme.
b)	chat		Le chat miaule.
c)	cheval		Ma sœur a un cheval.
d)	soleil		Le soleil est jaune.
e)	tomate		Je mange une tomate.
f)	sorcière		La sorcière est laide.
g)	chapeau		Marie porte un chapeau.
h)	ballon		Mon frère joue au ballon.

Les animaux de la ferme

En te servant de la banque de mots,
écris le nom de chacun des animaux.

vache   mouton   cochon   poule   canard
poussin   chat   chien   âne   chèvre   lapin   coq

a) _____

b) _____

c) _____

d) _____

e) _____

f) _____

g) _____

h) _____

i) _____

j) _____

k) _____

l) _____

49

Les animaux de la forêt

En te servant de la banque de mots,
écris le nom de chacun des animaux.

loup   raton laveur   moufette   renne
ours   renard   hibou   castor   écureuil   orignal

a) _____

b) _____

c) _____

d) _____

e) _____

f) _____

g) _____

h) _____

i) _____

j) _____

Trouve les mots cachés

Des mots se cachent dans les jeux suivants. Trouve-les.

d	j	t	e	r	e	v	e	u	m
o	o	t	c	h	a	n	t	e	a
r	u	c	o	u	c	h	e	r	n
t	e	r	u	a	h	a	p	a	g
o	s	e	t	v	e	b	a	t	e
m	u	g	e	a	t	i	r	t	i
b	i	a	p	p	e	l	l	e	l
e	s	r	v	a	s	l	e	n	l
e	s	d	a	i	m	e	f	d	o
r	t	e	t	o	u	c	h	e	r

achète	couche	mange	tombe
aime	dort	parle	toucher
appelle	écoute	regarde	vas
attend	habille	rêve	
chante	joue	suis	

Mots cachés : __ __ __ __ __ __ __ __ __ __ __ __ __ __ __ __

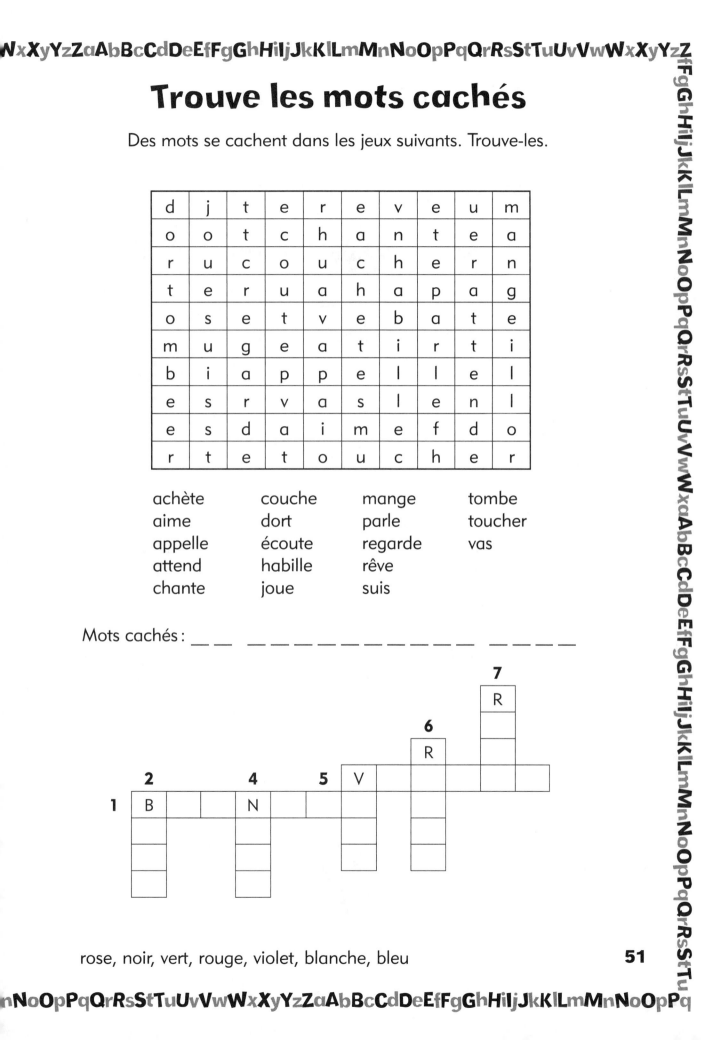

rose, noir, vert, rouge, violet, blanche, bleu

Des mots et des images

Encercle le mot qui va avec l'image.

a) père / mère	b) pomme / orange	c) bicyclette / auto
d) fille / garçon	e) maison / école	f) sapin / oiseau
g) père / mère	h) ballon / tomate	i) oreille / feuille
j) vache / cheval	k) soleil / étoile	l) cœur / table
m) citrouille / carotte	n) jambon / sorcière	o) cochon / mouton
p) fenêtre / porte	q) avion / bateau	r) timbre / arbre
s) violon / piano	t) chien / chat	u) chaise / table

Des mots à découper

Découpe et colle les mots aux bons endroits.

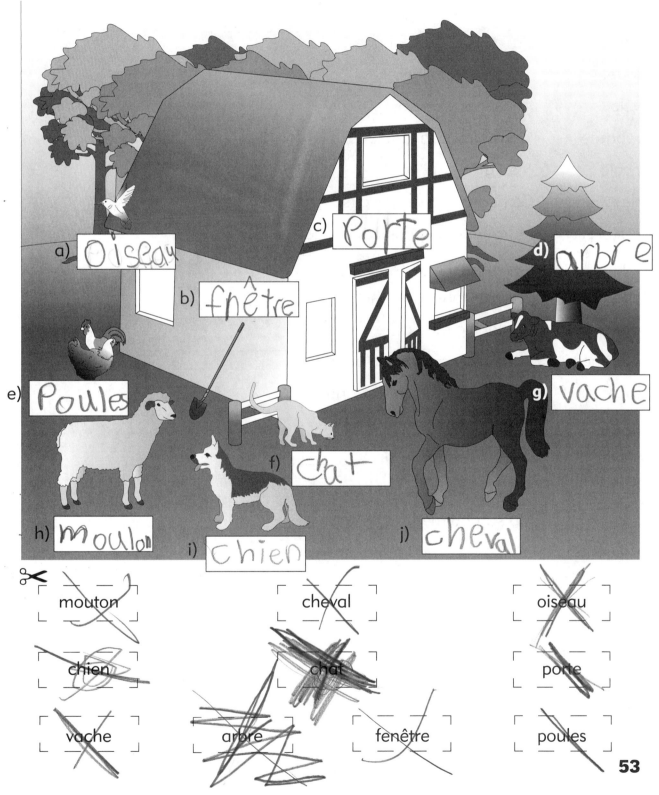

a) Oiseau
b) fnêtre
c) Porte
d) arbre
e) Poules
f) chat
g) vache
h) mouton
i) chien
j) cheval

✂

mouton   cheval   oiseau

chien   chat   porte

vache   arbre   fenêtre   poules

J'encercle des mots

Encercle le mot demandé dans chaque phrase.
Écris-le ensuite pour bien t'en souvenir.

J'ai	J'ai mangé des bananes.	_____
joue	Je joue au ballon.	_____
vélo	Alexie fait du vélo.	_____
regarde	Olivier regarde la télévision.	_____
école	Mariane va à l'école.	_____
devoirs	Catherine fait ses devoirs.	_____
guitare	Marc-Antoine joue de la guitare.	_____
court	Jean-Christophe court vite.	_____
chante	Simon chante une chanson.	_____
chocolat	Daniel n'aime pas le chocolat.	_____
pommes	Marie-Lou cultive des pommes.	_____
mère	Ma mère achète des oranges.	_____
marche	Félix marche pour aller à l'école.	_____
ski	Geneviève fait du ski.	_____
appelle	Mon chien s'appelle Balto.	_____
sœur	Ma sœur aime les chats.	_____
rouge	Mon père conduit une auto rouge.	_____

Des mots qui se répètent

Combien de fois vois-tu le même mot dans une même colonne?

livre	**cadeau**	**bateau**	**auto**
vivre	cadeau	ballon	avion
livre	chaton	balcon	avril
lecture	chaud	bateau	arbre
lumière	cadeau	râteau	autobus
lunette	ciel	radeau	auto
loterie	ciseau	bateau	bouton
livre	cloche	banane	avoir
long	chien	bateau	aimer
longue	chapeau	bonbon	auto
livret	cadeau	bureau	bateau
livreur	cheval	boîte	métro
livraison	content	bonjour	auto
légume	cadeau	bateau	ami
lundi	cadeau	beaucoup	auto

☐ fois   ☐ fois   ☐ fois   ☐ fois

55

Le son *ou*

1. Encercle les mots dans lesquels tu entends le son *ou*.

hibou	caillou	genou	histoire	pou
cahier	soir	doute	loupe	maison
soupe	pinceau	suivant	coucou	carotte
mouchoir	étagère	fou	bonjour	cantaloup

2. Passe seulement sur les mots qui contiennent le son *ou* pour te rendre au nid.

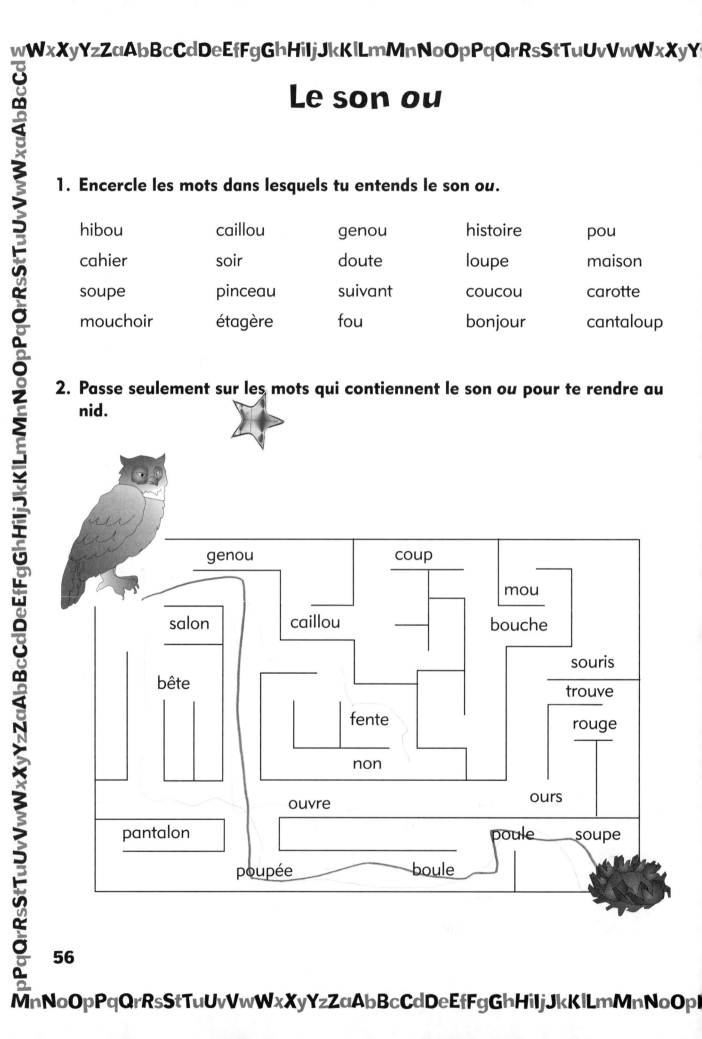

Le son *ou*

3. Trouve le mot mystère qui se cache parmi tous ces mots en *ou*.

g	t	o	m	n	o	u	s	c
u	a	m	o	u	c	h	e	h
h	b	o	u	t	o	n	c	o
i	o	o	l	g	e	n	o	u
b	u	u	i	a	m	o	u	r
o	r	r	n	t	o	u	t	e
u	e	s	p	o	u	p	e	e
t	t	o	u	j	o	u	r	s
t	e	n	t	o	u	t	o	u

amour   hibou   poupée
bouton   mouche   tabouret
chou   moulin   toute
écouter   nous   toujours
genou   ourson   toutou

Mot de 6 lettres __ __ __ __ __ __

4. Trouve le mot correspondant à la définition. Tous les mots contiennent le son ou.

a) C'est un oiseau qui fait hou, hou !

b) Son bébé vit dans sa poche ventrale.

c) Il ressemble beaucoup au chien.

d) Partie de la jambe.

e) Couleur de l'habit du père Noël.

f) Animal qui donne de la laine.

Le son *i*

1. Écris la lettre manquante. Ensuite, recopie les mots suivants sur les bons pétales. Regarde bien la lettre au centre de la fleur. N'oublie pas que le son i peut s'écrire *i* ou *y*.

i

y

a) x___lophone b) av___on c) p___jama d) f___lle e) am___

f) lund___ g) c___cliste h) otar___e i) rall___e j) c___gne

2. Encercle les illustrations dont le nom contient le son *i*.

a)
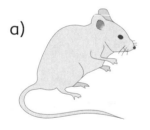

b)

c)
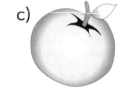

d)

e)

f)

Le son an

1. Classe les mots d'après l'orthographe du son an. Le son *an* peut s'écrire *an*, *am*, *en* ou *em*.

an	am	en	em
_____	_____	_____	_____
_____	_____	_____	_____
_____	_____	_____	_____
_____	_____	_____	_____
_____	_____	_____	_____
_____	_____	_____	_____
_____	_____	_____	_____

champion	dent	trampoline	absent
menton	septembre	bambin	chanter
longtemps	gant	décembre	blanc
jambon	tente	trempette	janvier

2. Écris chaque mot de la liste à côté de sa définition.

tente   vent   décembre   ambulance   blanc   gants   printemps

a) Phénomène météorologique qui fait bouger les feuilles : _____

b) Sert au transport des blessés : _____

c) Douzième mois de l'année : _____

d) La couleur de la neige : _____

e) Saison qui débute en mars : _____

f) Abri dans lequel on dort en camping : _____

g) Pour couvrir tes mains : _____

Le son *an*

3. Place les mots aux bons endroits dans la grille.

Décembre

1. o r a n g e
2. D É c e m b r e
3. e n v e l o p p e
4.
5. F R □ B □ □ □
6. v a m p i r e
7.
8. a n t (down from orange)
9. l a n g u e (down)

Le son s

1. **Complète les mots sur les poissons en te servant de s ou ç. Ensuite, relie les poissons à l'enfant qui tient la canne à pêche correspondant au son.**

Le son *in*

**1. Souligne les mots où tu entends le son *in*. Le son in s'écrit *in*, *ain*, *aim*
et *ein*.**

Ce matin, j'ai rencontré un lapin sur mon chemin. J'ai voulu lui donner du raisin,

mais il n'avait pas faim. J'ai voulu l'inviter à faire du patin, mais il m'a dit qu'il

ne savait pas patiner. Je l'ai invité à jouer dans notre jardin. Il ne pouvait pas, sa

maman l'attendait pour prendre son bain. Je lui ai donné rendez-vous demain

chez mon cousin pour jouer avec le train électrique qu'il a reçu pour son

anniversaire.

2. Recopie les mots suivants dans la bonne colonne.

bain   bouquin   ceinture   certain   coussin   demain   feindre   festin   frein
geindre   jardin   linge   main   matin   pain   peintre   peinture   train

in	ain	ein
_____	_____	_____
_____	_____	_____
_____	_____	_____
_____	_____	_____
_____	_____	_____
_____	_____	_____
_____	_____	_____
_____	_____	_____

Le son *in*

3. **Écris le nom de l'objet ou de l'animal représenté par les illustrations.**

a) _____

b) _____

c) _____

d) _____

e) _____

f) _____

g) _____

h) _____

i) _____

j) _____

k) _____

l) _____

Le son *o*

Le son o peut
s'écrire o, *au*
ou *eau*.

1. Trouve le mot mystère de 12 lettres : _ _ _ _ _ _ _ _ _ _ _ _

E	O								B	D		
A	R	M						I	O			
U	O	A					N	A	A			
	T	U	A	U	T	R	U	C	H	E		
	B	C	O	R	B	E	A	U				
	E	R	U	I	S	S	E	A	U			
B	O	N	N	E	R	O	B	I	N	E	T	
T	A	U	R	E	A	U	C	A	D	E	A	U
T	A	U	T	O	R	O	U	T	E	S	O	L	O
B	U	R	E	A	U	T	E	L	E	P	H	O	N	E
T	A	B	L	E	A	U	C	R	A	P	A	U	D	E
U	U	K	O	A	L	A	C	H	A	P	E	A	U	R
S	T	M	O	T	O	A	U	G	E	B	E	A	U
O	O	R	A	G	E	C	A	R	O	T	T	E
	S	A	U	T	E	R	E	L	L	E	S

aube	boa	crapaud	orage	taureau
auge	bonne	corbeau	robinet	téléphone
auto	bureau	eau	ruisseau	
autoroute	cadeau	koala	sauterelles	
autruche	carotte	mot	solo	
beau	chapeau	moto	tableau	

Le son *o*

2. Complète les mots dans les nuages en utilisant o, *au* ou *eau*.

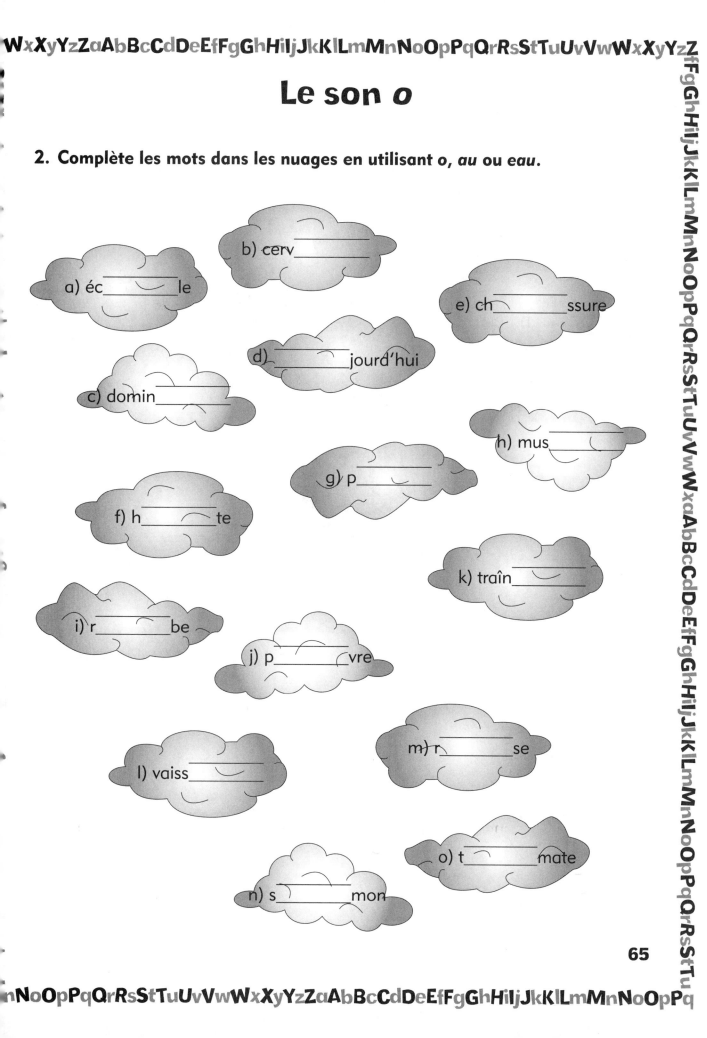

a) éc_____le

b) cerv_____

c) domin_____

d) _____jourd'hui

e) ch_____ssure

f) h_____te

g) p_____

h) mus_____

i) r_____be

j) p_____vre

k) traîn_____

l) vaiss_____

m) r_____se

n) s_____mon

o) t_____mate

Le son è

1. Complète les mots en utilisant è, *ai*, ê, et ou *ei* et n'oublie pas que le son è peut s'écrire è, *ai*, ê, et ou *ei*.

a) p_____gne

b) f_____te

c) ch_____se

d) bal_____ne

e) r_____sin

f) r_____ve

g) secr_____

h) corn_____

i) b_____te

j) bouqu_____

k) él_____ve

l) jou_____

m) for_____t

n) s_____son

o) l_____ne

p) lumi_____re

q) n_____ge

r) p_____re

s) premi_____re

t) r_____ne

Le son è

2. Encercle les mots qui contiennent la graphie du son è demandé pour réussir ton jeu de tic-tac-toe.

a) **è**

chèvre	moto	trois
sapin	règle	fête
jeton	laid	sorcière

b) **ai**

bateau	capitaine	été
lundi	épais	table
tuque	lait	pirate

c) **ê**

école	gâter	trois
rêve	tête	fête
gentil	matin	puce

d) **et**

élève	pomme	poulet
maison	mais	robinet
fou	soir	déchet

e) **ei**

neige	otarie	forêt
reine	même	laine
baleine	nuit	laid

Le son *gu* et le son *gn*

1. Colorie en bleu les feuilles qui contiennent des mots avec le son *gu* comme dans *guitare* et en rouge celles qui contiennent des mots avec le son *gn* comme dans *agneau*.

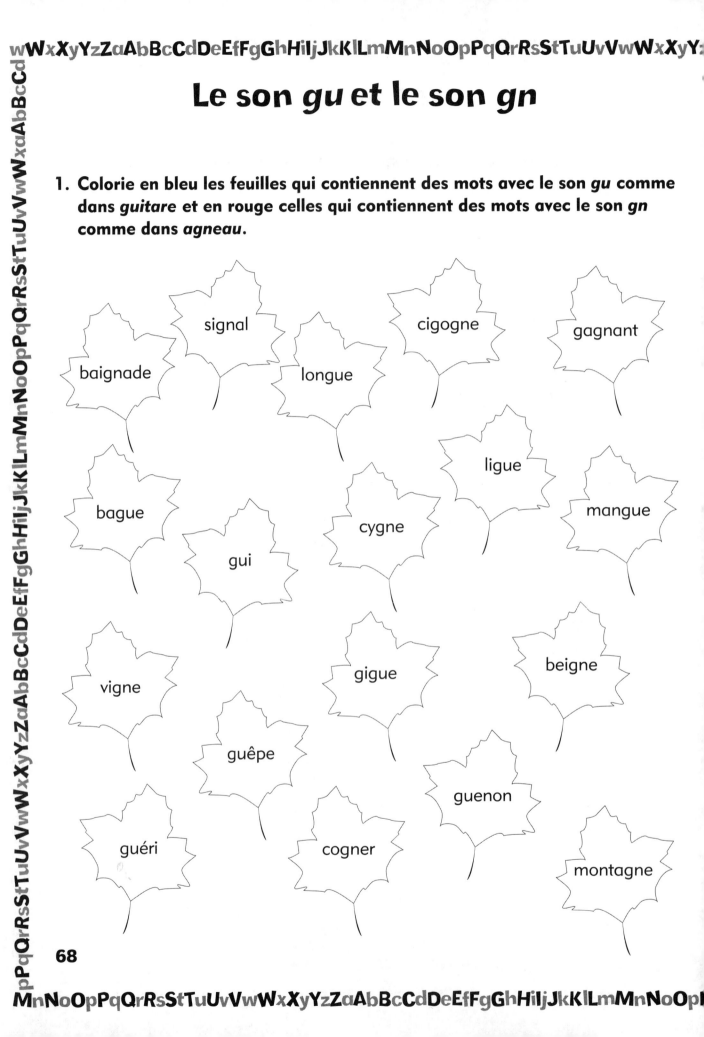

signal

cigogne

gagnant

baignade

longue

bague

ligue

cygne

mangue

gui

vigne

gigue

beigne

guêpe

guenon

guéri

cogner

montagne

Le son gn

1. Colorie en rouge les pommes qui contiennent des mots avec le son *gn*.

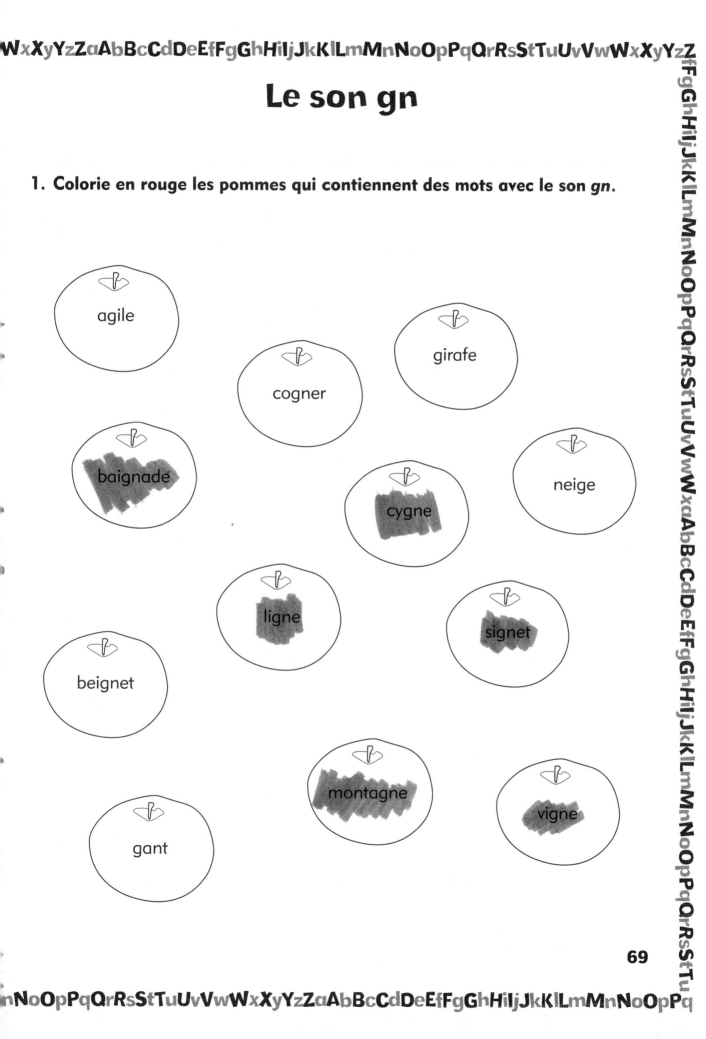

Le son *eu*

1. **Colorie en rouge les cases qui contiennent un mot avec le son *eu* et en vert les autres cases.**

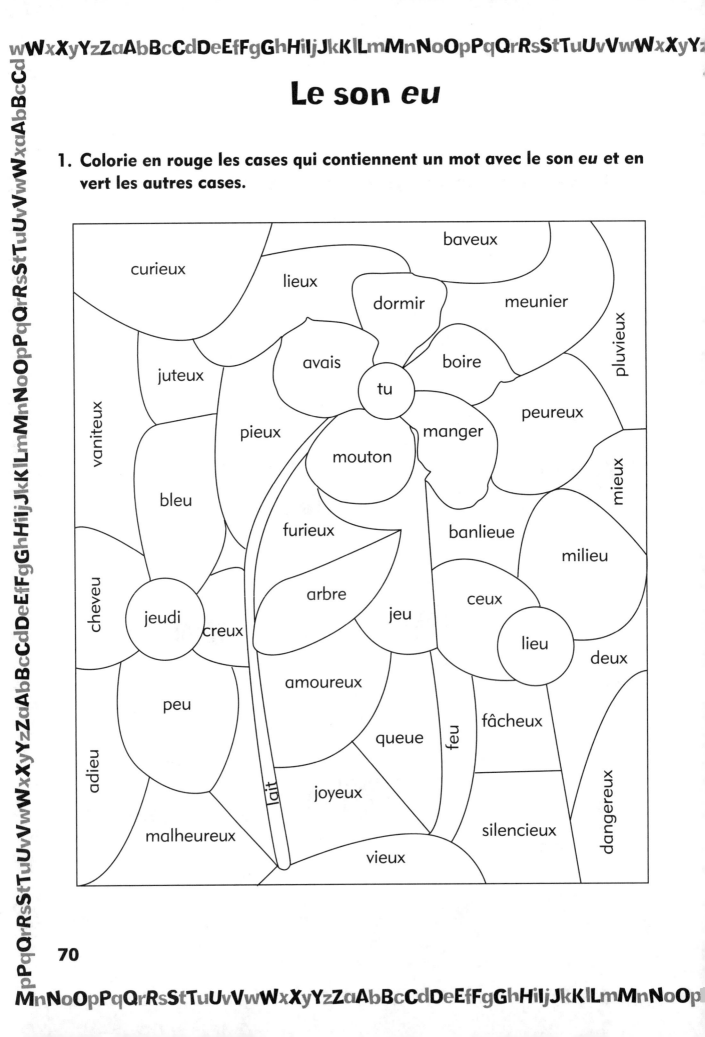

Le son *eu*

2. Colorie en bleu les cases où il y a un mot avec le son *eu* qui se prononce comme dans *bleu*, et en rouge les cases où il y a un mot avec le son *eu* qui se prononce comme dans *peur*.

Le son *eu* se prononce
de deux façons :
comme dans *peur*
et comme dans *bleu*.

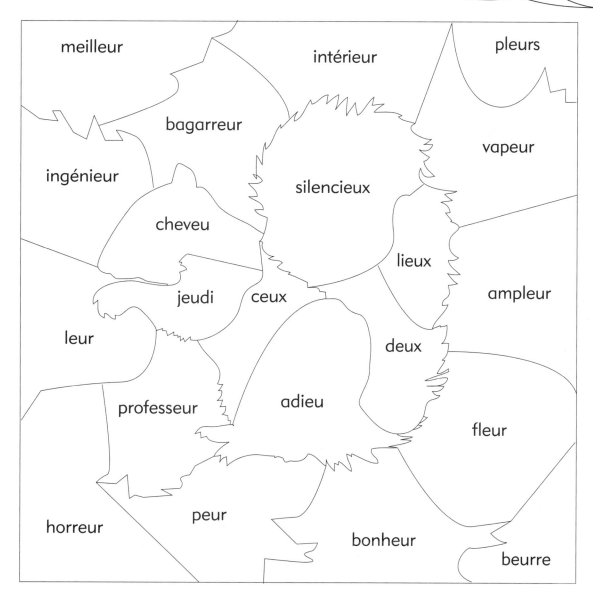

meilleur

intérieur

pleurs

bagarreur

vapeur

ingénieur

silencieux

cheveu

lieux

jeudi ceux

ampleur

leur

deux

professeur

adieu

fleur

horreur

peur

bonheur

beurre

71

Le son *ch*

1. Trouve le mot caché.

M	O	U	C	H	E	N	I	C	H	E	
V	A	C	H	E	M	A	C	H	I	N	E
M	A	N	C	H	O	T	C	H	E	R	I
C	H	A	N	T	E	R	B	U	C	H	E
C	H	A	M	B	R	E	C	H	A	I	S	E
C	A	U	T	R	U	C	H	E	C	H	A	M	P
C	H	E	M	I	N	H	C	H	A	T	E	A	U	X
O	M	O	U	C	H	O	I	R	P	E	C	H	E	S
C	C	H	A	U	V	E	S	O	U	R	I	S	O	L
C	H	A	T	O	N	D	I	M	A	N	C	H	E
C	H	A	M	P	I	G	N	O	N	S	A	T
C	H	A	P	E	A	U	C	H	E	Z

autruche	champignons	chauve-souris	machine	pêches
bûche	chanter	chemin	manchot	vache
chaise	chapeau	chéri	mouche	
chambre	châteaux	chez	mouchoir	
champ	chaton	dimanche	niche	

Trouve le mot mystère : _ _ _ _ _ _ _ _ _

Le son *ui*

1. Suis le chemin des mots en *ui* pour te rendre à l'arrivée.

Départ

cuisine	cuire	fruit	volume	triste	hockey	téléphone
école	sept	guide	pirate	danse	soleil	vieux
décembre	cadeau	huile	mercredi	été	ciel	jeu
fille	jupe	parapluie	jour	ruine	luire	suivant
garçon	robe	tuile	amour	cuivre	pour	juillet
père	amusant	puits	âge	pluie	ciseaux	menuisier
mère	autobus	truite	ennui	suite	crayon	suivre
sœur	trouve	lundi	ourson	hiver	livre	nuit
frère	tapis	soir	poupée	gris	bateau	enfui
fantôme	horloge	manteau	patte	noir	bicyclette	celui
sorcière	acheter	chapeau	carotte	mitaine	soulier	buisson
chat	bouche	ours	radis	patine	camion	conduite
vache	bras	clown	bonbon	demain	jeu	cuisinière
poussin	pupitre	adieu	pain	octobre	mer	suie
absent	samedi	arbre	accident	mars	matin	guichet

Arrivée

73

Le son é

Le son é s'écrit
é, *er* et ez.

1. Écris é, *ez* ou *er* pour compléter les mots.

a) n_____

b) b_____b_____

c) écoli_____

d) cahi_____

e) p_____pin

f) souli_____

g) l_____gume

h) papi_____

i) f_____vrier

j) boulang_____

k) d_____cembre

l) janvi_____

2. Relie le son é au mot qui contient ce son. Utilise une couleur différente pour chacun.

cahier

nez

école

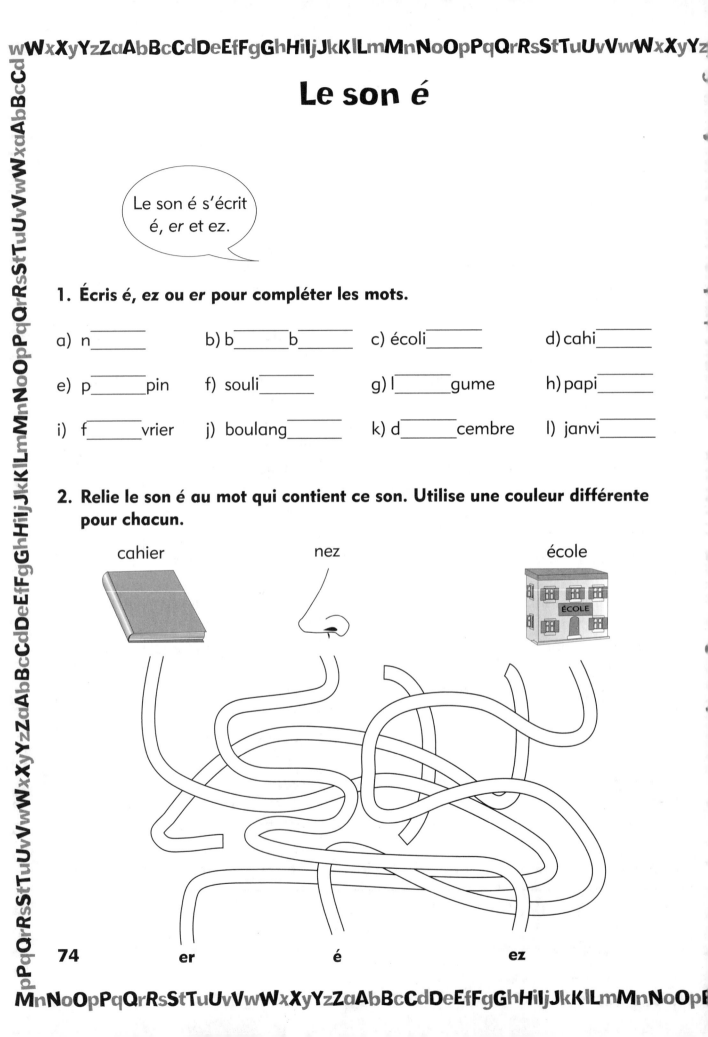

er

é

ez

Le son f

1. Remplis les cases avec les mots suivants.

Le son f s'écrit f, ff et ph.

a)
b)
c)
d)
e)
f)
g)
h)

affoler   gaffe
catastrophe   nénuphar
différent   phoque
difficulté   photographie

2. Recopie les mots suivants sur la bonne feuille.

~~fenêtre~~   ~~photo~~   ~~coffret~~   ~~girafe~~   téléphone   filet
~~phoque~~   chauffer   phénomène   fête   chiffon   ~~bouffon~~

f

fenêtre
girafe

ff

bouffon
coffret

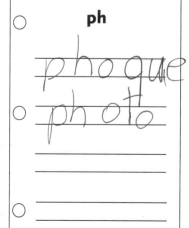

ph

phoque
photo

Le son *oi*

1. **Aide la voiture à se rendre à la maison. Passe seulement sur les cases qui contiennent un mot avec le son *oi*.**

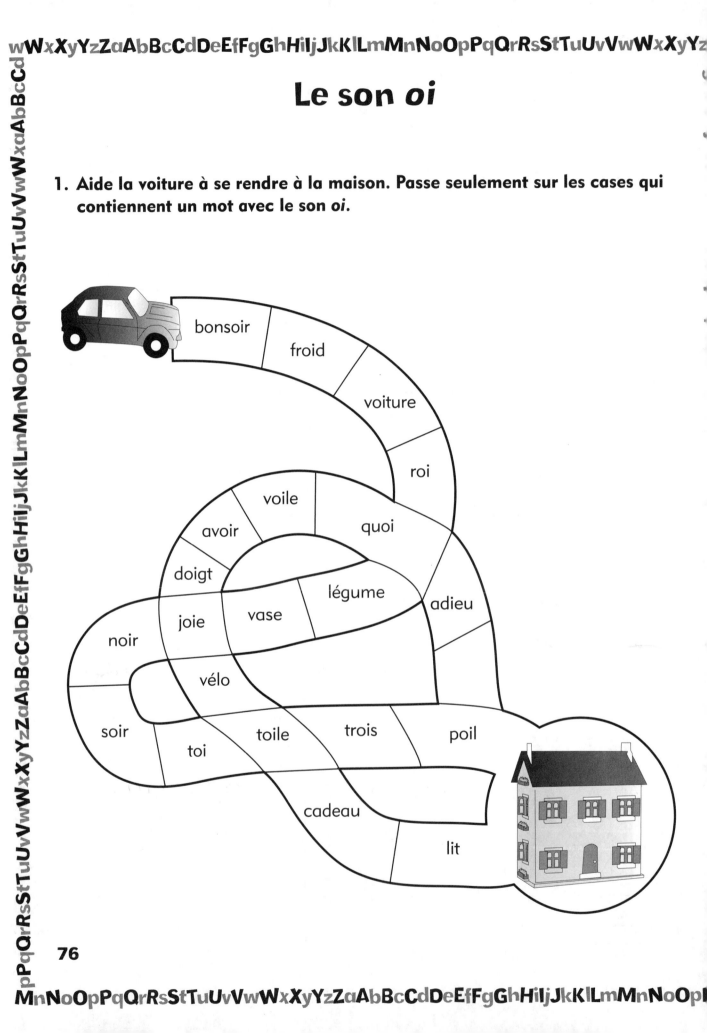

bonsoir

froid

voiture

roi

voile

avoir

quoi

doigt

légume

adieu

joie

vase

noir

vélo

soir

toi

toile

trois

poil

cadeau

lit

S qui se prononce comme z

1. Au bas du ballon, écris s si le s se prononce comme s et z si le s se prononce comme z.

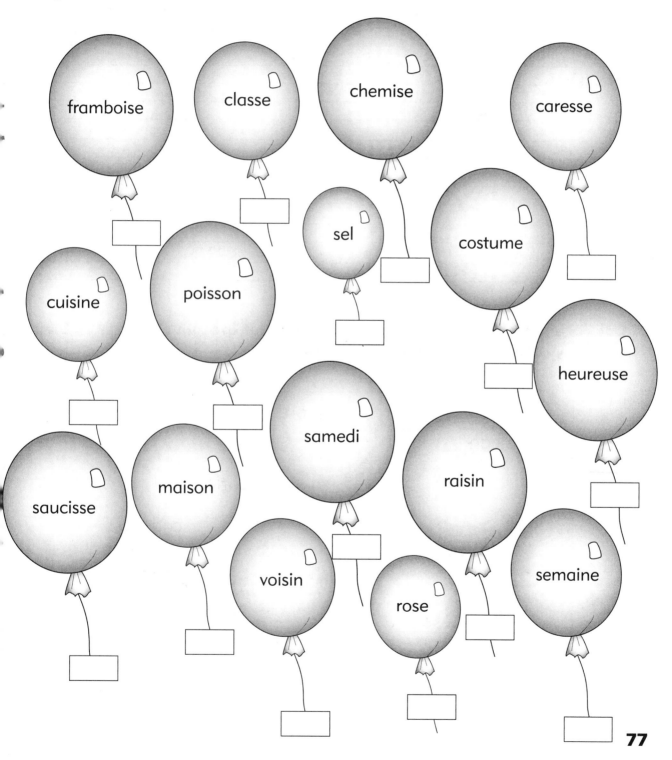

C dur et c doux

1. **Recopie les mots sur la bonne ligne. N'oublie pas que le c dur se prononce comme dans *cou* et le c doux comme dans *ciel*.**

cigale	copier	racine	carotte	casquette	caresse
cerise	cerf-volant	escalier	centaine	cette	canari

C doux (s) : _____

_____

_____

_____

C dur (k) : _____

_____

_____

_____

2. **Colorie en gris les cases qui contiennent un mot avec un c doux et en bleu les cases qui contiennent un mot avec un c dur.**

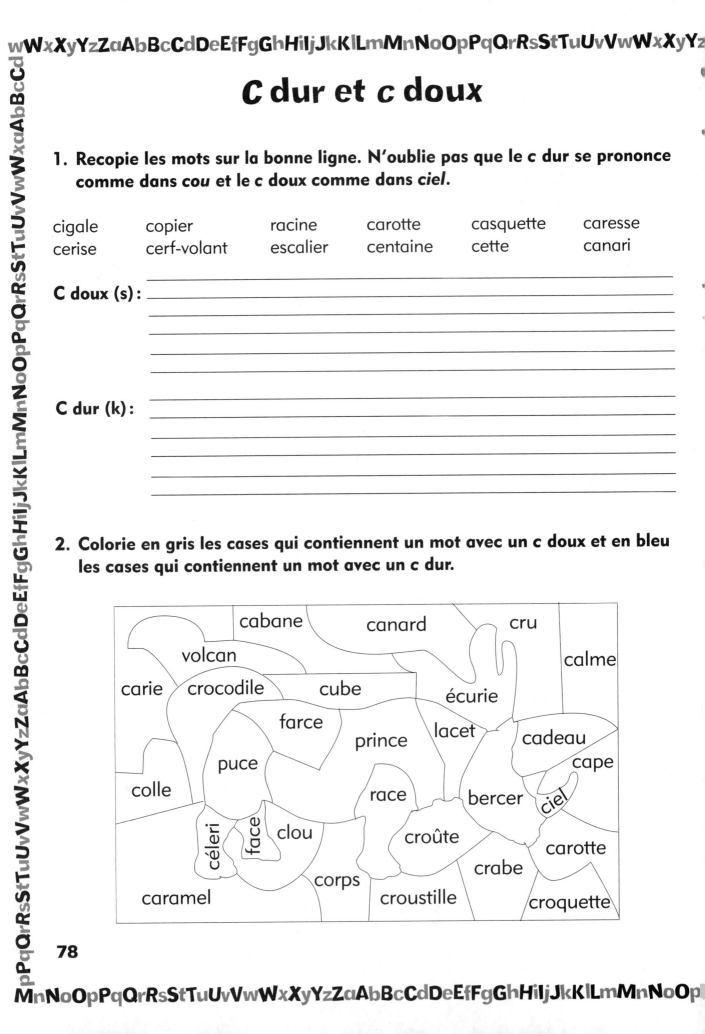

G dur et g doux

1. Écris les mots dans la bonne fleur.

Le *g* dur se prononce comme dans *galet* et le *g* doux, comme dans *girafe*.

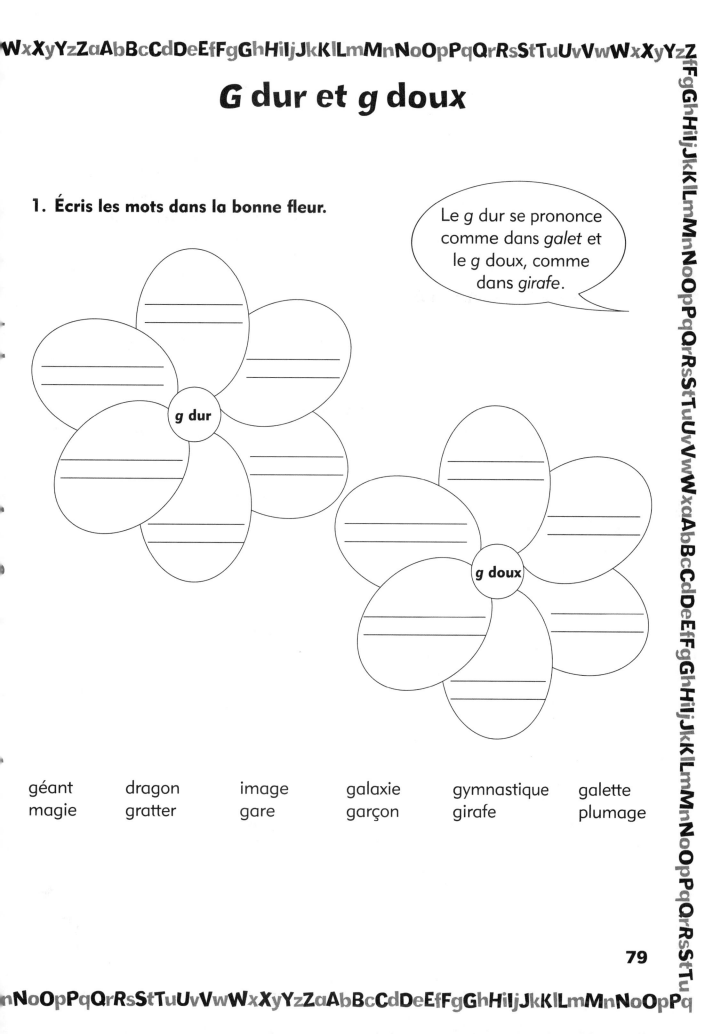

géant   dragon   image   galaxie   gymnastique   galette

magie   gratter   gare   garçon   girafe   plumage

Les lettres muettes

Certaines lettres ne se prononcent pas. On les appelle des lettres muettes.

1. Encercle la lettre muette dans chaque mot.

a) crapaud   b) bras   c) hibou   d) soie   e) hiver   f) chocolat   g) gris

2. Colorie seulement les cases qui contiennent un mot avec une lettre muette pour savoir quel chemin a suivi le chien pour se rendre à sa niche.

mot	loup	lit	gars
air	rêve	gros	gant
avion	brebis	regard	journal
kiwi	chat	ballon	joli
bébé	blanc	cadeau	mignon
chien	crapaud	scie	tapis

Les lettres accentuées

L'accent grave ` : se met sur le *a*, le *e* et le *u*.

L'accent aigu ´ : se met sur le *e* seulement.

L'accent circonflexe ^ : se met sur le *a*, le *e*, le *i*, le *o* et le *u*.

Le tréma ¨ : se met sur le *e*, le *i* et le *o*.

1. Complète le mot en ajoutant è, é ou ê.

a) béb____   b) b____te   c) caf____   d) ch____vre

e) cin____ma   f) cr____pe   g) d____cembre   h) fen____tre

i) f____te   j) for____t   k) oc____an   l) p____re

m) pi____ce   n) poup____e   o) r____gle   p) r____ve

q) rivi____re   r) sorci____re   s) fr____re   t) ____cole

2. Forme des mots avec les lettres dans les gouttes. Sers-toi de la banque de mots pour t'aider.

être   zéro   génie   mère   pêche   école

a) è r m e _____   b) e ê r t _____

c) o z é r _____   d) n é g i e _____

e) h p c ê e _____ f) l o c è e _____

Les lettres accentuées

3. Encercle les mots qui contiennent un accent circonflexe et fais un x sur ceux qui contiennent un accent grave.

âge	bâton	bibliothèque	calèche	carré
céleri	château	colère	crâne	cuisinière
dégoût	école	écouter	écrire	éléphant
épicerie	étoile	flûte	forêt	frère
gâteau	île	jambière	Joëlle	lumière
Noël	pêche	pièce	progrès	râteau
régal	règne	salé	santé	secrétaire

4. Recopie les mots dans la bonne colonne.

âge	bientôt	château	connaît	goût
flûte	guêpe	haïr	hôtel	île
Joëlle	là	légume	maïs	métal
Noël	où	règle	tête	très

ï _____ **ë** _____ **é** _____ **ô** _____

ù _____ **è** _____ **ê** _____ **à** _____

î _____ **û** _____ **â** _____

Les voyelles

1. **Écris les voyelles :** _____

2. **Souligne les *a*, les *e* et les *i* dans la comptine suivante.**

Une souris verte

Une souris verte qui courait dans l'herbe
Je l'attrape par la queue
Je la montre à ces messieurs.
Ces messieurs me disent :
trempez-la dans l'huile,
trempez-la dans l'eau
Ça fera un escargot tout chaud.
Je la mets dans mon chapeau
Elle me dit qu'il fait trop chaud.
Je la mets dans mon tiroir
Elle me dit qu'il fait trop noiré
Je la mets dans ma culotte
Elle me fait trois petites crottes.
Je la mets là dans ma main
Elle me dit qu'elle est très bien.

3. **Souligne les *o* et les *u* dans la comptine suivante.**

Jamais on n'a vu

Jamais on n'a vu, vu, vu
Jamais on ne verra, ra, ra
La queue d'une souris
Dans l'oreille d'un chat.

Les voyelles

4. Remplace chaque dessin par la bonne voyelle.

a = ♥   e = ✳   i = ☺   o = ♣   u = ♦   y = ☆

a) ♥g☺t♥t☺♣n _____

b) b✳♥♦c♣♦p _____

c) m♣☺n✳♥♦ _____

d) s☺l✳nc☺✳♦x _____

e) r♣m♥n _____

f) d♣m☺n♣ _____

g) s♥♦t✳r✳ll✳ _____

h) c☆gn✳ _____

i) m✳n♦☺s☺✳r _____

j) ch♥p✳♥♦ _____

5. Colorie les voyelles en utilisant une couleur différente pour chacune.

bedgaihoynmeutaqzipoy

6. Encercle les voyelles dans les mots.

aimer	carotte	balançoire
coquillage	chou	eau
cycliste	gai	mignon
yeux	plume	vingt

Les syllabes

1. Combien de syllabes y a-t-il dans chaque mot?

a) majuscule _____   b) locomotive _____   c) soleil _____   d) lune _____

e) nuage _____   f) étoile _____   g) chanson _____   h) silencieuse _____

i) sauterelle _____   j) si _____   k) sac _____   l) sagesse _____

2. Sépare les mots en syllabes. Voici un un exemple : *man/ger*.

hibou   aucun   citron   livre

écureuil   framboise   instrument   auto

sorcière   gymnastique   haut   neige

tomate   mignonne   jolie   miroir

**3. Regarde bien les syllabes. Forme quatre mots à l'aide de ces syllabes.
Écris-les ensuite.**

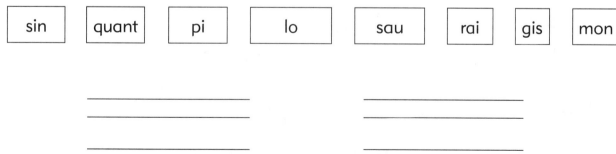

| sin | quant | pi | lo | sau | rai | gis | mon |

_____   _____

_____   _____

_____   _____

_____   _____

Les syllabes

4. Compte et écris combien de syllabes ont chacun des mots suivants.

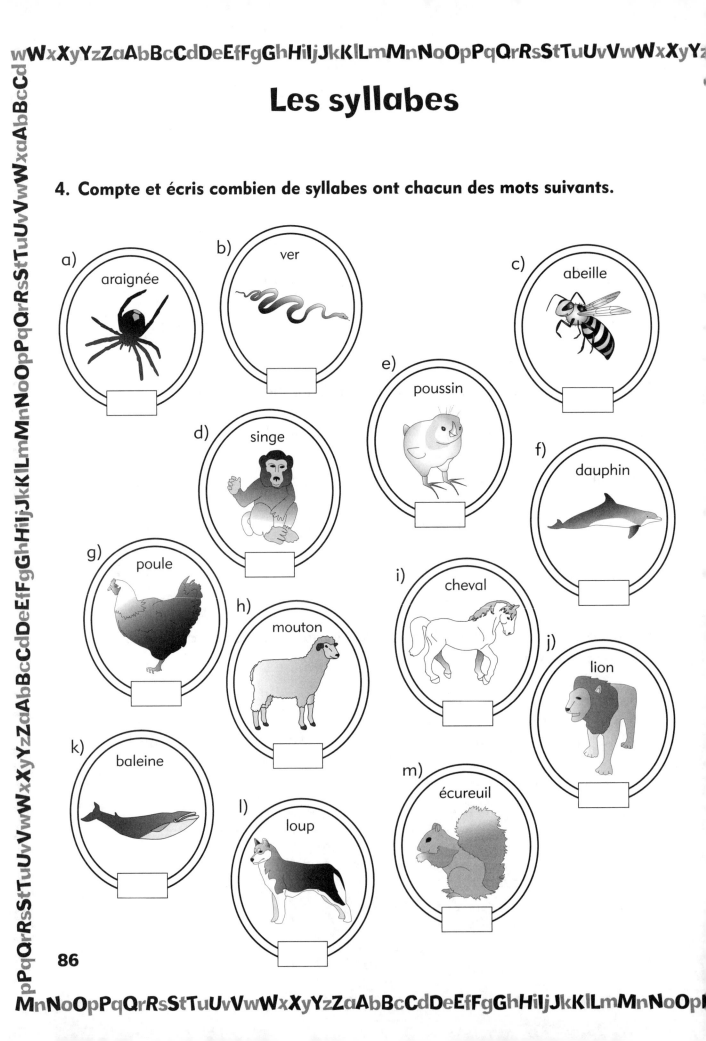

a) araignée

b) ver

c) abeille

d) singe

e) poussin

f) dauphin

g) poule

h) mouton

i) cheval

j) lion

k) baleine

l) loup

m) écureuil

La majuscule et la minuscule

1. Encercle la bonne réponse selon que le mot commence par une majuscule ou une minuscule.

a) Papa papa

b) Caroline caroline

c) Chicoutimi chicoutimi

d) Pain pain

e) Marc marc

f) Fido fido

2. Recopie les noms dans la bonne colonne.

marie   maman   paul   chien
vache   mathieu   antoine   chaise

Majuscule	Minuscule
_____	_____
_____	_____
_____	_____
_____	_____
_____	_____
_____	_____

3. Écris la lettre C ou c selon si le mot prend une lettre majuscule ou une lettre minuscule.

a) ____oralie

b) ____artable

c) ____oiffure

d) ____édric

e) ____achette

f) ____olombie

La majuscule et la minuscule

4. Suis le chemin des majuscules pour que le cheval puisse se rendre à l'écurie.

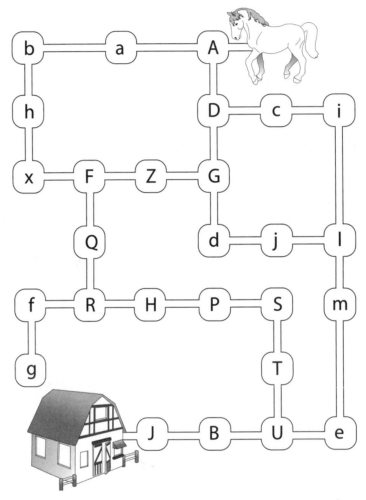

5. Corrige les phrases suivantes en mettant les majuscules aux bons endroits.

a) mon amie amélie est en voyage en floride.

_____

_____

b) mon frère mario vit au manitoba.

_____

_____

L'ordre alphabétique

1. Écris la lettre qui manque.

a) ab____   b) fg____   c) lm____   d) r____t   e) uv____

f) d____f   g) pq____   h) ____kl   i) n____p   j) xy____

2. Replace les groupes de lettres dans l'ordre alphabétique.

a) cba _____   b) fed _____   c) hgi _____   d) klj _____

e) mon _____   f) prq _____   g) wuv _____   h) xzy _____

3. Quelle lettre vient immédiatement après?

a) c____   b) s____   c) m____   d) o____   e) d____

f) w____   g) r____   h) q____   i) b____   j) p____

4. Quelle lettre vient immédiatement avant?

a) ____j   b) ____l   c) ____z   d) ____o   e) ____x

f) ____f   g) ____g   h) ____h   i) ____k   j) ____u

5. Quelle lettre vient entre?

a) e____g   b) t____v   c) x____z   d) i____k   e) v____x

L'ordre alphabétique

6. Quelle est la...

a) 4ᵉ lettre de l'alphabet? _____

b) 15ᵉ lettre de l'alphabet? _____

c) 25ᵉ lettre de l'alphabet? _____

d) la 17ᵉ lettre de l'alphabet? _____

7. Classe et recopie les mots suivants dans l'ordre alphabétique.

garçon   ami   papa   maman   chat   ordinateur

_____

_____

_____

_____

8. Relie les points dans l'ordre alphabétique pour découvrir l'image mystère.

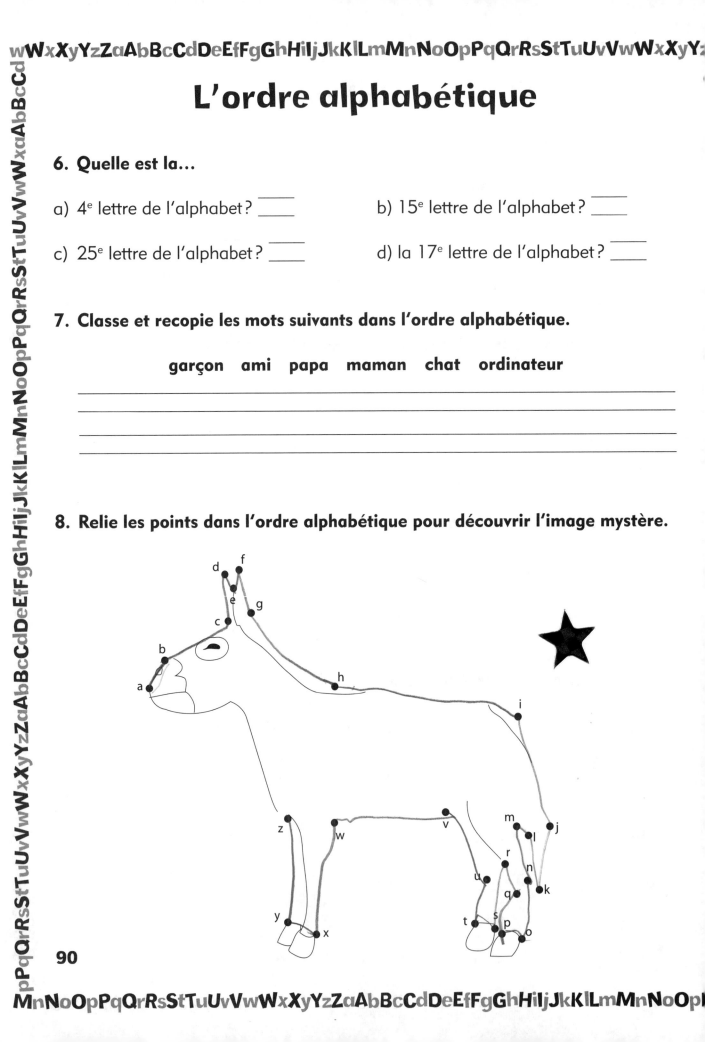

Le point

1. Il y a deux erreurs dans la phrase suivante. Peux-tu les trouver ? Recopie la phrase correctement.

marie mange une pomme

_____

_____

2. Place le point dans la phrase suivante.

Mes amis sont partis en vacances à Gaspé

_____

_____

3. Quelle phrase ne contient pas d'erreur ? Recopie-la.

a) Les pommes sont bonnes pour la santé.

b) Les oranges sont succulentes

c) Les lions vivent en afrique.

_____

_____

4. Écris trois phrases de ton choix. N'oublie pas la majuscule en début de phrase et le point à la fin.

_____

_____

_____

_____

_____

Les moments de la journée

1. Réponds par vrai ou faux.

a) Le matin, je vais me coucher. _____

b) Le midi, je mange mon lunch. _____

c) Le soir, je vais me coucher. _____

d) Le matin, je pars pour l'école. _____

e) L'après-midi, je vais en classe. _____

f) Le soir, je mange mon petit-déjeuner. _____

2. Écris à quel moment de la journée tu pratiques les activités suivantes :

a) Te lever : _____   b) Dîner : _____

c) Te coucher : _____   d) Te brosser les dents : _____

3. Replace les illustrations dans l'ordre en les numérotant de 1 à 3.

Les jours de la semaine

1. Recopie les jours de la semaine.

lundi

mardi

mercredi

jeudi

vendredi

samedi

dimanche

Les jours de la semaine

2. Quel jour vient ...?

a) immédiatement avant dimanche? _____

b) immédiatement avant mercredi? _____

c) immédiatement avant samedi? _____

d) entre lundi et mercredi? _____

e) immédiatement après samedi? _____

f) immédiatement avant jeudi? _____

g) entre mercredi et vendredi? _____

3. Écris les jours de la semaine dans l'ordre à partir de lundi.

_____

_____

_____

_____

4. Replace les jours de la semaine dans l'ordre.

a) ejdiu _____

b) darmi _____

c) hdmnacei _____

d) aisemd _____

e) iemercrd _____

f) uldni _____

g) devdiren _____

Les mois de l'année

1. Complète les phrases suivantes.

a) Noël est au mois de _____.

b) L'Halloween est au mois d'_____.

c) Le printemps débute au mois de _____.

d) L'école finit au mois de _____.

2. Réponds aux questions.

a) Quel mois vient entre janvier et mars ? _____

b) Quel mois vient après novembre ? _____

c) Quel mois vient immédiatement avant avril ? _____

d) Quel mois vient entre août et octobre ? _____

3. Écris les mois de l'année dans l'ordre à partir de janvier.

_____

_____

_____

4. Classe les mois dans le bon ordre.

août   juin   février   novembre

_____

_____

95

Les mois de l'année

5. Recopie les mois de l'année

janvier

février

mars   avril

mai   juin

juillet

août

septembre

octobre

novembre

décembre

Les saisons

1. Classe les mois dans la bonne saison. Pour t'aider, nous te donnons le premier mois de chaque saison.

printemps	été	automne	hiver
mars	juin	septembre	décembre

_____ _____ _____ _____
_____ _____ _____ _____
_____ _____ _____ _____
_____ _____ _____ _____
_____ _____ _____ _____

2. Regarde les illustrations et lis le texte. Écris de quelle saison il s'agit.

a) Enfin la neige est fondue !
Les tulipes pointent et je les cueille
pour faire un bouquet pour maman.

_____
_____

b) Il y a beaucoup de neige et je fais
un magnifique bonhomme
de neige.

_____
_____

97

Les saisons

3. Écris durant quelle saison tu pratiques les activités suivantes.

a) Faire du ski nautique. _____

b) Te déguiser pour l'Halloween. _____

c) Aller à la cabane à sucre. _____

d) Célébrer Noël. _____

4. Fais un x dans la case *vrai* ou *faux*.

	vrai	faux
a) L'hiver commence en janvier.		
b) En été, les journées sont plus longues qu'en hiver.		
c) Au printemps, les tulipes sortent de terre.		
d) En automne, les feuilles verdissent.		
e) Au printemps, les oiseaux reviennent du Sud.		
f) En hiver, il tombe de la neige.		
g) En été, tu fais du ski alpin.		
h) En automne, il pleut souvent.		
i) En hiver, tu mets ton maillot de bain pour jouer dehors.		

Les mots pour se situer

1. Fais un x là où on te le demande.

a) Fais un x **sur** la table.

b) Fais un x **sous** la table.

c) Fais un x **à gauche** de la table.

d) Fais un x **à droite** de la table.

2. Colorie en bleu les objets sur la table et en vert ceux sous la table.

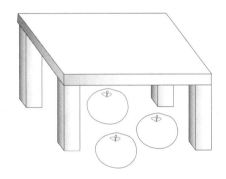
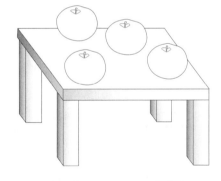

3. Regarde bien les illustrations et réponds aux questions.

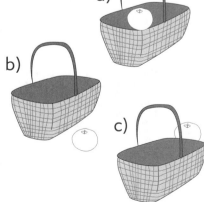

a) La pomme est _____ le panier.

b) La pomme est _____ le panier.

c) La pomme est _____ le panier.

Les mots pour se situer

4. **Dessine le ballon là où on te le demande.**

a) Dessine un ballon **sur** le banc.

b) Dessine un ballon **devant** le banc.

c) Dessine un ballon **derrière** le banc.

d) Dessine un ballon **à droite** du banc.

e) Dessine un ballon **à gauche** du banc.

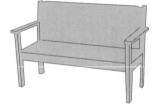

f) Dessine un ballon **sous** le banc.

5. **Dessine cinq pommes dans l'arbre de gauche. Dessine un ballon entre les deux arbres. Dessine un garçon sous l'arbre de droite.**

100

Les mots pour se situer

6. Trace le chemin parcouru par Océane pour se rendre chez son amie Mégane.

Tourne à droite dans la rue des Marguerites. Passe sous le pont. Tourne à gauche dans la rue des Tulipes. Passe sur le pont. Tourne à gauche après le parc. Passe devant l'école. Marche entre les arbres. Tourne à gauche dans le petit sentier. Tourne à droite dans la rue Framboise. C'est la troisième maison à gauche.

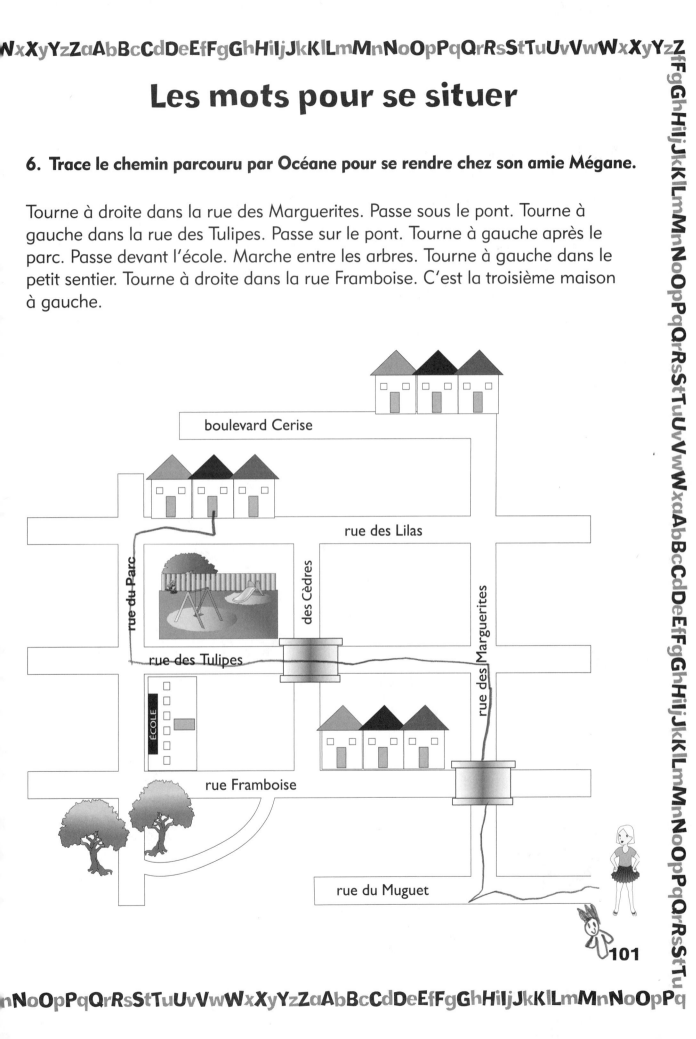

101

Les mots pour se situer

7. Suis les consignes suivantes.

a) Colorie en vert le deuxième enfant qui attend pour entrer dans la piscine.

b) Fais un x sur les enfants dans la piscine.

c) Dessine un oiseau entre le soleil et le nuage.

d) Dessine deux fleurs sous l'arbre.

e) Encercle l'enfant derrière la piscine.

Vocabulaire : Les fruits et les légumes

1. **Voici la liste de fruits et de légumes que Mohamed doit acheter à l'épicerie. Relie les fruits et les légumes de la liste à leur illustration.**

Liste

Pomme

Banane

Kiwi

Carotte

Cerises

Citrouille

Vocabulaire : Les fruits et les légumes

2. Relie le nom du fruit ou du légume à son illustration.

a) pomme

b) banane

c) orange

d) kiwi

e) carotte

f) tomate

g) citrouille

h) céleri

1.

2.

3.

4.

5.

6.

7.

8.

3. Recopie les noms de fruits et de légumes de l'exercice précédent dans la bonne colonne.

Fruits	Légumes
_____	_____
_____	_____
_____	_____
_____	_____
_____	_____
_____	_____
_____	_____
_____	_____

Vocabulaire : Le corps humain

1. Écris le nom des parties du corps.

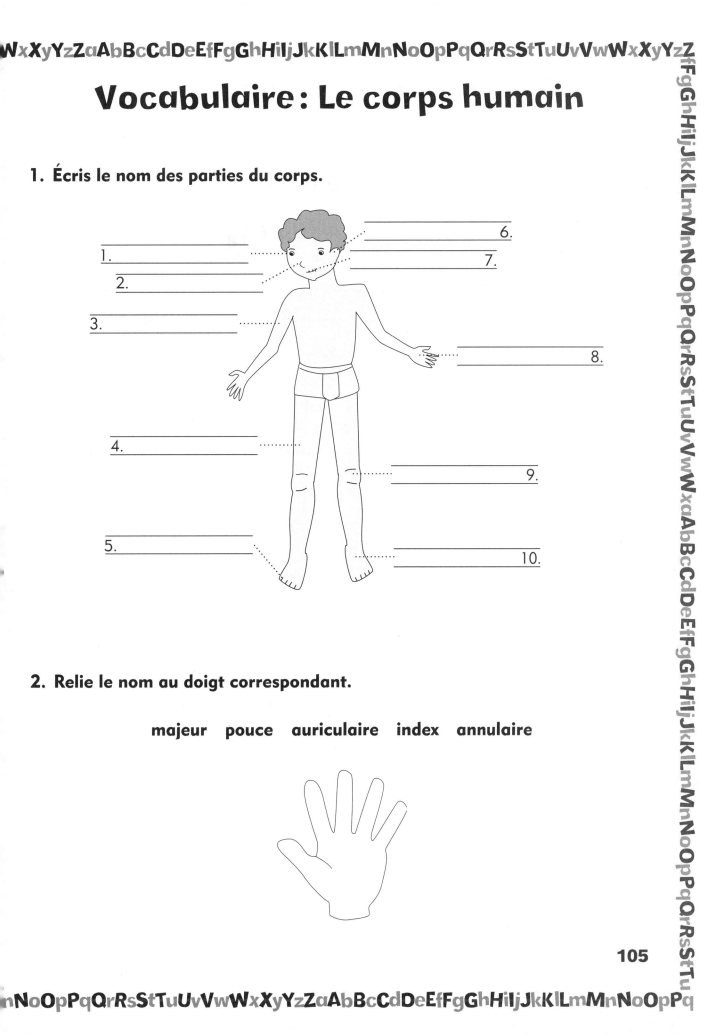

1. _____
2. _____
3. _____
4. _____
5. _____
6. _____
7. _____
8. _____
9. _____
10. _____

2. Relie le nom au doigt correspondant.

majeur   pouce   auriculaire   index   annulaire

Vocabulaire : Les cinq sens

1. Associe le sens à la partie du corps correspondante.

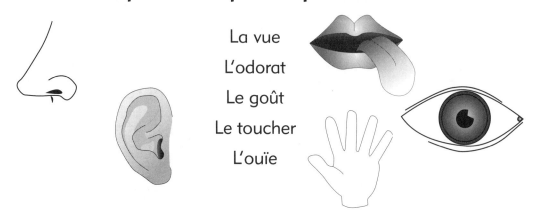

La vue
L'odorat
Le goût
Le toucher
L'ouïe

2. Colorie le bonhomme sourire si tu aimes le goût ou le bonhomme fâché si tu n'aimes pas le goût des aliments suivants.

	☺	☹
	☺	☹
	☺	☹
	☺	☹
	☺	☹
	☺	☹
	☺	☹
	☺	☹
	☺	☹
	☺	☹

Vocabulaire : La bicyclette

1. **En te servant de la banque de mots, écris le nom des différentes parties d'une bicyclette.**

frein   roue   pneu   pédale   dérailleur   selle   porte-bagages   guidon

6. _____

7. _____

1. _____

2. _____

3. _____

4. _____

5. _____

8. _____

Vocabulaire : L'ordinateur et l'équipement de hockey

1. En te servant de la banque de mots, écris le nom des différentes parties d'un ordinateur.

tapis de souris   souris   écran
lecteur de CD/DVD   clavier   webcaméra   haut-parleurs

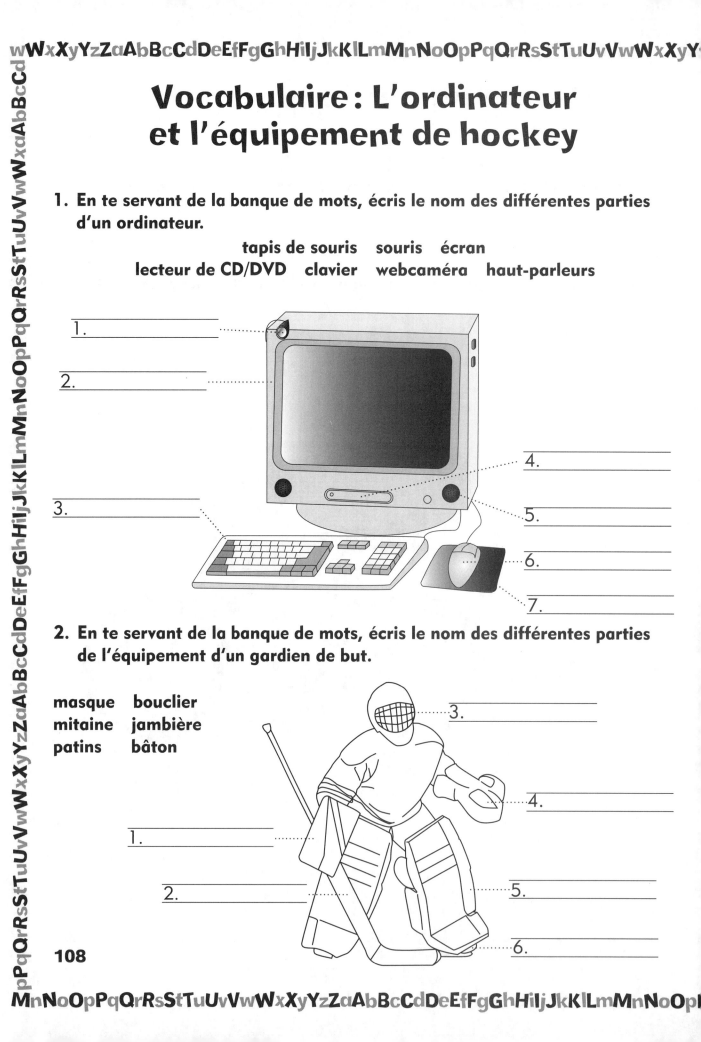

1. _____

2. _____

3. _____

4. _____

5. _____

6. _____

7. _____

2. En te servant de la banque de mots, écris le nom des différentes parties de l'équipement d'un gardien de but.

masque   bouclier
mitaine   jambière
patins   bâton

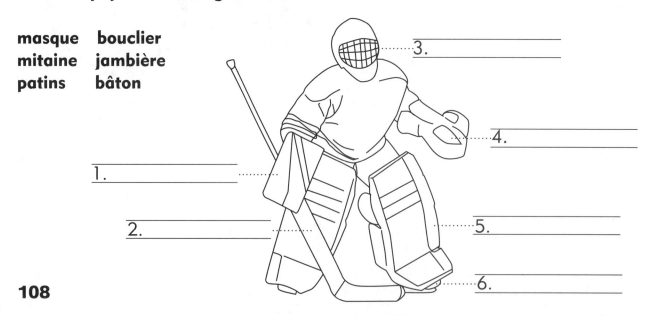

1. _____

2. _____

3. _____

4. _____

5. _____

6. _____

108

Vocabulaire : Les vêtements

1. En te servant de la banque de mots, écris le nom des vêtements.

chemise	gant	tuque	souliers
robe	chapeau	manteau	pantoufle
jupe	pantalon	mitaine	botte

a) _____

b) _____

c) _____

d) _____

e) _____

f) _____

g) _____

h) _____

i) _____

j) _____

k) _____

l) _____

109

Vocabulaire : Les couleurs

1. Colorie l'illustration selon les couleurs demandées.

1 : vert foncé 6 : gris
2 : brun 7 : rouge
3 : vert pâle 8 : jaune
4 : noir 9 : bleu foncé
5 : bleu pâle

110

Vocabulaire : Les couleurs

2. Replace les lettres des noms de couleurs dans le bon ordre.

a) eosr _____

b) ueorg _____

c) najue _____

d) etvr _____

e) ovtlei _____

f) rnbu _____

g) onri _____

h) rsgi _____

i) cnbla _____

3. Encercle les noms de couleurs dans le texte.

Une poule grise

C'est une poule grise
qui va pondre dans l'église
un petit coco
pour l'enfant qui va faire dodo.

C'est une poule noire
qui va pondre dans l'armoire
un petit coco
pour l'enfant qui va faire dodo.

C'est une poule blanche
qui va pondre dans la grange
un petit coco
pour l'enfant qui va faire dodo.

C'est une poule jaune
qui va pondre dans le chaume
un petit coco
pour l'enfant qui va faire dodo.

4. Réponds aux questions suivantes.

a) De quelle couleur sont les yeux de ta mère ? _____

b) De quelle couleur sont les murs de ta classe ? _____

c) De quelle couleur sont tes cheveux ? _____

Vocabulaire: Les couleurs

5. Colorie les cases selon les couleurs demandées.

1: mauve   2: bleu foncé   3: bleu pâle   4: rouge   5: brun

Vocabulaire: Animaux
de la ferme ou de la forêt?

1. Recopie les noms d'animaux dans la bonne colonne.

moufette

poule

cochon

raton laveur

lion

girafe

faisan

vache

renne

mouton

perroquet

cheval

éléphant

rhinocéros

orignal

Animaux de la ferme	Animaux de nos forêts	Animaux de la jungle
_____	_____	_____
_____	_____	_____
_____	_____	_____
_____	_____	_____
_____	_____	_____
_____	_____	_____
_____	_____	_____

Vocabulaire : Les planètes

1. Recopie le nom des planètes.

Mercure _____

Vénus _____

Terre _____

Mars _____

Jupiter _____

Saturne _____

Uranus _____

Neptune _____

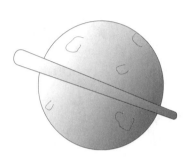

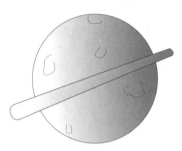

Voici le nom des planètes dans l'ordre, à partir du Soleil. La phrase suivante te permettra de retenir l'ordre. **M**on **V**ieux **T**u **M**'as **J**eté **S**ur **U**ne **N**avette.

M   pour Mercure

V   pour Vénus

T   pour Terre

M   pour Mars

J   pour Jupiter

S   pour Saturne

U   pour Uranus

N   pour Neptune

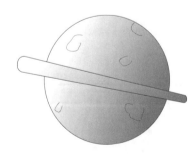

Vocabulaire :
Les instruments de musique

1. **En te servant de la banque de mots, écris le nom de chacun des instruments de musique.**

violon   trompette   maracas   batterie   xylophone
flûte   guitare   piano   banjo

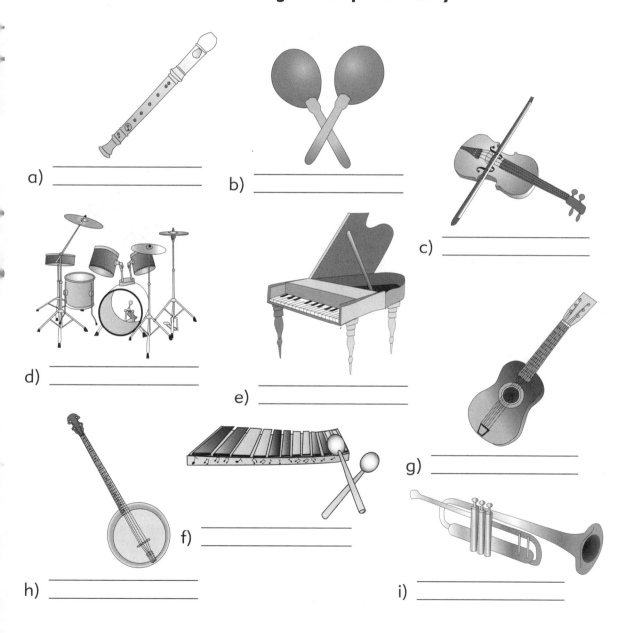

a) _____

b) _____

c) _____

d) _____

e) _____

f) _____

g) _____

h) _____

i) _____

Les rimes

1. **Écris au bon endroit les mots qui riment pour connaître le petit chat Virgule.**

tapis   vitesse   fatigué   Hercule   j'aime   foyer   désaccord

a) Mon nom est Virgule, _____
   Je vis avec mon maître _____.

b) Je suis un petit chat gentil _____
   Mais je fais parfois pipi sur le _____.

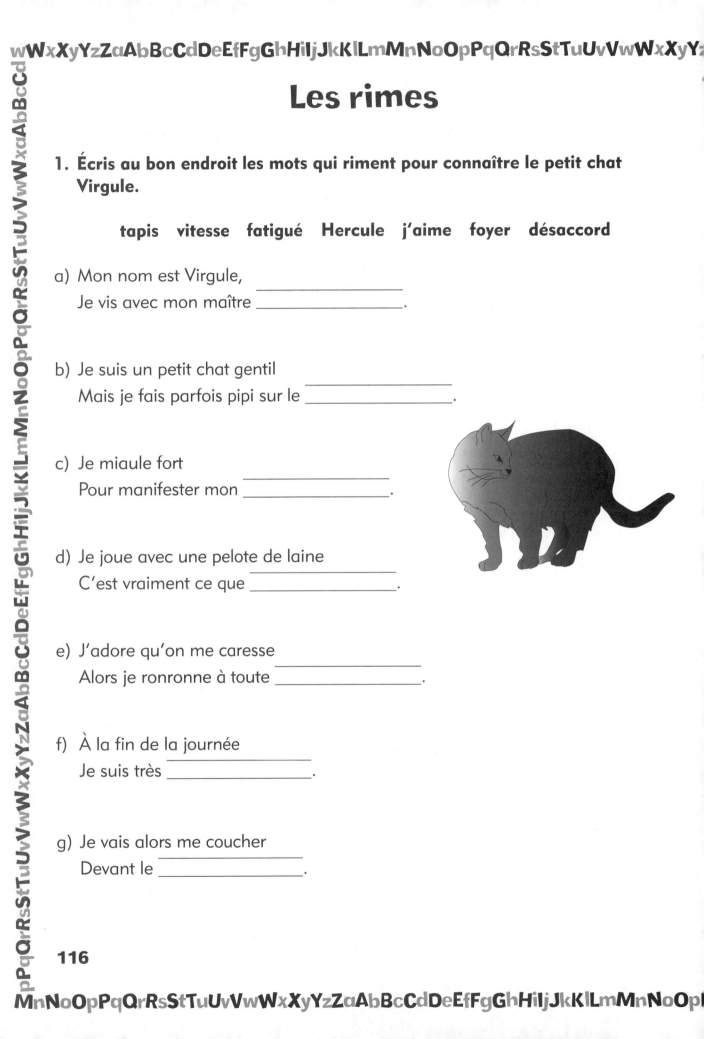

c) Je miaule fort _____
   Pour manifester mon _____.

d) Je joue avec une pelote de laine _____
   C'est vraiment ce que _____.

e) J'adore qu'on me caresse _____
   Alors je ronronne à toute _____.

f) À la fin de la journée _____
   Je suis très _____.

g) Je vais alors me coucher _____
   Devant le _____.

Les rimes

2. Relie les mots qui riment.

cadeau   trompette

jonquille   marmotte

garçon   quille

lunettes   joyeux

trottoir   loup

carotte   leçon

amoureux   château

août   voir

3. Sur la même ligne, encercle le mot qui rime.

a) *Crayon* rime avec   maison   banane.

b) *Corneille* rime avec   fort   abeille.

c) *Fou* rime avec   genou   fontaine.

d) *Heureux* rime avec   rougeur   joyeux.

e) *Merci* rime avec   décembre   jeudi.

f) *Prisonnier* rime avec   raconter   professeur.

g) *Racine* rime avec   bassine   radeau.

Les contraires

1. Relie les mots à leur contraire.

absent   non

rien   mal

adresse   présent

jeune   noir

mouillé   tout

blanc   maladresse

bien   sec

oui   vieux

2. Réponds par vrai ou faux.

a) *Gauche* est le contraire de *droite*. _____

b) *Haut* est le contraire de *bas*. _____

c) *Long* est le contraire de *bas*. _____

d) *Ouvrir* est le contraire de *monter*. _____

e) *Aimer* est le contraire de *détester*. _____

f) *Forte* est le contraire de *faible*. _____

Les contraires

3. Encercle les paires de chaises dont les mots sont le contraire l'un de l'autre.

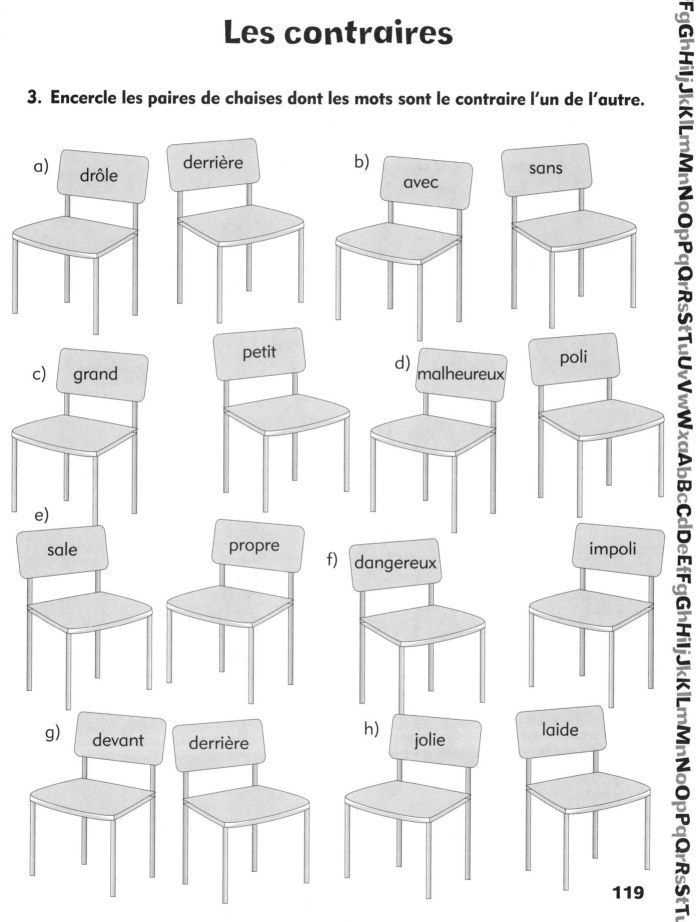

a) drôle · derrière

b) avec · sans

c) grand · petit

d) malheureux · poli

e) sale · propre

f) dangereux · impoli

g) devant · derrière

h) jolie · laide

119

Les contraires

4. En te servant de la banque de mots, écris sur chaque couple de ballon des mots qui sont des contraires l'un de l'autre.

gauche   endormi   devant   faible   sous   aimer
droite   sur   fort   derrière   éveillé   détester

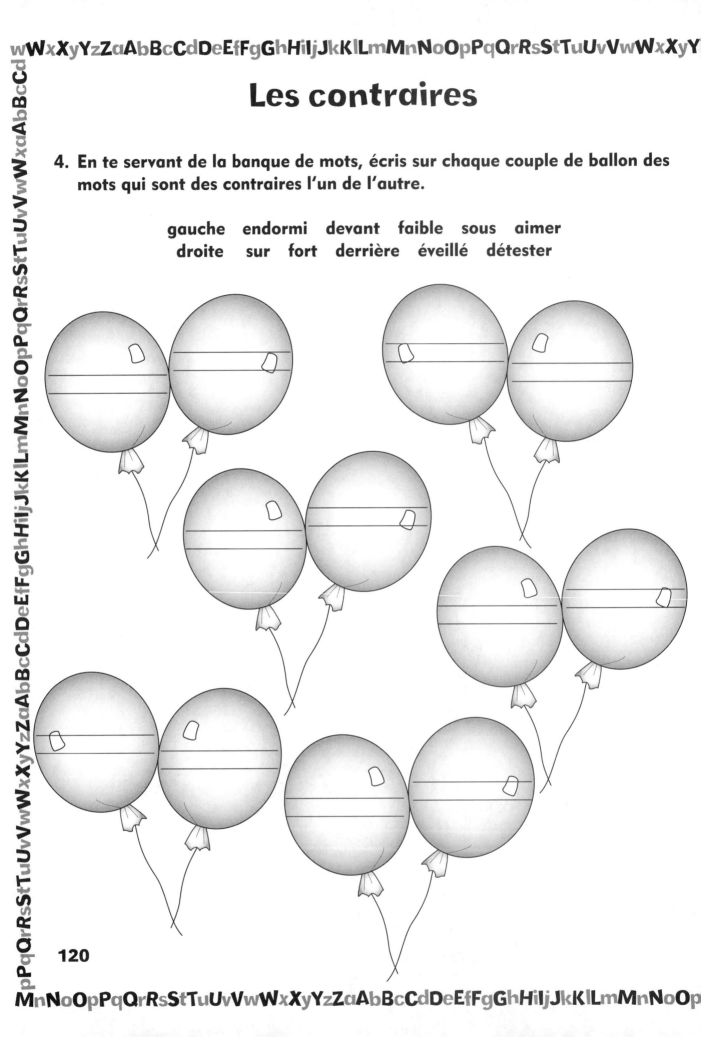

Les déterminants

1. Écris le bon déterminant en utilisant *le*, *la*, *les* ou *l'*.

a) _____ cigale

b) _____ garçons

c) _____ hôpital

d) _____ gardienne

e) _____ vagues

f) _____ ciseaux

g) _____ horloge

h) _____ cloche

i) _____ cheval

j) _____ ballon

k) _____ chat

l) _____ chiennes

2. Encercle le bon déterminant.

a) Un Une pomme

b) Un Une fleur

c) Un Une garçon

d) Un Une clown

e) Le Les fruits

f) Le Les chats

g) Un Une avion

h) Le Les chapeaux

i) Le Les forêts

j) Un Une chèvre

3. Encercle les déterminants dans le texte suivant.

Le lundi et le mardi, je vais à mon cours de piano. Le professeur m'enseigne une sonate. C'est difficile, mais je travaille fort. Je m'exerce souvent pour apprendre par cœur ce morceau de musique.

Les déterminants

4. Relie les mots à leur déterminant.

bataille   le

cafetière   le

frère   la

loup   la

fenêtre   la

5. Écris *le*, *la* ou *l'* devant les mots.

a) _____ porte   b) _____ autobus   c) _____ galette   d) _____ dragon

e) _____ banane   f) _____ carotte   g) _____ oreille   h) _____ pomme

i) _____ hibou   j) _____ livre   k) _____ légume   l) _____ bateau

m) _____ garçon   n) _____ maison   o) _____ chambre   p) _____ pantalon

q) _____ bébé   r) _____ arbre   s) _____ sœur   t) _____ ordinateur

6. Écris deux déterminants féminins et deux déterminants masculins.

_____ _____ _____ _____

_____ _____ _____ _____

Le genre et le nombre

1. Écris les mots suivants dans la bonne colonne.

sorcière, poisson, pomme, nez, neige, pirate, horloge, autobus

Masculin	Féminin
_____	_____
_____	_____
_____	_____
_____	_____
_____	_____
_____	_____
_____	_____

2. Encercle les mots qui sont au féminin.

mère	outil	ballon	chien
pomme	souris	bicyclette	heureuse
table	maison	robe	chaud
sorcière	seul	nouvelle	long

3. Encercle les mots au féminin dans les phrases suivantes.

a) Ma sœur mange une pomme.

b) Mon frère et ma cousine font du patin à roues alignées.

c) Ma tante me donne un cadeau pour mon anniversaire.

d) Ma chatte a eu des petits.

Le genre et le nombre

4. Écris le nom du mâle et de la femelle des animaux illustrés.

	Mâle	Femelle
a)		
b)		
c)		
d)		
e)		
f)		

5. Écris les noms de métiers au féminin.

a) directeur _____ b) boulanger _____

c) vendeur _____ d) infirmier _____

e) mécanicien _____ f) enseignant _____

g) danseur _____ h) chanteur _____

i) illustrateur _____ j) écrivain _____

Le genre et le nombre

6. Colorie *la* si le mot est féminin et *le* si le mot est masculin.

a) Le   La   maison

b) Le   La   chatte

c) Le   La   lune

d) Le   La   chien

e) Le   La   camion

f) Le   La   clown

g) Le   La   crayon

h) Le   La   fantôme

i) Le   La   plancher

j) Le   La   poisson

7. Suis le chemin des mots au féminin pour te rendre à l'arrivée.

Départ

souris	banane	chat	ballon	tapis	ourson	fromage	rat	melon
chandail	laitue	livre	tableau	sac	mouton	radis	hibou	talon
soulier	patate	content	dessin	cœur	cheval	raisin	loup	pont
bateau	carotte	arbre	pied	cou	cochon	blanc	zèbre	salon
château	tomate	bonne	blanche	belle	forte	pyjama	lion	boa
gâteau	père	cadeau	nez	genou	femme	parc	ananas	suçon
camion	cousin	banc	bras	pirate	fille	soleil	toutou	pouce
jeu	neveu	œuf	bureau	sorcier	sœur	botte	mitaine	chemise

Arrivée

Le genre et le nombre

8. Relie l'illustration au bon déterminant.

a) La
   Les

b) La
   Les

c) La
   Les

d) La
   Les

e) La
   Les

9. Encercle les mots qui sont pluriel.

maisons   ballon   sorcières

poissons   gentil   fleurs

châteaux   rivaux   hiboux

10. Écris les mots suivants au pluriel.

a) dragon _____   b) jumeau _____

c) corail _____   d) carotte _____

e) pou _____   f) feu _____

126

Le genre et le nombre

11. Relie les mots à leur pluriel.

assiette   singes

genou   journaux

journal   kangourous

kangourou   genoux

singe   assiettes

12. Écris les mots suivants dans la bonne colonne.

robinet, olives, lavabo, oiseaux, feu, peurs, géants, chapeau

Singulier	Pluriel
_____	_____
_____	_____
_____	_____
_____	_____
_____	_____

13. Encercle les mots au pluriel dans les phrases suivantes.

a) Mes amis m'ont donné des billes.

b) Les chats de la voisine viennent chez nous.

c) Les ballerines ont donné un bon spectacle.

d) Ma mère achète des bas de laine à mes frères.

Le genre et le nombre

14. Écris les mots suivants au singulier.

a) chatons _____   b) cailloux _____

c) travaux _____   d) souris _____

e) grands-mères _____   f) prix _____

15. Écris les mots suivants au singulier.

a) Les mitaines rouges. _____

b) Les tableaux. _____

c) Les bons gâteaux. _____

16. Encercle le mot bien écrit au pluriel.

a) arbre   arbres   arbre

b) barreau   barreaus   barreaux

c) oiseau   oiseaux   oiseaus

d) caillou   caillous   cailloux

e) gâteau   gâteaus   gâteaux

f) peau   peaux   peaus

Le genre et le nombre

17. Colorie en rouge les noix ramassées par l'écureuil. Il n'a ramassé que celles sur lesquelles est écrit un mot au pluriel.

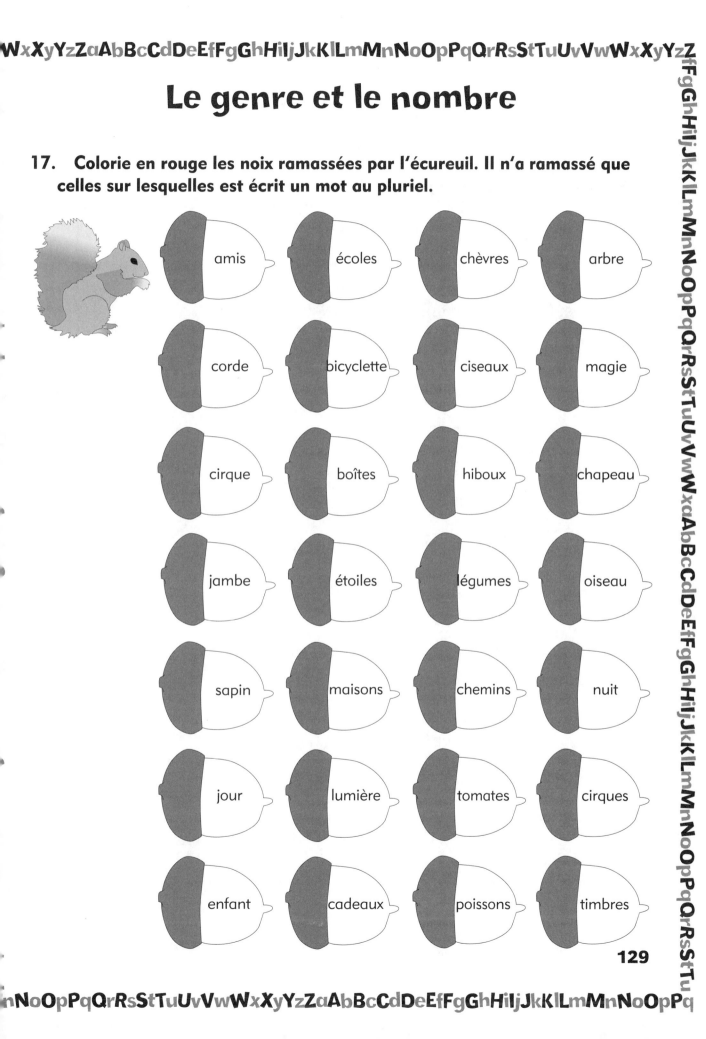

amis · écoles · chèvres · arbre

corde · bicyclette · ciseaux · magie

cirque · boîtes · hiboux · chapeau

jambe · étoiles · légumes · oiseau

sapin · maisons · chemins · nuit

jour · lumière · tomates · cirques

enfant · cadeaux · poissons · timbres

Les pronoms

1. Remplace les mots soulignés par *il*, *elle*, *nous*, *ils* ou *elles*.

a) <u>Mes sœurs et moi</u> marchons dans la forêt.

_____ marchons dans la forêt.

b) <u>Justine et Geneviève</u> font partie de la troupe de théâtre.

_____ font partie de la troupe de théâtre.

c) <u>Mon cheval</u> est très gentil.

_____ est très gentil.

d) <u>Ma mère</u> travaille dans une pharmacie.

_____ travaille dans une pharmacie.

e) <u>Thomas et Félix</u> ont lu un livre sur l'Australie.

_____ ont lu un livre sur l'Australie.

2. Complète les phrases en utilisant *je*, *tu*, *nous*, *vous*, *elles*.

a) _____ visitent un musée.

b) _____ es en première année.

c) _____ ne veux pas aller jouer chez mon ami.

d) _____ avez une belle maison.

e) _____ regardons les étoiles.

Les mots invariables

1. Utilise le bon mot.

a) La balle que ___voici___ / ___souvent___ est la mienne.

b) Je regarde ___quand___ / ___toujours___ avant de traverser la rue.

c) J'aime quand mon ami m'invite à dormir ___chez___ / ___beaucoup___ lui.

d) Je plonge ___parfois___ / ___dans___ la piscine.

e) Parfois, il fait ___dans___ / ___très___ chaud en été.

f) Magali a acheté un foulard ___autour___ / ___pour___ sa mère.

g) Je ne mange ___comme___ / ___jamais___ de chocolat.

h) Notre chalet est ___souvent___ / ___près___ de la montagne.

Le nom et le groupe du nom

Voici quelques définitions pour t'aider à mieux
comprendre ce que sont le nom et le groupe du nom.

Le nom commun : c'est un mot qui désigne des personnes ou des personnages
(grand-père, clown, etc.), des animaux, des objets, des lieux, des choses, des
sentiments. Le nom commun commence par une minuscule et est souvent
précédé d'un déterminant. Pour savoir si c'est un nom commun, mets un
déterminant devant (*le*, *la*, *les*, *un*, *une*, *des*, etc.).

Le nom propre : sert à nommer des personnes (prénom et nom de famille), des
pays (Angleterre, Brésil), des populations (Québécois, Français, etc.), des
animaux (Rex, Fido, etc.), des astres, des rues, etc. Le nom propre prend une
majuscule et est parfois précédé d'un déterminant.

Le groupe du nom : est formé d'un nom propre ou commun, seul ou
accompagné d'autres mots, par exemple un déterminant ou un adjectif.

Dans la phrase suivante : Natacha aime lire des livres. <u>Natacha</u> et <u>des livres</u>
sont des groupes du nom.

Maintenant, fais les exercices suivants pour mieux comprendre ces nouvelles
notions.

1. Souligne les noms propres et encercle les noms communs.

Nathalie	maman	papa	Fido
arbre	auto	Mathieu	Mario
Italie	Espagne	Coralie	tableau
école	craie	oiseau	chien

Le nom et le groupe du nom

2. Souligne les groupes du nom dans les phrases suivantes.

a) Antoine mange une salade de fruits.

b) Mon amie Diane fait du ski alpin.

c) Mon frère et ma sœur sont en voyage aux États-Unis.

d) Ma chatte Princesse a eu des chatons.

e) Grand-maman cultive des roses dans son jardin.

3. Choisis le bon groupe du nom pour compléter les phrases.

Les enfants	**Les chanteuses**	**des citrons**
douze beignes	**Le chien**	**Les vaches**

a) _____ dort dans sa niche.

b) _____ chantent à l'unisson.

c) _____ sont dans l'étable.

d) _____ jouent dans la cour d'école.

e) Ma sœur achète _____ à la fruiterie.

f) Il y a _____ dans une boîte.

Le verbe

Le verbe est un mot qui exprime une action qui se déroule en ce moment,
qui a eu lieu dans le passé ou qui aura lieu dans le futur.

**1. Indique si les événements suivants sont survenus dans le passé, le présent
ou le futur.**

		Passé	Présent	Futur
a)	Je mange une pomme.			
b)	Quand je serai grand, je serai médecin.			
c)	Je regarde un film avec mes amis.			
d)	L'été dernier, je suis allée en Angleterre.			
e)	J'ai reçu une console de jeux pour mon anniversaire.			
f)	Hier, j'ai manqué l'autobus.			
g)	J'écoute la météo à la radio.			
h)	Il neige très fort en ce moment.			
i)	Demain, nous aurons notre bulletin.			
j)	Tristan avait gagné la médaille de bronze l'an dernier.			
k)	Je prends une photo de mon chien.			
l)	Ma mère affiche mon dessin sur le frigo.			
m)	Mon cousin viendra nous visiter en fin de semaine.			

Le verbe

Pour savoir si c'est un verbe, demande-toi s'il s'agit d'une action.

2. Encercle les verbes parmi les mots suivants.

marcher	écouter	cahier	rouler
regarder	livre	démolir	écran
lire	chausson	recevoir	chanson
fleur	marcher	écrire	manger

3. Complète les phrases suivantes avec le verbe approprié.

regarde   mange   jouent   savons   es   jouez   vais   lis

a) Je _____ à l'école tous les jours de la semaine.

b) Il _____ une banane.

c) Elle _____ la télévision.

d) Tu _____ le meilleur défenseur de ton équipe.

e) Nous _____ par cœur le poème que nous devons réciter.

f) Vous _____ de la flûte à bec.

g) Elles _____ au ballon.

h) Je _____ une bande dessinée.

Le verbe

4. Colorie en brun les cases sur lesquelles il y a un verbe et les autres en jaune.

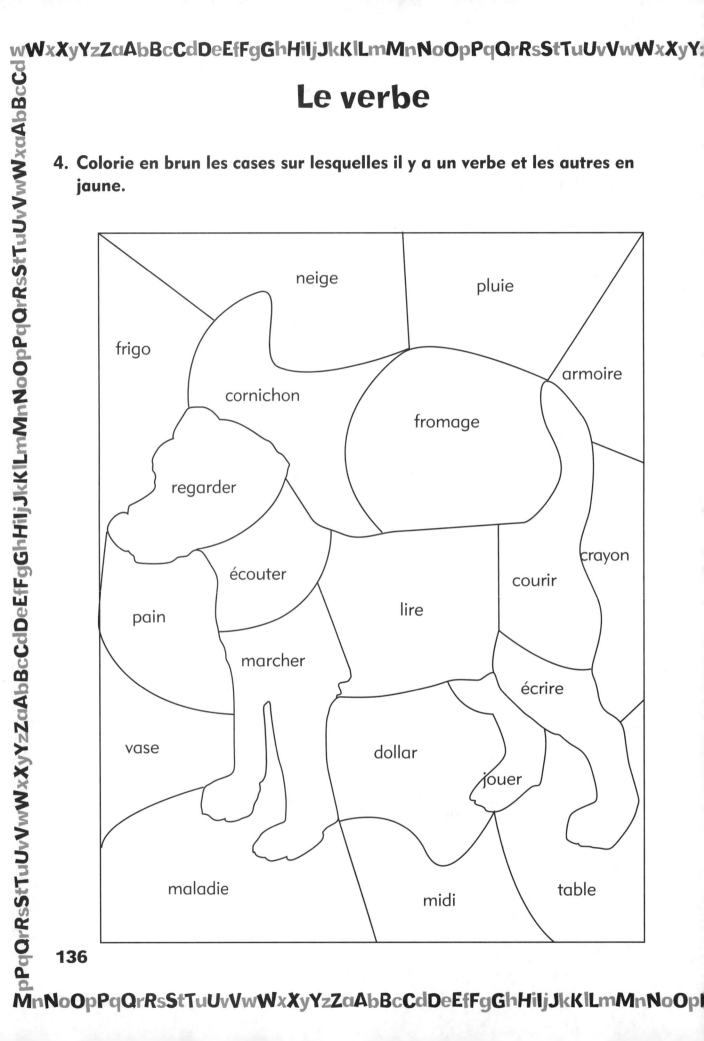

Le verbe

5. Encercle les verbes dans les phrases suivantes.

a) L'acrobate se balance dans les airs.

b) Les deux petits chiens dansent.

c) Le clown fait des grimaces.

d) Le tigre saute au travers un cerceau.

e) Les spectateurs applaudissent les vedettes du cirque.

f) L'éléphant se couche sur le sol.

g) Les chevaux font la révérence.

h) L'ours grimpe dans une échelle.

i) L'homme fort soulève un cheval.

j) Les enfants mangent du maïs soufflé durant le spectacle.

k) Les enfants rient des blagues du clown.

l) Le dompteur présente son lion.

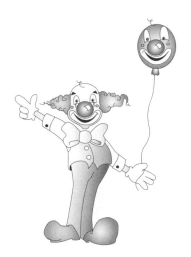

Les mots de même famille

Les mots de même famille sont des mots qui sont formés
à partir d'un mot simple. Par exemple, à partir du mot *fleur*
on obtient des mots comme *fleuriste*, *fleurir*, *fleurette*, etc.

1. Pour chaque colonne, biffe le mot qui ne fait pas partie de la même famille.

a) hiver	b) main	c) maison	d) gros
hibou	manuelle	maisonnette	grave
hivernal	mainmise	maman	grossir
hiberner	matin	maisonnée	grossissement

2. Cherche dans ton dictionnaire le mot *détacher* et écrit le plus de mots possible de la même famille.

_____
_____
_____
_____
_____

3. Relie les mots de même famille de la colonne de droite et de gauche à ceux de la colonne du centre.

pardonner	**insecte**	cheftaine
copier	**chef**	arrondir
insecticide	**parachute**	pardonnable
rondelle	**copie**	insectarium
chefferie	**rond**	copieur
parachutiste	**pardon**	parachutage

Les mots de même famille

Parfois, un petit mot se cache dans un plus grand.
Par exemple, dans le mot *montagne*, il y a le mot *mont*.

4. Trouve le nom qui se cache dans le nom des bébés animaux.

a) baleineau _____

b) ourson _____

c) lionceau _____

d) renardeau _____

e) éléphanteau _____

f) chaton _____

g) louveteau _____

h) porcelet _____

**5. Essaie de former un grand mot à partir d'un plus petit mot. Pour t'aider,
nous te donnons les terminaisons.**

Voici un exemple : vent : venteux, venteuse.

ée	r	sse	ième	ur	ur	ur	ux	tte	if

a) nuage _____

b) haute _____

c) tigre _____

d) soir _____

e) sport _____

f) froide _____

g) fille _____

h) oreille _____

i) deux _____

j) longue _____

Les homophones

1. Complète la phrase en utilisant le bon mot.

a) *pain ou pin*

Mon père a planté un _____ dans le jardin.

Ma sœur n'aime pas le _____ blanc.

b) *ancre ou encre*

J'ai mis de l' _____ dans ma plume.

Le bateau a jeté l' _____ .

c) *cent ou sang*

J'ai perdu beaucoup de _____ .

J'ai _____ timbres dans ma collection.

d) *dents ou dans*

J'ai mis mes sous _____ ma tirelire.

La fée des _____ a laissé de l'argent sous mon oreiller.

e) *haut ou eau*

J'ai bu de l'_____ .

Le sommet de la montagne est _____ .

f) *ailes ou elle*

L'oiseau bat des _____ .

_____ mange une pomme.

Les homophones

2. En te servant de la liste, écris le mot qui se prononce de la même façon.

voix   chaîne   aile   son   scie   cette   coup   foie   nid   sang   chant   haut

a) eau _____

b) fois _____

c) elle _____

d) cou _____

e) voie _____

f) sont _____

g) champ _____

h) sept _____

i) ni _____

j) si _____

k) sans _____

l) chêne _____

3. Relie les homophones.

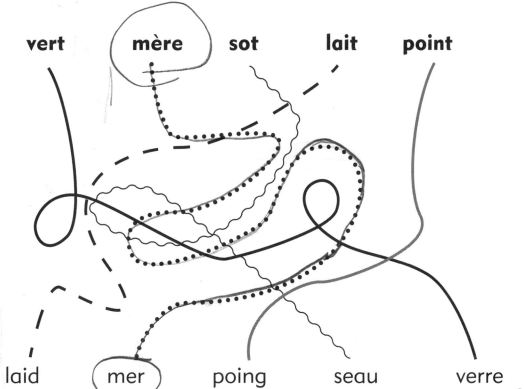

vert   mère   sot   lait   point

laid   mer   poing   seau   verre

Les synonymes

Un synonyme est un mot qui veut dire presque la même chose
qu'un autre mot, par exemple *gai* et *joyeux*.

1. Écris sous chacune des illustrations deux synonymes qui qualifient ce qui est illustré.

comique affreux minuscule énorme bonbon
gros triste friandise laid drôle petit malheureux

a) _____
   _____
   _____

b) _____
   _____
   _____

c) _____
   _____
   _____

d) _____
   _____
   _____

e) _____
   _____
   _____

f) _____
   _____
   _____

Les synonymes et antonymes

2. Regarde le mot souligné dans chacune des phrases. Parmi les mots à droite, encercle celui qui veut dire la même chose.

a) Le <u>petit</u> chien jappe très fort.   grand   drôle   minuscule

b) La <u>belle</u> petite fille sourit.   jolie   laide   aimable

c) Il a été <u>gentil</u> avec moi.   méchant   aimable   mauvais

d) Je suis <u>fatiguée</u>.   épuisée   heureuse   malheureuse

e) Caroline est mon <u>amie</u>.   ennemie   laide   camarade

f) Le chat a <u>grimpé</u> dans l'arbre.   monté   descendu   aimé

3. Trouve l'antonyme (le contraire) des mots suivants.

a) beau _____   b) drôle _____   c) noir _____

d) propre _____   e) ouvert _____   f) plein _____

g) vieux _____   h) chevelu _____   i) oui _____

j) fille _____   k) bon _____   l) éveillé _____

m) toujours _____   n) gauche _____   o) devant _____

p) bien _____   q) fort _____   r) sur _____

s) aimer _____   t) jour _____   u) foncé _____

v) jeune _____   w) monter _____   x) dehors _____

La phrase

1. Relie la phrase à l'image correspondante.

a) Marika fait du vélo.

1.

2.

b) Sophie mange une glace.

c) Simon lit un livre.

3.

4.

d) Anne regarde la télé.

5.

e) Thomas joue au ballon.

6.

f) William se balance.

7.

g) Annie dort.

144

La phrase

2. Replace les mots dans le bon ordre pour former des phrases qui ont du sens.

a) prend Laura des de cours danse. _____

b) au Émile joue soccer. _____

c) dessine maison Kelly-Ann une rouge. _____

d) son caresse chat Francis. _____

e) légumes Estelle des mange. _____

f) un marche Pascal sur fil. _____

g) a de blondes belles Clémence tresses. _____

h) lit Philippe bande une dessinée. _____

i) dort son dans lit Bianca. _____

j) dans nage André lac le. _____

k) ski Marie du fait. _____

l) sa aide Loïc mère. _____

m) va cinéma Léa au. _____

n) chien marche avec son Julien. _____

o) Zoé téléphone parle au. _____

p) fait de Alexis peinture la. _____

La phrase

3. Souligne la phrase qui décrit le mieux l'illustration.

a) Germain mange une pomme.
Germain joue du piano.
Germain lance une balle.

b) Éva paie à la caisse.
Éva écoute la télé.
Éva marche dehors.

c) Justine fait du vélo.
Justine fait du ski.
Justine fait un plongeon.

d) Léo se lave les mains.
Léo se brosse les dents.
Léo dort.

e) Gilles cueille une pomme.
Gilles plante des fleurs.
Gilles regarde le ciel.

f) Alex étudie ses leçons.
Alex joue aux échecs.
Alex fait une sieste.

La phrase

4. Compose des phrases pour décrire les illustrations.

a)
_____
_____

b)
_____
_____

c)
_____
_____

d)
_____
_____

e)
_____
_____

f)
_____
_____

g)
_____
_____

h)
_____
_____

i)
_____
_____

Compréhension de lecture

1. Lis l'histoire et réponds ensuite aux questions.

La petite fille aux allumettes
Hans Christian Andersen

C'était la veille du jour de l'An et une pauvre petite fille à demi-vêtue arpentait les rues de la ville pour vendre des allumettes. Même si elle avait froid et faim, elle n'osait pas rentrer à la maison. Son père allait sûrement la battre parce qu'elle n'avait pas réussi à vendre une seule allumette de la journée.

Elle trouva refuge entre deux édifices pour se protéger du froid. Elle voulait se réchauffer en craquant une allumette. Dans la lumière de la première allumette, elle vit un poêle à bois qui dégageait une douce chaleur. Le vent souffla l'allumette et l'image disparut. Elle alluma une deuxième allumette et elle vit une table remplie de nourriture appétissante. Encore une fois, le vent fit disparaître cette vision. À la troisième allumette, un sapin de Noël richement orné s'offrit à son regard émerveillé.

Alors qu'elle allumait la quatrième allumette, elle eut la vision de sa grand-mère bien-aimée, la seule personne qui l'eut aimée. Cette image lui fit tellement de bien qu'elle s'empressa d'allumer une autre allumette et une autre et encore une autre pour ne pas que sa grand-mère disparaisse. Finalement, la grand-mère prit sa petite-fille dans ses bras et l'emporta dans un endroit où elle n'aura plus jamais froid ou faim.

Le lendemain, les passants trouvèrent la petite fille morte dans la neige, un doux sourire illuminait son visage.

a) Où a-t-elle trouvé refuge ? _____

b) Pourquoi avait-elle peur de rentrer chez elle ? _____
_____
_____

c) Qu'a-t-elle vu lorsqu'elle a craqué la première allumette ? _____

d) Qu'a-t-elle vu lorsqu'elle a craqué la quatrième allumette ? _____

148

Compréhension de lecture

2. Fabrique le papillon selon les consignes.

Matériel
Papier de bricolage de différentes couleurs
Cure-pipes de différentes couleurs
Colle
Ciseaux
Paillettes, autocollants, crayons de couleur pour la décoration

1. Reproduis la forme du corps du papillon sur du papier de bricolage et découpe-la.

2. Décore le corps du papillon avec des paillettes, des autocollants ou fais des beaux dessins.

3. Coupe un cure-pipe en deux. Fixe les deux parties sur le pli central du papillon et plie les bouts pour former les antennes du papillon.

4. Colle le cure-pipe au centre du papillon du côté qui n'est pas décoré.

149

Compréhension de lecture

3. Suis les consignes pour dessiner un beau robot.

Trace un grand carré pour former le centre du corps.

Trace deux grands rectangles pour former les jambes.

Au bout des jambes, dessine deux petits triangles.

Dessine deux rectangles de chaque côté du corps. Ce sont les bras de ton robot.

Au bout des bras, trace deux cercles pour former les mains.

Dessine un rectangle pour faire le cou.

Au-dessus du cou, dessine un carré pour faire la tête.

Dessine les yeux, le nez et la bouche de ton robot.

Ajoute des oreilles.

Colorie ton robot avec les couleurs de ton choix.

Compréhension de lecture

4. Le lion, qu'on appelle aussi le roi des animaux, est un animal fascinant. Voici quelques faits intéressants à son sujet.

Les lions d'Afrique vivent en bande qui compte de 6 à 30 individus, surtout des femelles. Quand une bande de lions rugit, le bruit se compare à celui du tonnerre.

C'est la femelle qui chasse, mais c'est le lion qui se nourrit en premier. Les lionceaux, les bébés, se nourrissent en dernier. Un lion mange environ sept kilos de viande par jour. Et pour digérer toute cette nourriture, il dort environ 20 heures par jour.

Un lion peut mesurer jusqu'à 2,4 mètres et peser entre 150 et 238 kilos. C'est un animal puissant et dangereux, mais tellement beau avec sa crinière qui sert à protéger son cou lors des combats avec d'autres lions.

a) Comment s'appelle le bébé lion ? _____

b) Combien de kilos de viande un lion mange-t-il par jour ? _____

c) Quel autre nom donne-t-on au lion ? _____

d) Combien d'heures par jour dort un lion ? _____

e) À quoi compare-t-on le rugissement d'une bande de lions ? _____

f) Qui chasse dans la bande de lions ? _____

g) Quel poids peut atteindre un lion ? _____

Compréhension de lecture

5. Replace les images dans le bon ordre en numérotant les scènes de 1 à 5.

Marie met son manteau. Elle s'en va à la librairie pour s'acheter un nouveau livre.

Elle marche dans la rue en réfléchissant à quel genre de livre elle achètera. Elle a bien envie d'une bande dessinée, mais d'un roman aussi.

Marie entre dans la librairie et se dirige dans la section jeunesse. Elle feuillette différents ouvrages.

Marie choisit un livre et se dirige vers la caisse pour payer son achat.

Marie s'installe confortablement sur le canapé et commence à lire le roman qu'elle vient tout juste de s'acheter.

Situation d'écriture

1. Écris une lettre à quelqu'un que tu connais pour lui raconter tes dernières vacances. Colle une photo de tes vacances ou fais un joli dessin.

Voici quelques mots et phrases pour t'aider.

Cher ou Chère _____ (écris le nom de la personne). Je suis allé(e)_____
(mer, montagne, camping, chalet) avec _____ (mes parents, mon père, ma mère,
mon frère, ma sœur). Nous avons pris _____ (la voiture, le train, l'avion,
l'autobus). Nous avons visité _____. J'ai rencontré _____.
J'ai vu _____. J'ai surtout aimé _____. Je n'ai pas aimé _____.

_____

_____

_____

_____

_____

_____

_____

_____

_____

_____

_____

_____

_____

_____

_____

_____

Situation d'écriture

2. Colle des photos de toi à différentes époques de ta vie et écris un petit texte pour dire ce que tu faisais à cet âge-là.

Ma naissance

1 an

2 ans

3 ans

4 ans

5 ans

Situation d'écriture

3. Décris les scènes de la cabane à sucre.

Voici quelques mots pour t'aider :

eau d'érable, faire bouillir, tire d'érable, tire sur la neige, manger de la tire, printemps, entailler les érables, récolter l'eau d'érable, bon, délicieux

_____ _____
_____ _____
_____ _____

_____ _____
_____ _____
_____ _____

155

Situation d'écriture

4. Colorie la scène avec les couleurs de ton choix. Ensuite, écris une petite histoire pour raconter ce qui se passe sur la scène.

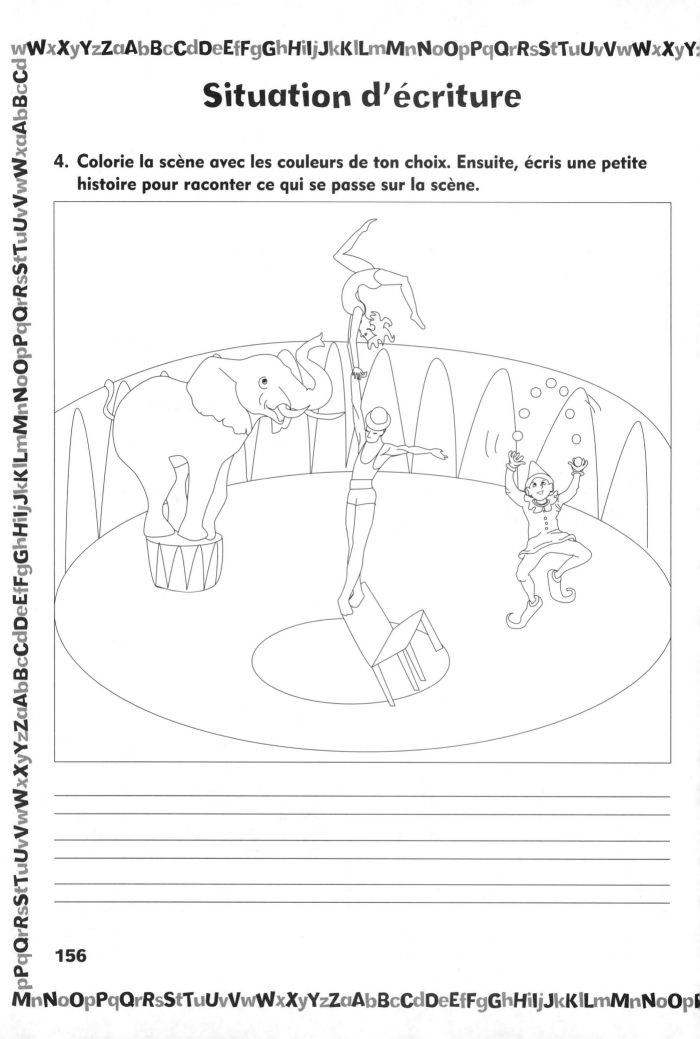

_____
_____
_____
_____
_____
_____

Dictée

1. Demande à quelqu'un de te dicter les mots manquants. Ils sont à la page 376 du corrigé.

Le chien : une légende Maya

Il y a longtemps, le _____ était la seule créature qui pouvait parler.

Il a alors révélé tous les _____ de la création. Voyant que le chien ne

pouvait garder un secret, le Créateur a pris la minuscule _____ du

chien et l'a mise dans sa _____. Puis, le Créateur a pris la longue

langue du chien et l'a mise à la place de sa queue. C'est _____

maintenant, quand le Chien veut _____ dire quelque _____,

il remue la queue.

2. Demande à quelqu'un de te dicter la liste de mots à la page 376 du corrigé.

_____
_____
_____
_____
_____
_____
_____
_____
_____
_____

Devinettes

a) On m'appelle le roi des animaux.

Je mange d'autres animaux.

Je rugis très fort.

Qui suis-je? _____

b) Je suis dangereux.

Je vis dans l'eau.

On me reconnaît à ma nageoire qui sort de l'eau.

Qui suis-je? _____

c) Je vis sur la ferme.

Je suis le bébé de la poule.

Je fais « cot cot » !

Qui suis-je? _____

d) Je vis sur la ferme.

Je donne du lait.

Je fais « meuh » !

Qui suis-je? _____

e) On dit de moi que je suis rusé.

Ma fourrure est rousse.

Je ressemble à un chien.

Qui suis-je? _____

f) Je suis tout blanc.

Mon nez est souvent une carotte.

Lorsqu'il fait chaud, je fonds.

Qui suis-je? _____

g) Mon nez est rouge.

Je suis très drôle.

Je travaille dans un cirque.

Qui suis-je? _____

h) Je suis un légume.

Je suis orange.

On me décore à l'Halloween.

Qui suis-je? _____

4735190863297514068395872104604852137962473519086329751406872

Mathématique

1046048521379624735190863297514068721046048521379624735190863297514068721046048

6048521379624735190863297514068721046048521379624735190863297

Compte des papillons

1. Compte et écris en lettres combien il y a de papillons par case.

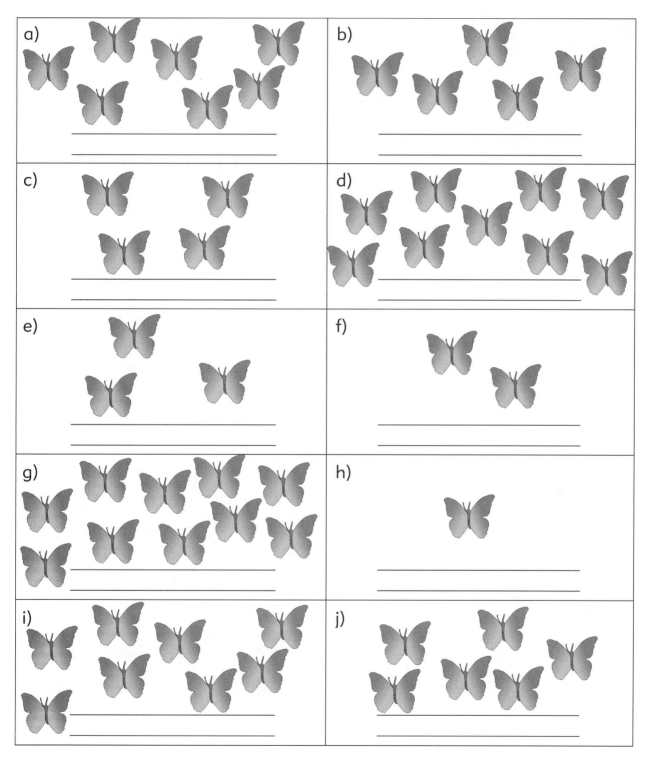

Je compte de 1 à 10

1. Compte et écris combien il y a de ballons dans chaque case.

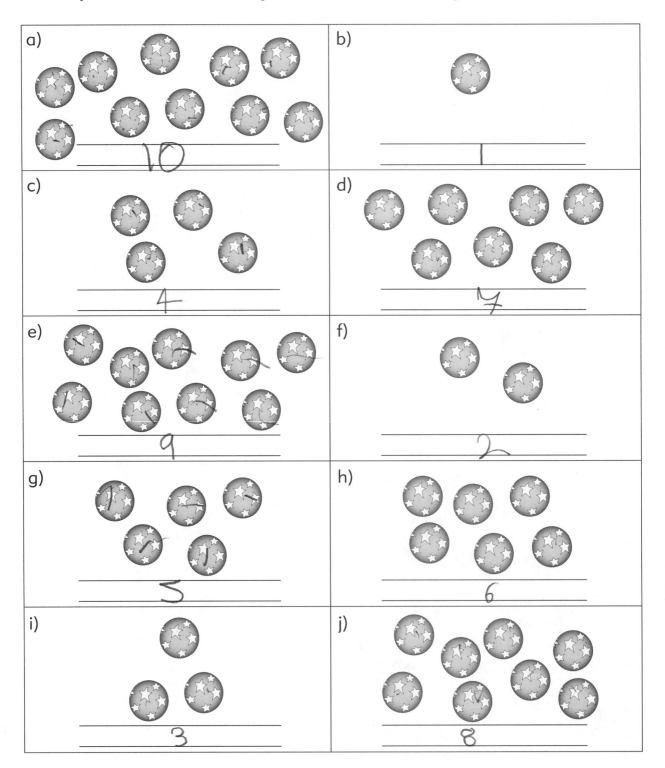

a) 10

b) 1

c) 4

d) 7

e) 9

f) 2

g) 5

h) 6

i) 3

j) 8

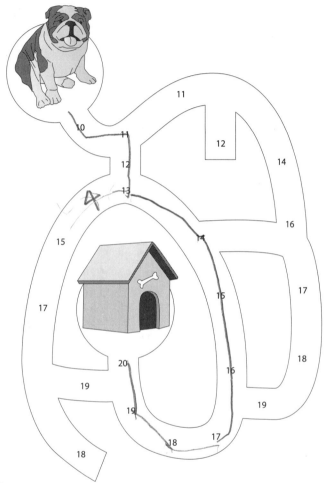

Je compte de 10 à 20

1. Colorie le chemin des nombres de 10 à 20 dans l'ordre pour savoir par où doit passer le chien pour se rendre à sa niche.

2. Complète la série.

10 _____ , _____ , _____ , _____ , _____ , _____ , _____ , _____ , _____ 20

3. Écris le nombre demandé.

a) Je suis entre 14 et 16 : 15   b) Je viens immédiatement avant 12 : 11

c) Je viens immédiatement après 19 : 18   d) Je suis entre 17 et 19 : 18

20

163

Je compte de 20 à 30

1. Le pomiculteur s'est trompé en comptant ses pommes.
   Il a oublié un nombre et il a utilisé d'autres nombres plusieurs fois.

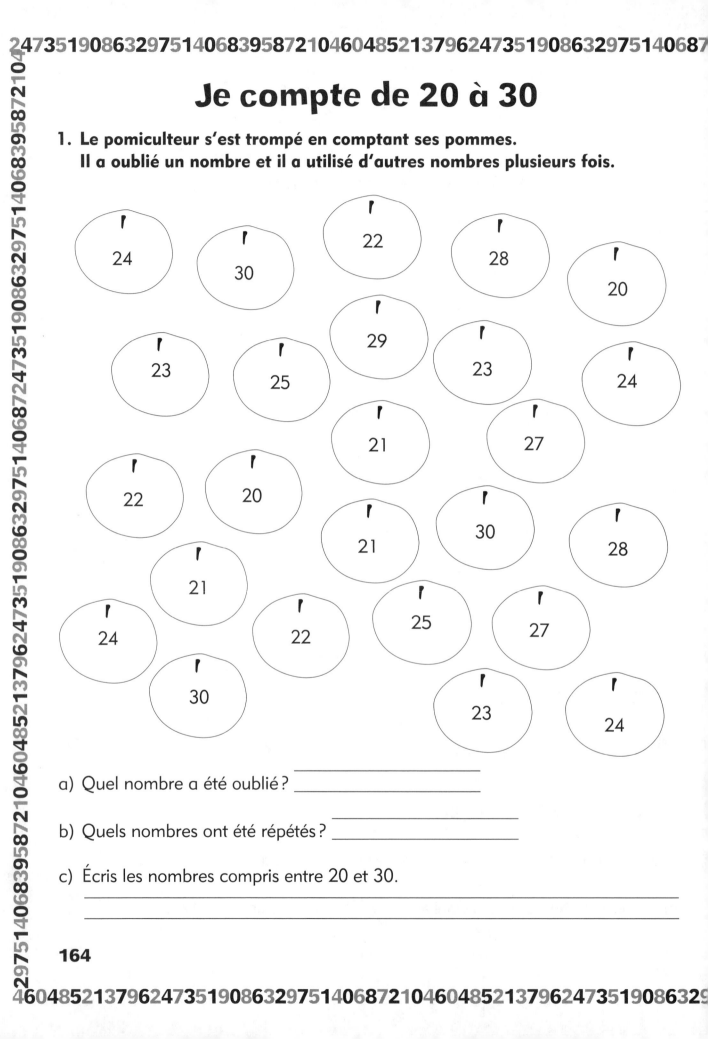

a) Quel nombre a été oublié? _____

b) Quels nombres ont été répétés? _____

c) Écris les nombres compris entre 20 et 30.
   _____
   _____

Je compte de 30 à 40

1. Relie les nombres de 31 à 41 pour découvrir l'image cachée.

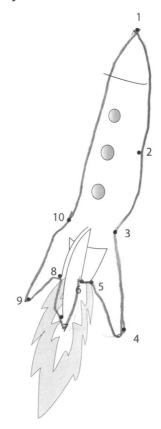

2. Écris le nombre demandé.

a) Je suis entre 34 et 36 : 35   b) Je viens immédiatement avant 31 : 30

c) Je viens immédiatement après 38 : 39   d) Je suis entre 37 et 39 : 38

3. Complète la série.

30, 31, 32, 33, 34, 35, 36, 37, 38, 39, 40

4. Écris les nombres de 40 à 30.

40, 39, 38, 37, 36, 35, 34, 33, 32, 31, 30

165

Je compte de 40 à 50

1. Quels nombres compris entre 40 et 50 sont absents de cette grille?

40	50	47	42
44	41	45	48

_____

_____

2. Écris les nombres manquants.

41, _____, 43, _____, 45, 46, _____ 48, _____, 50

3. Écris les nombres manquants.

a)

42		44

b)

	42	

c)

	45	46

d)

44		46

e)

47	48	

f)

	47	

g)

40		42

h)

	49	

i)

	40	41

j)

41	42	

Je compte jusqu'à 60

1. Suis les nombres compris entre 30 et 60 dans l'ordre pour que le pirate retrouve son trésor.

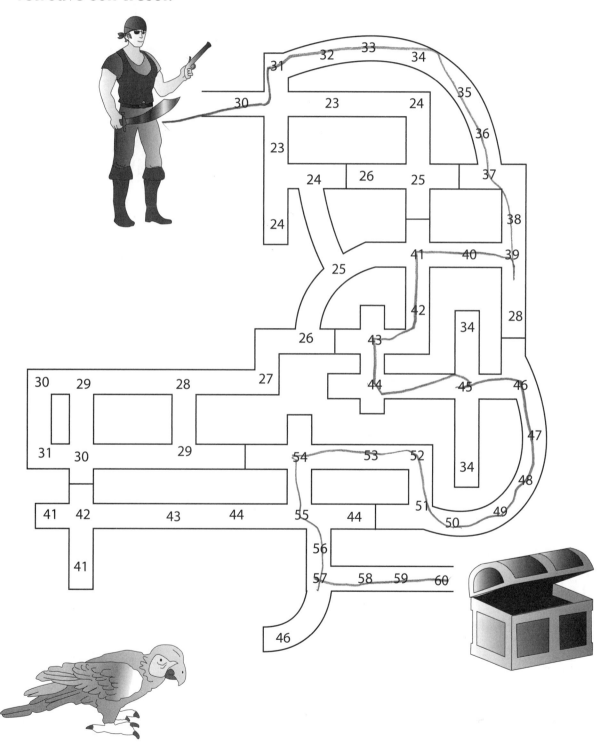

Je compte jusqu'à 70

1. Relie les points pour trouver l'image mystère.

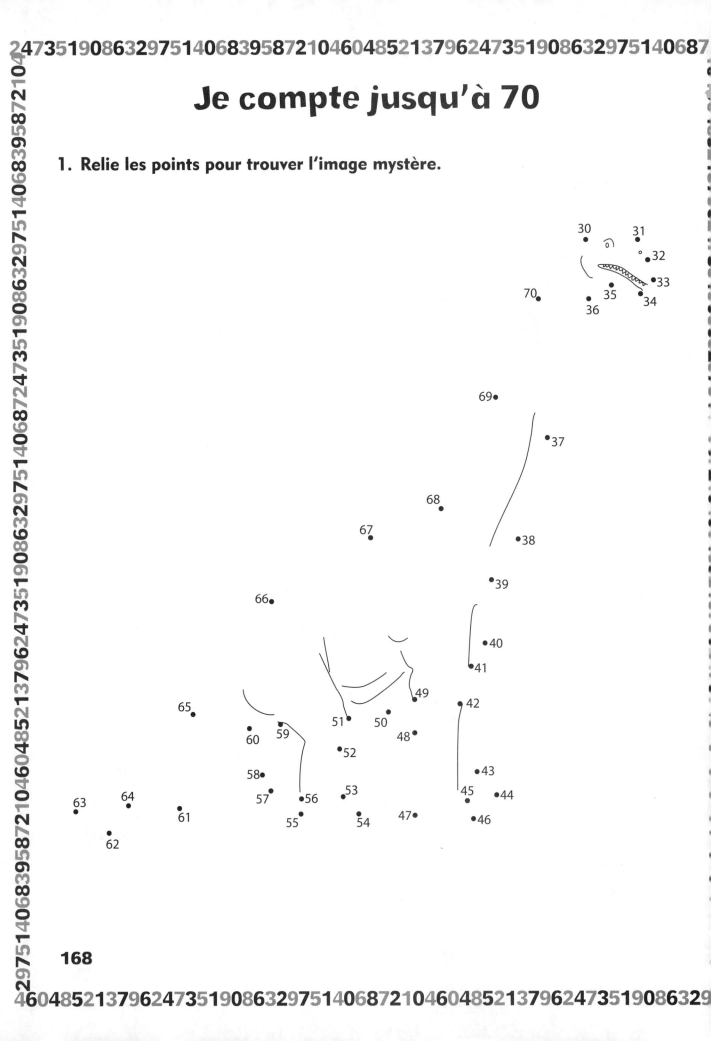

Je compte jusqu'à 80

1. Écris les nombres manquants dans les étoiles.

169

Je compte jusqu'à 90

1. Écris le nombre qui vient :

avant	entre	après
a) _____ 40	a) 61 _____ 63	a) 59 _____
b) _____ 48	b) 59 _____ 61	b) 70 _____
c) _____ 30	c) 72 _____ 74	c) 47 _____
d) _____ 61	d) 48 _____ 50	d) 63 _____
e) _____ 80	e) 71 _____ 73	e) 25 _____
f) _____ 20	f) 27 _____ 29	f) 8 _____

2. Écris les nombres compris entre 52 et 90.

_____

_____

_____

_____

_____

3. Écris les nombres compris entre 78 et 30.

_____

_____

_____

_____

_____

Je compte jusqu'à 100

1. Complète ces suites.

a) 73, 74, _____, _____, _____, _____, _____, _____, _____, _____, _____, _____

b) _____, _____, _____, _____, _____, _____, _____, _____, _____, _____, 44, 45

c) 82, 83, _____, _____, _____, _____, _____, _____, _____, _____, _____, _____

d) 57, 58, _____, _____, _____, _____, _____, _____, _____, _____, _____, _____

e) _____, _____, _____, _____, _____, _____, _____, _____, _____, _____, 99, 100

2. Colorie seulement les cases ayant un nombre compris entre 78 et 89 pour découvrir le nombre caché.

31	66	55	25	11	90	71	60	12	15
1	26	17	78	79	80	16	43	48	23
19	54	36	8	32	81	27	15	7	38
20	18	12	42	39	82	53	37	33	50
9	52	55	66	61	83	62	56	47	6
21	31	2	46	28	84	63	44	5	49
11	65	67	22	34	85	57	14	62	29
41	58	3	40	68	86	64	59	24	61
10	35	51	4	30	87	25	45	60	13

171

Je compte de 0 à 100

3. Complète la grille.

1	2	3	4	5	6	7	8	9	10
11	12	13	14	15	16	17	18	19	20
21	22	23	24	25	26	27	28	29	30
31	32	33	34	35	36	37	38	39	40
41	42	43	44	45	46	47	48	49	50
51	52	53	54	55	56	57	58	59	60
61	62	63							
									100

Je compte par bonds de 2

1. Compte par bonds de deux pour te rendre à l'arrivée.

Départ

2	3	8	9	13	15	18	22	25	24	36	98
4	9	12	15	17	96	22	46	55	87	91	90
6	8	10	12	69	14	30	32	34	21	38	41
22	55	69	14	89	91	28	55	36	52	57	97
36	44	48	16	92	84	26	66	38	13	25	88
37	89	85	18	20	22	24	6	40	42	44	9
25	55	55	77	60	54	91	4	3	36	46	84
36	56	99	96	17	85	77	22	9	55	48	71
98	84	35	8	92	97	41	34	11	25	50	45
84	21	45	7	32	25	33	40	8	10	52	54

Arrivée

2. Écris la suite pour que le lapin puisse se rendre à 69 en faisant des bonds de 2.

31				41								61			69

173

Je compte par bonds de 5

1. Relie les points pour trouver l'image mystère. Il faut compter par bonds de 5.

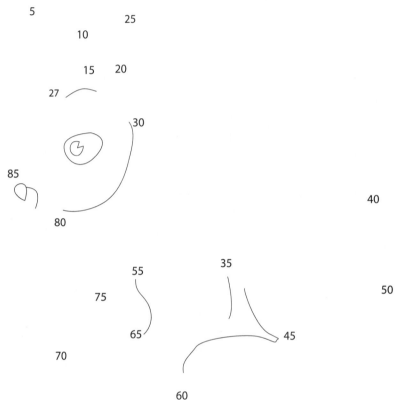

2. Fais des bonds de 5 pour compléter la spirale.

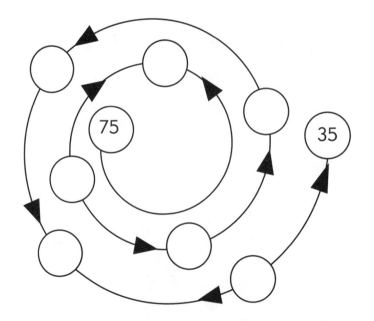

Je compte par bonds de 10

1. Compte par bonds de 10 pour te rendre à 290.

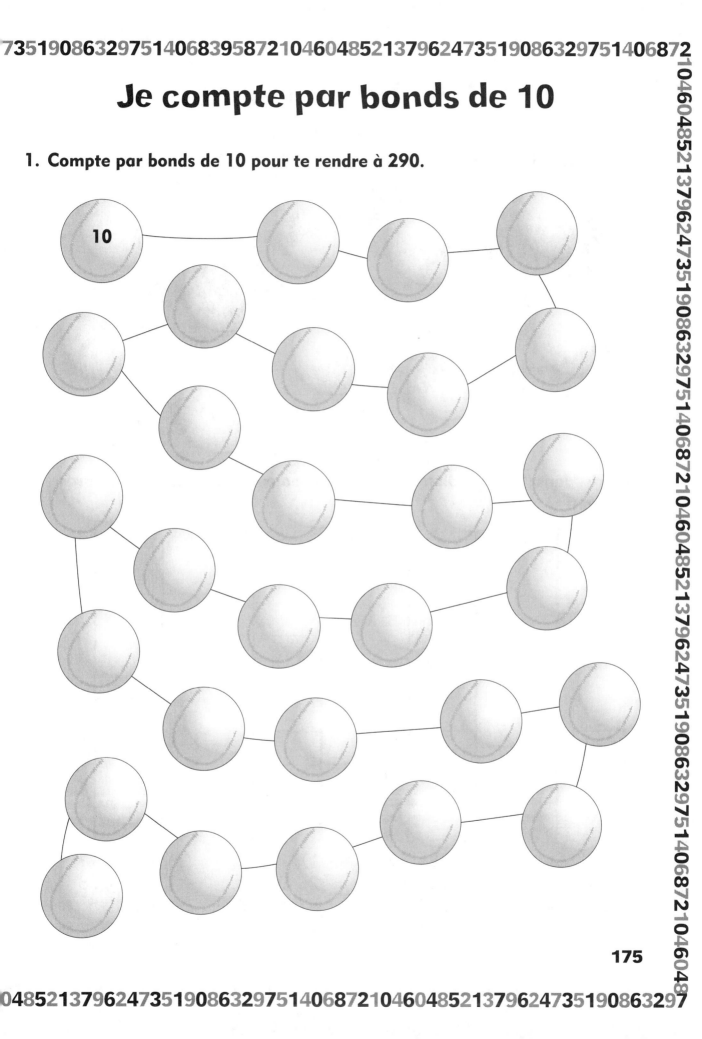

L'ordre croissant

1. Numérote les lions, 1 étant le plus petit lion et 6, le plus gros lion.

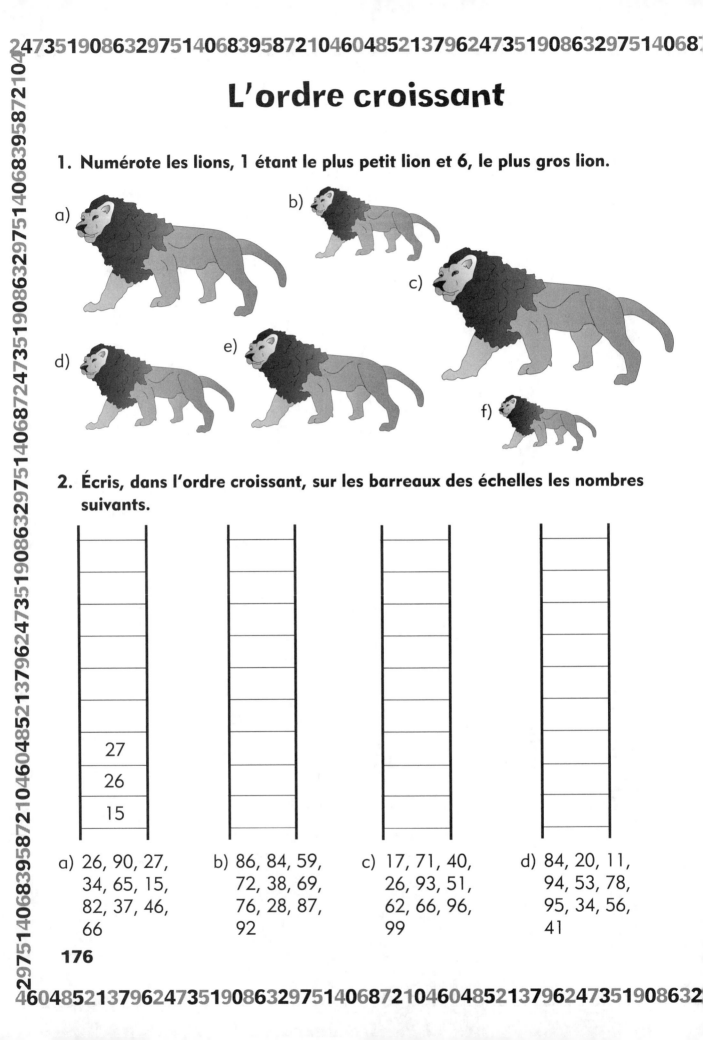

a)

b)

c)

d)

e)

f)

2. Écris, dans l'ordre croissant, sur les barreaux des échelles les nombres suivants.

27
26
15

a) 26, 90, 27,
34, 65, 15,
82, 37, 46,
66

b) 86, 84, 59,
72, 38, 69,
76, 28, 87,
92

c) 17, 71, 40,
26, 93, 51,
62, 66, 96,
99

d) 84, 20, 11,
94, 53, 78,
95, 34, 56,
41

176

L'ordre croissant

3. Classe les nombres suivants dans l'ordre croissant (en partant du plus petit jusqu'au plus grand).

a) 78, 65, 23, 95, 100, 72, 51, 84 _____

b) 54, 89, 35, 66, 65, 99, 75, 12 _____

c) 30, 67, 99, 45, 36, 52, 12, 61 _____

d) 12, 88, 62, 31, 55, 95, 35 _____

4. Suis le chemin des nombres dans l'ordre croissant pour que l'abeille rejoigne sa ruche.

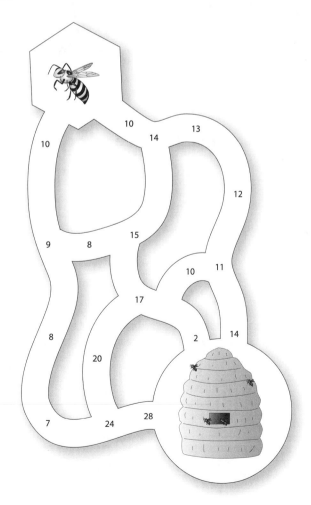

177

L'ordre décroissant

1. Replace ces suites de cartes dans l'ordre décroissant en numérotant la plus petite carte 1 et la plus grande 6.

a)

b)

2. Sylvie a fait une vente-débarras. Regarde ce qu'elle a vendu et classe les objets dans l'ordre décroissant.

Timbres : 40   Petites cuillers : 27   Poupées : 17
Peluches : 15   Disques : 51   Livres : 14

6 _____   5 _____   4 _____

3 _____   2 _____   1 _____

Les unités, les dizaines, les centaines

1. **Pascale collectionne toutes sortes de jouets. Inscris dans le tableau le nombre d'objets que contient chaque collection.**

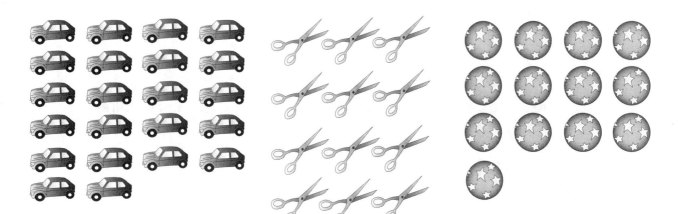

Collection	dizaines	unités
autos		
ballons		
ciseaux		
livres		

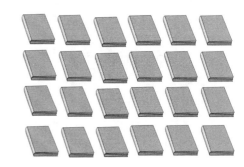

2. **Combien de groupements de 10 peux-tu faire ?**

_____
_____

179

Les unités, les dizaines, les centaines

3. Écris les nombres illustrés.

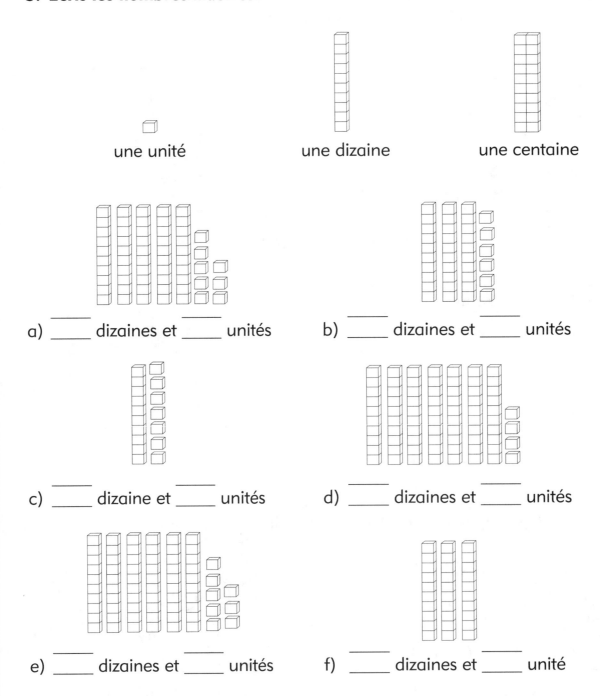

une unité   une dizaine   une centaine

a) _____ _____ dizaines et _____ unités

b) _____ _____ dizaines et _____ unités

c) _____ _____ dizaine et _____ unités

d) _____ _____ dizaines et _____ unités

e) _____ _____ dizaines et _____ unités

f) _____ _____ dizaines et _____ unité

Les unités, les dizaines, les centaines

4. Écris dans les carrés la valeur de chaque nombre.

Voici un exemple :

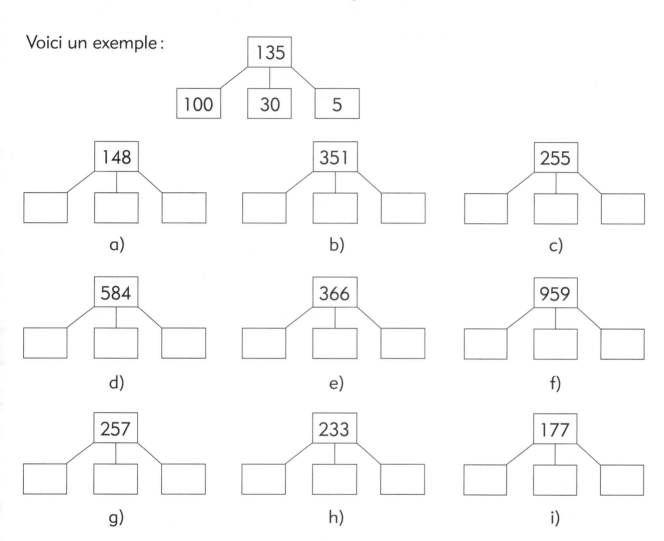

a)

b)

c)

d)

e)

f)

g)

h)

i)

5. Trouve combien il y a d'étoiles. Fais des groupements de 10.

_____ dizaines et _____ unités

Les unités, les dizaines, les centaines

6. Illustre les nombres suivants avec les illustrations de ton choix (des traits, des cercles, des carrés, etc.). Écris ensuite combien il y a de dizaines et d'unités pour chaque nombre.

a) 22

_____ dizaines et _____ unités

b) 37

_____ dizaines et _____ unités

c) 64

_____ dizaines et _____ unités

d) 12

_____ dizaine et _____ unités

e) 47

_____ dizaines et _____ unités

f) 55

_____ dizaines et _____ unités

Les unités, les dizaines, les centaines

7. Écris les nombres illustrés.

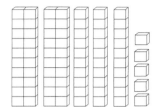

a) _____ centaines, _____ dizaines
et _____ unités

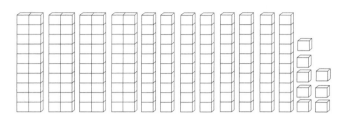

b) _____ centaines, _____ dizaines
et _____ unités

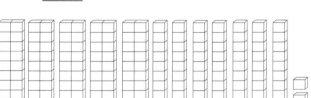

c) _____ centaines, _____ dizaines
et _____ unités

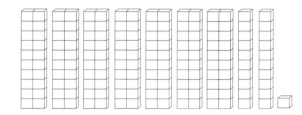

d) _____ centaines, _____ dizaines
et _____ unité

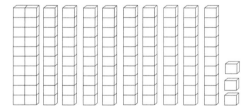

e) _____ centaine, _____ dizaines
et _____ unités

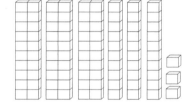

f) _____ centaines, _____ dizaines
et _____ unités

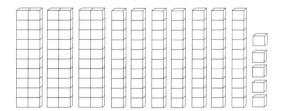

g) _____ centaines, _____ dizaines
et _____ unités

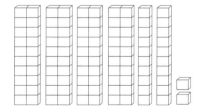

h) _____ centaines, _____ dizaines
et _____ unités

183

Les unités, les dizaines, les centaines

8. Relie les nombres de la colonne de gauche aux dizaines et aux unités correspondantes de la colonne de droite.

55	3 dizaines et 2 unités
49	9 dizaines et 9 unités
32	4 dizaines et 9 unités
77	5 dizaines et 5 unités
99	7 dizaines et 7 unités

9. Écris le nombre qui manque.

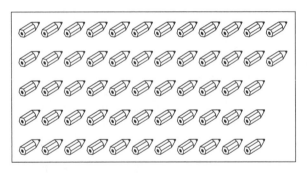

a) _____ dizaines et 7 unités

b) 2 dizaines et _____ unité

c) 4 dizaines et _____ unités

d) _____ dizaines et 2 unités

Les unités, les dizaines, les centaines

10. Écris les nombres suivants.

a) 2 dizaines et 7 unités _____

b) 7 dizaines et 7 unités _____

c) 1 dizaine et 5 unités _____

d) 3 dizaines et 4 unités _____

e) 1 dizaine et 9 unités _____

f) 7 dizaines et 4 unités _____

g) 9 dizaines et 3 unités _____

h) 5 dizaines et 7 unités _____

i) 8 dizaines et 1 unité _____

j) 1 dizaine et 2 unités _____

k) 6 dizaines et 3 unités _____

l) 2 dizaines et 5 unités _____

m) 6 dizaines et 1 unité _____

n) 4 dizaines et 3 unités _____

11. Transcris en chiffres les additions suivantes.

a) 3 dizaines et 4 unités + 6 dizaines et 2 unités = 9 dizaines et 6 unités.

_____

_____

b) 2 dizaines et 4 unités + 3 dizaines et 4 unités = 5 dizaines et 8 unités.

_____

_____

c) 2 dizaines et 1 unité + 3 dizaines et 1 unité = 5 dizaines et 2 unités.

_____

_____

185

Les unités, les dizaines, les centaines

12. Relie chaque nombre au bon ensemble.

50   32   113   159

a)

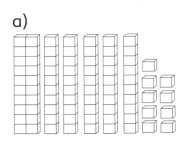

b)

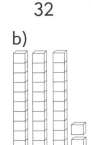

c)

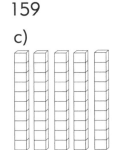

d)

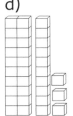

13. Écris le nombre de dizaines et d'unités dans chaque case. Fais des groupements de 10.

a)

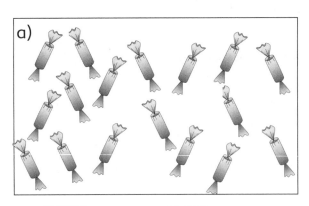

_____ dizaine et _____ unités

b)

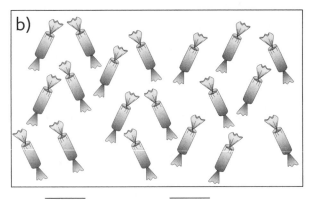

_____ dizaine et _____ unités

14. Écris deux nombres qui ont 7 à la position des unités.

_____   _____

_____   _____

15. Écris deux nombres qui ont 3 à la position des dizaines.

_____   _____

_____   _____

Les unités, les dizaines, les centaines

16. Dessine des traits (—) pour représenter les nombres. Fais des groupements de 10.

Voici un exemple.

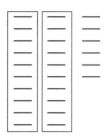

 54	 69	 81
35	 46	 77

17. Encercle la bonne réponse.

a) 4 dizaines et 2 unités

b) 3 dizaines et 6 unités

Les nombres pairs

1. Aide la sorcière à trouver son balai. Compte par bonds de 2 et suis les
nombres pairs dans l'ordre croissant.

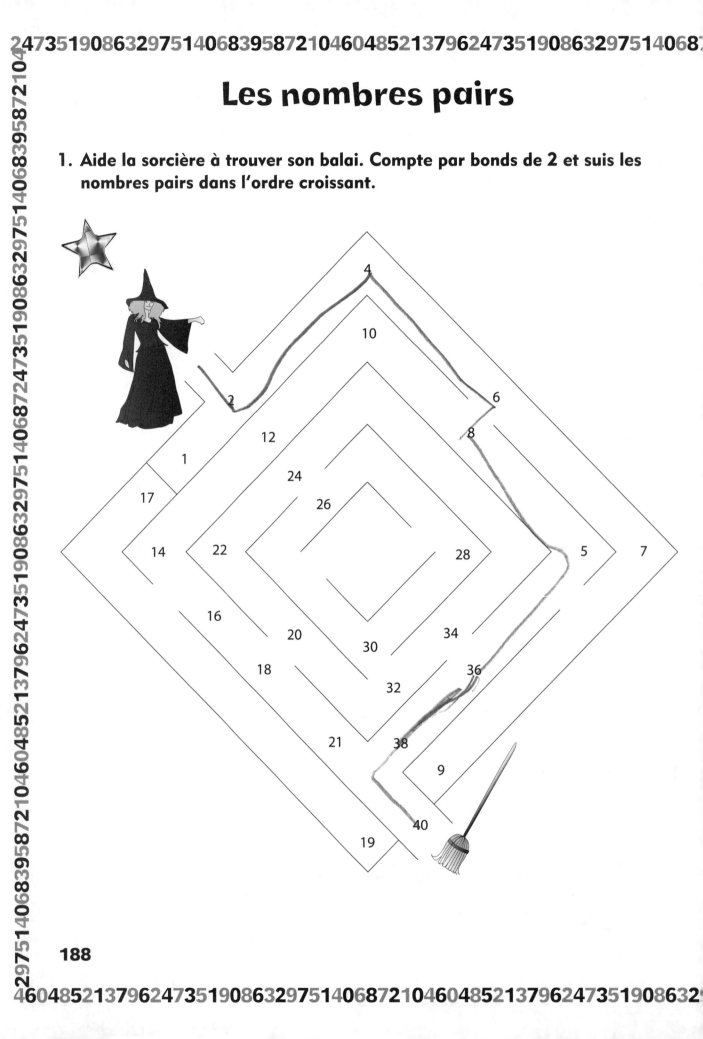

Les nombres pairs

2. Suis le chemin des nombres pairs pour te rendre à l'arrivée. Attention, les nombres ne se suivent pas.

Départ

2	3	8	9	13	15	18	22	25	24	36	98
6	9	12	15	17	96	22	46	55	87	91	90
14	17	31	52	69	14	13	72	77	21	38	41
22	55	69	71	89	91	97	55	23	52	57	97
36	44	48	56	92	84	70	66	17	13	25	88
37	89	85	91	55	61	85	6	5	0	5	9
25	55	55	77	60	54	91	4	3	36	52	84
36	56	99	96	17	85	77	22	9	55	67	71
98	84	35	8	92	97	41	34	11	25	37	45
84	21	45	7	32	25	33	40	8	10	78	80

Arrivée

3. Encercle les nombres pairs.

1   2   3   4   5   6   7   8   9   10

4. Écris les nombres compris entre 0 et 30 par bonds de 2.

_____

_____

_____

_____

_____

Les nombres impairs

1. Relie les nombres impairs pour découvrir l'image mystère.

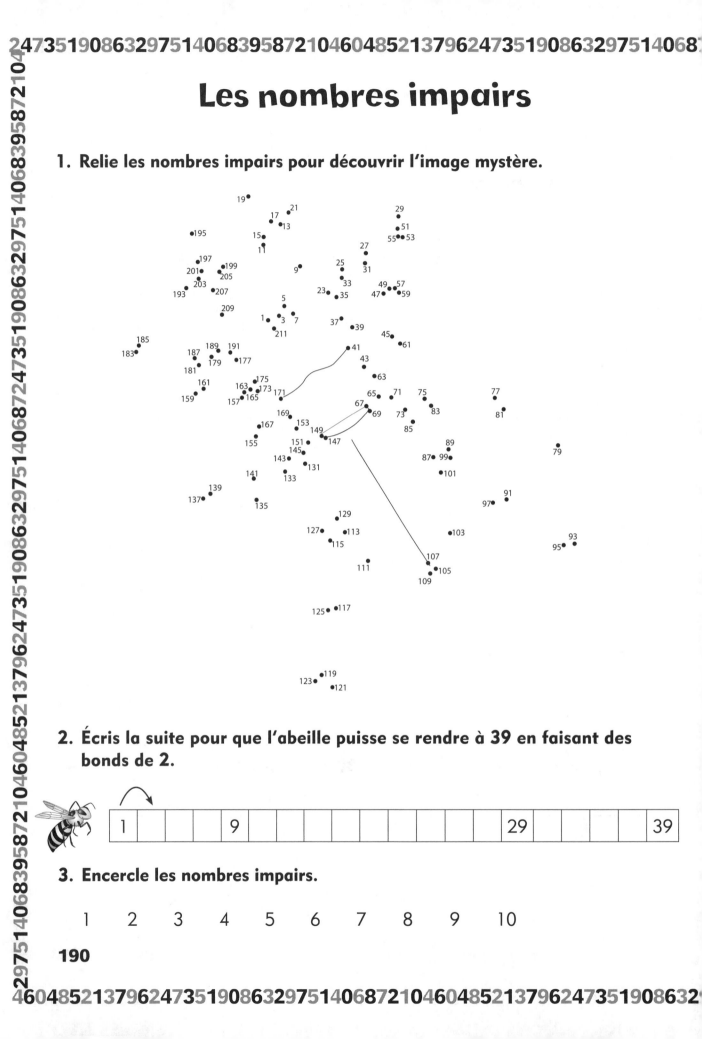

2. Écris la suite pour que l'abeille puisse se rendre à 39 en faisant des bonds de 2.

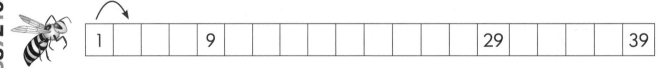

1				9										29				39

3. Encercle les nombres impairs.

1   2   3   4   5   6   7   8   9   10

Les nombres impairs

4. Trace un gros x sur les ensembles qui contiennent un nombre impair d'objets.

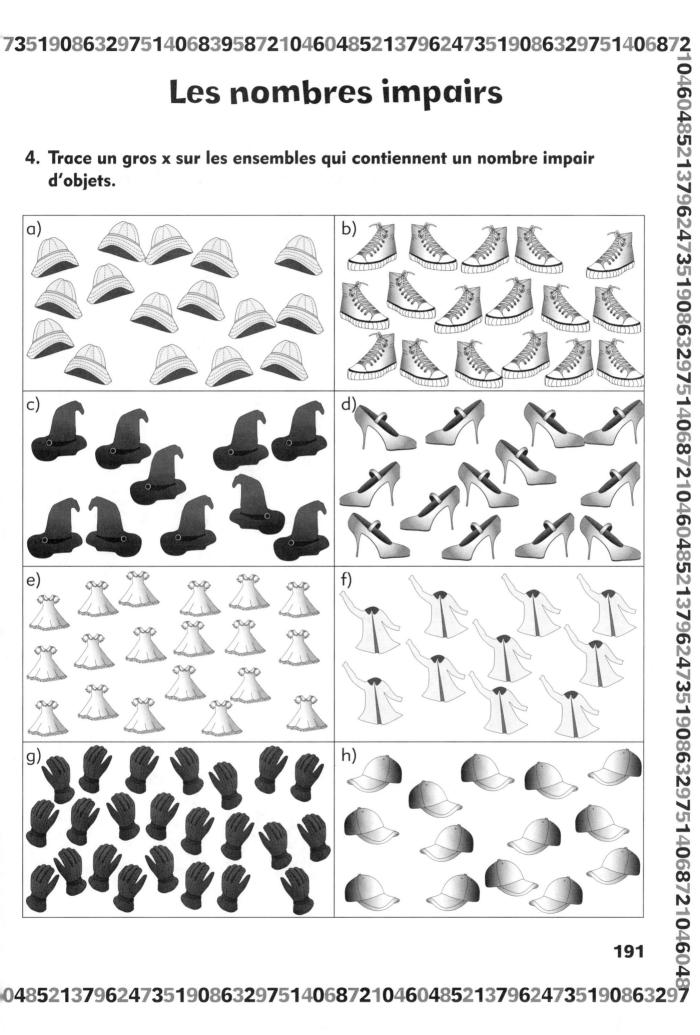

Les additions

1. Compte le nombre d'objets par cercle et écris-le sur l'étiquette. Ensuite, additionne ces deux nombres pour savoir combien il y a d'objets par case.

a)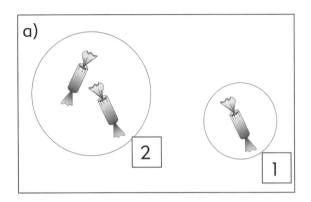

2   1

$$2 + 1 = 3$$

b)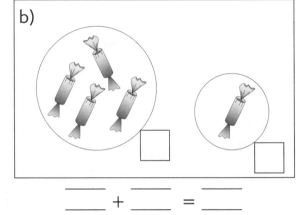

___ + ___ = ___

c)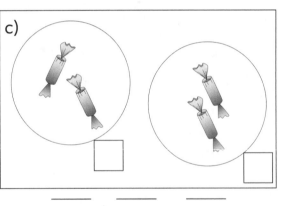

___ + ___ = ___

d)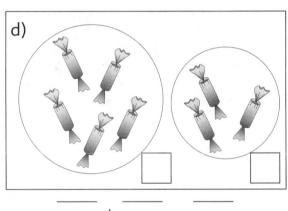

___ + ___ = ___

e)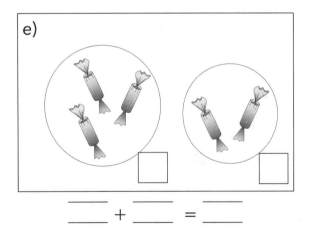

___ + ___ = ___

f)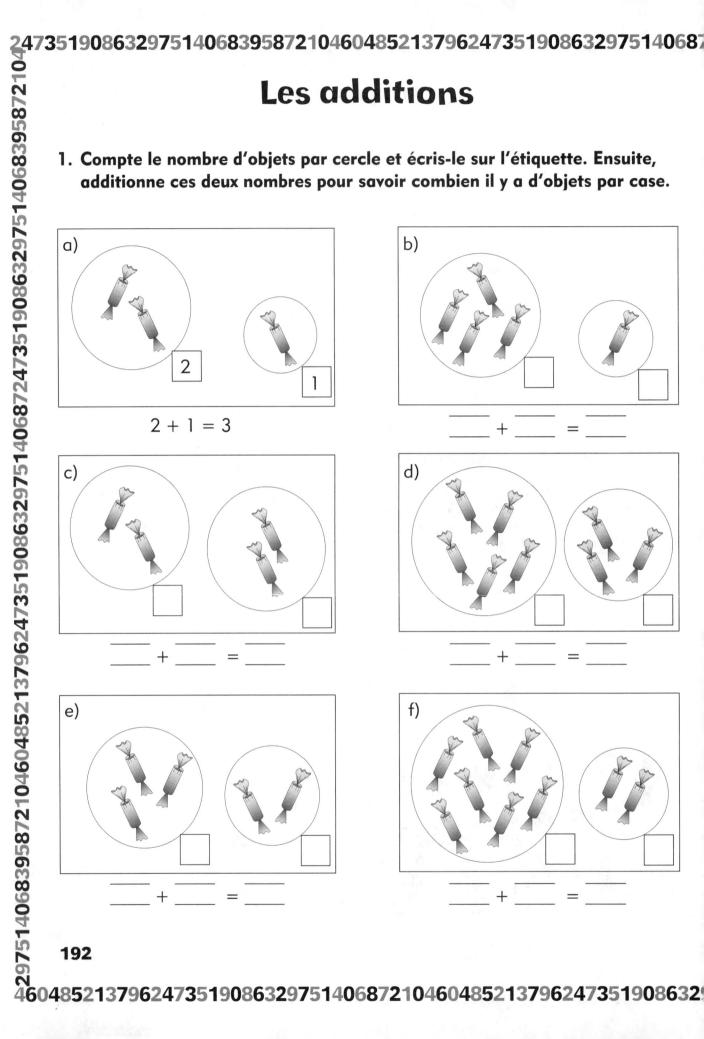

___ + ___ = ___

Les additions

2. Trouve la somme des additions.

a)

1 + 1 = 2

b)

2 + 2 = 4

c)

3 + 1 = 4

d)

2 + 0 = 2

e)

5 + 2 = 7

f)

3 + 3 = 6

g)

5 + 4 = 9

h)

4 + 3 = 7

i)

8 + 2 = 10

j)

9 + 1 = 10

k)

7 + 3 = 10

l)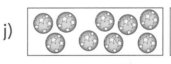

5 + 5 = 10

m)

6 + 3 = 9

n)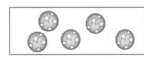

6 + 2 = 8

o)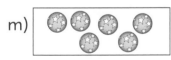

3 + 5 = 8

p)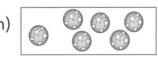

4 + 4 = 8

   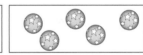  

193

Les additions

3. Résous les équations en colonne.

a) 1
   + 4

b) 2
   + 5

c) 8
   + 3

d) 6
   + 2

e) 7
   + 3

f) 9
   + 2

g) 8
   + 5

h) 9
   + 3

i) 6
   + 1

j) 3
   + 10

k) 5
   + 5

l) 4
   + 5

4. Élimine toutes les combinaisons de deux cases dont la somme est 10.
   À la fin, il ne te restera qu'un seul nombre.

1	1	5	2	7	1	7	10	3
5	2	7	4	2	3	8	4	0
4	3	8	2	3	9	6	5	9
0	5	4	5	6	5	7	3	2
6	10	9	6	8	4	7	8	6

Le nombre caché est : _____

5. Résous les additions suivantes.

Voici un exemple :

a) 7 + 3 = **10**
    +   +   +
    4 + 4 = 8
   11 + **7** = **18**

b) 1 + 6 = ☐
    +   +   +
    2 + 4 = 6
    ☐ + ☐ = ☐

c) 1 + 9 = ☐
    +   +   +
    5 + 6 = ☐
    ☐ + ☐ = ☐

d) 4 + 3 = ☐
    +   +   +
    1 + 0 = ☐
    ☐ + ☐ = ☐

e) 4 + 6 = ☐
    +   +   +
    8 + 1 = ☐
    ☐ + ☐ = ☐

f) 6 + 7 = ☐
    +   +   +
    1 + 3 = ☐
    ☐ + ☐ = ☐

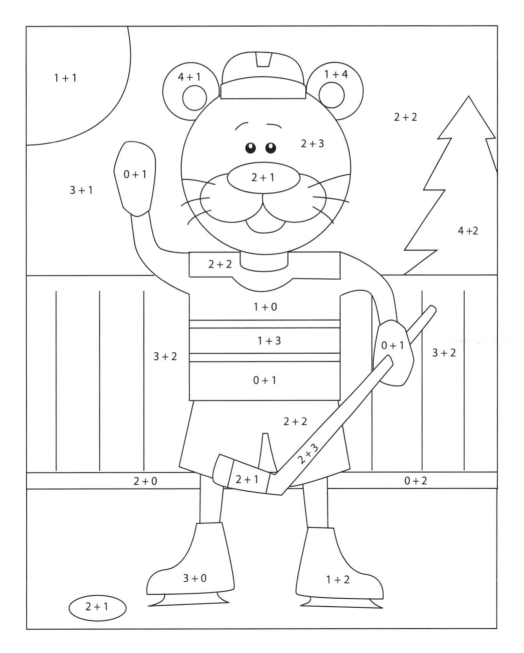

Les additions

6. Colorie les cases selon les couleurs demandées.

Si la réponse est **1**, colorie la case en **rouge**.
Si la réponse est **2**, colorie la case en **jaune**.
Si la réponse est **3**, colorie la case en **noir**.
Si la réponse est **4**, colorie la case en **bleu**.
Si la réponse est **5**, colorie la case en **brun**.
Si la réponse est **6**, colorie la case en **vert**.

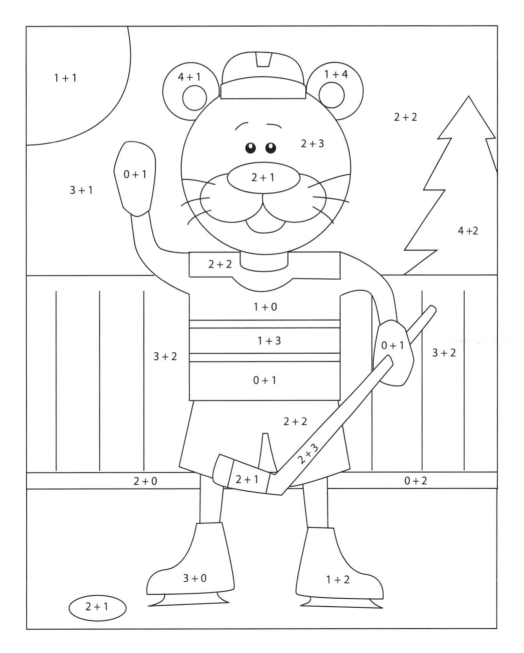

195

Les additions

7. Sers-toi de la droite numérique pour faire les additions suivantes.

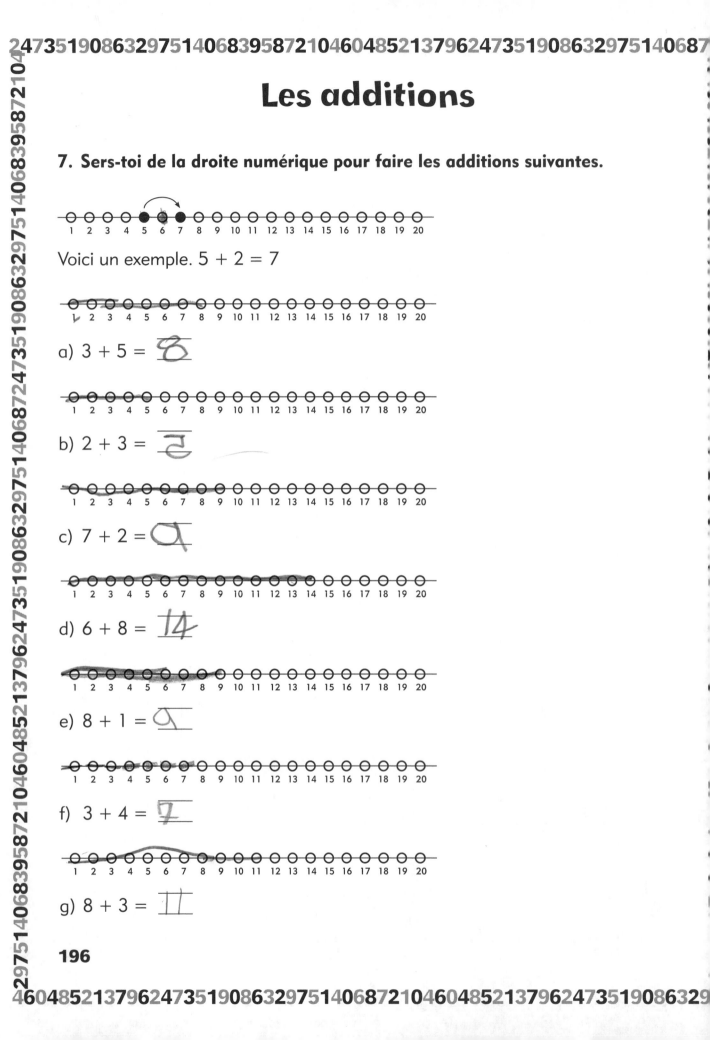

Voici un exemple. $5 + 2 = 7$

a) $3 + 5 =$ 8

b) $2 + 3 =$ 5

c) $7 + 2 =$ 9

d) $6 + 8 =$ 14

e) $8 + 1 =$ 9

f) $3 + 4 =$ 7

g) $8 + 3 =$ 11

Les additions

8. Alain et Aline vont au magasin acheter des disques et des films. Aline achète 4 disques. Alain achète 3 films. Combien de films et de disques ont-ils achetés?

Trace ta démarche. _____ 4+3=7 _____

Réponse : ___ 7 ___

9. J'ai 7 ans. Dans 7 ans, j'aurai quel âge?

Trace ta démarche. _____ 7+7=14 _____

Réponse : ___ 14 ___

10. Damien joue avec ses 9 camions. Sébastien en apporte 3 pour jouer avec Damien. Combien de camions ont-ils?

Trace ta démarche. _____ 9+3 _____

Réponse : ___ 12 ___

11. Le soir de Noël, Aurélie et Océane comptent les cartes qu'elles ont reçues. Aurélie en a reçu 10 avec un père Noël et 8 avec un sapin. Océane a reçu 5 cartes avec le renne au nez rouge et 3 avec la fée des étoiles.

Combien de cartes a Aurélie? Combien de cartes a Océane?

Trace ta démarche. _____ 10 + 8 + 3 = _____

Réponse : Aurélie ___ 18 ___   Océane ___ 8 ___

Les additions

12. Lucas et Ludovic courent tous les jours. Mardi matin, ils ont couru 3 km. Mercredi, ils ont couru 3 km de plus. Combien de kilomètres ont-ils parcourus en tout?

Trace ta démarche. _____

_____

Réponse : _____

13. Dans la classe de Solange, 2 filles et 1 garçon portent des lunettes rondes; 3 filles et 2 garçons portent des lunettes carrées et 4 garçons et 1 fille ne portent pas de lunettes.

a) Combien y a-t-il d'enfants en tout? _____

Trace ta démarche. _____

b) Combien y a-t-il de garçons en tout? _____

Trace ta démarche. _____

c) Combien y a-t-il de filles en tout? _____

Trace ta démarche. _____

d) Combien d'élèves portent des lunettes? _____

Trace ta démarche. _____

e) Combien d'élèves portent des lunettes rondes? _____

Trace ta démarche. _____

Les additions

14. Résous les problèmes suivants.

a) $9 + 1 + \underline{} = 12$

b) $3 + 6 + \underline{} = 11$

c) $\underline{} + 3 = 6$

d) $4 + \underline{} = 7$

e) $3 + 1 + \underline{} = 7$

f) $\underline{} + 7 = 10$

g) $6 + \underline{} = 9$

h) $4 + \underline{} = 8$

i) $\underline{} + 8 + 1 = 10$

j) $1 + 2 + 3 = \underline{}$

15. Écris des additions dont la somme est :

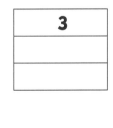
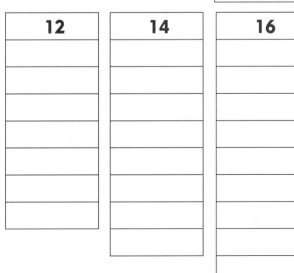

7	9	8	10	6	5
7 + 0					
6 + 1					

3	12	14	16

Les additions

16. Calcule les sommes.

N'oublie pas qu'on additionne d'abord les unités (u) et ensuite les dizaines (d).

Ex. :

d	u
8	4

$+$ 1 2

9 6

a) $+\dfrac{42}{21}$ b) $+\dfrac{55}{14}$ c) $+\dfrac{59}{40}$ d) $+\dfrac{45}{22}$

e) $+\dfrac{20}{20}$ f) $+\dfrac{75}{24}$ g) $+\dfrac{63}{23}$ h) $+\dfrac{36}{43}$ i) $+\dfrac{53}{15}$ j) $+\dfrac{13}{23}$

k) $+\dfrac{61}{18}$ l) $+\dfrac{64}{35}$ m) $+\dfrac{56}{32}$ n) $+\dfrac{51}{16}$ o) $+\dfrac{37}{40}$ p) $+\dfrac{24}{24}$

17. Effectue les additions.

a)

	+	→
49	7	
23	1	
↓		

b)

	+	→
51	3	
21	3	
↓		

c)

	+	→
30	7	
40	2	
↓		

d)

	+	→
22	6	
12	7	
↓		

Les additions

18. Décompose les additions et trouve les sommes.

Voici un exemple : $+\begin{array}{r}25\\ \underline{25}\end{array}$ = $+\begin{array}{r}20+5\\ \underline{20+5}\\ 40+10=50\end{array}$ ou $+\begin{array}{r}25\\ \underline{25}\\ 50\end{array}$ ①

a) $+\begin{array}{r}27\\ \underline{27}\end{array}$

b) $+\begin{array}{r}26\\ \underline{46}\end{array}$

c) $+\begin{array}{r}26\\ \underline{19}\end{array}$

d) $+\begin{array}{r}17\\ \underline{18}\end{array}$

e) $+\begin{array}{r}19\\ \underline{16}\end{array}$

f) $+\begin{array}{r}59\\ \underline{11}\end{array}$

g) $+\begin{array}{r}69\\ \underline{26}\end{array}$

h) $+\begin{array}{r}28\\ \underline{14}\end{array}$

i) $+\begin{array}{r}47\\ \underline{37}\end{array}$

j) $+\begin{array}{r}46\\ \underline{24}\end{array}$

k) $+\begin{array}{r}58\\ \underline{28}\end{array}$

l) $+\begin{array}{r}25\\ \underline{37}\end{array}$

19. Regarde l'exemple et calcule les sommes.

a) ① $+\begin{array}{r}32\\ \underline{19}\\ 52\end{array}$

b) $+\begin{array}{r}65\\ \underline{35}\end{array}$

c) $+\begin{array}{r}45\\ \underline{17}\end{array}$

d) $+\begin{array}{r}73\\ \underline{18}\end{array}$

e) $+\begin{array}{r}25\\ \underline{15}\end{array}$

f) $+\begin{array}{r}64\\ \underline{7}\end{array}$

g) $+\begin{array}{r}27\\ \underline{4}\end{array}$

h) $+\begin{array}{r}39\\ \underline{11}\end{array}$

i) $+\begin{array}{r}29\\ \underline{35}\end{array}$

i) $+\begin{array}{r}42\\ \underline{49}\end{array}$

j) $+\begin{array}{r}31\\ \underline{39}\end{array}$

k) $+\begin{array}{r}45\\ \underline{39}\end{array}$

201

Les soustractions

1. **Compte le nombre d'objets par cercle et écris-le sur l'étiquette. Ensuite, soustrais ces deux nombres.**

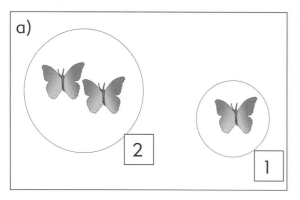

a)

$$2 - 1 = 1$$

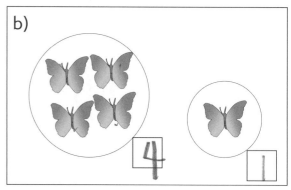

b)

4 - 1 = 3

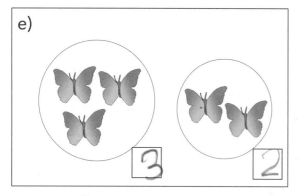

c)

2 - 2 = 0

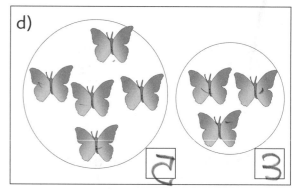

d)

5 - 3 = 2

e)

3 - 2 = 1

f)

7 - 2 = 5

Les soustractions

2. Trouve la différence des soustractions.

a)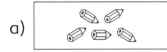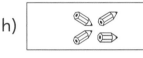

5 - 1 = ____

b)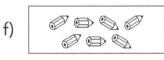

2 - 2 = ____

c)

3 - 1 = ____

d)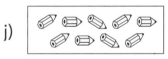

4 - 2 = ____

e)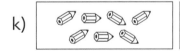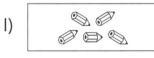

5 - 2 = ____

f)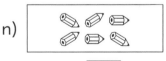

7 - 2 = ____

g)

5 - 4 = ____

h)

4 - 3 = ____

i)

8 - 2 = ____

j)

9 - 8 = ____

k)

7 - 3 = ____

l)

5 - 3 = ____

m)

6 - 3 = ____

n)

6 - 2 = ____

o)

10 - 6 = ____

p)

8 - 3 = ____

203

Les soustractions

3. Fais les soustractions pour compléter le tableau.

- ↓	7	8	6	9	14	13	10	12	11
2									
3									
5									
1									
6									
4									

4. Effectue toutes les soustractions et inscris combien de temps il t'a fallu pour les faire.

5 - 1 = _____   6 - 1 = _____   8 - 7 = _____   6 - 2 = _____

10 - 5 = _____   10 - 1 = _____   9 - 7 = _____   4 - 1 = _____

5 - 3 = _____   7 - 2 = _____   9 - 6 = _____   7 - 5 = _____

7 - 6 = _____   9 - 4 = _____   6 - 4 = _____   3 - 2 = _____

5 - 2 = _____   10 - 4 = _____   8 - 6 = _____   4 - 3 = _____

7 - 1 = _____   10 - 8 = _____   9 - 3 = _____   10 - 3 = _____

10 - 2 = _____   8 - 5 = _____   8 - 3 = _____   8 - 2 = _____

10 - 7 = _____   9 - 5 = _____   8 - 4 = _____   9 - 2 = _____

7 - 3 = _____   5 - 4 = _____   6 - 3 = _____   7 - 7 = _____

9 - 1 = _____   4 - 2 = _____   10 - 6 = _____   9 - 8 = _____

Temps : _____

Les soustractions

5. Résous les soustractions en colonne.

a) 4
  ⁻1

b) 5
  ⁻2

c) 8
  ⁻3

d) 6
  ⁻2

e) 7
  ⁻3

f) 9
  ⁻2

g) 8
  ⁻5

h) 9
  ⁻3

i) 6
  ⁻1

j) 10
  ⁻3

k) 5
  ⁻4

l) 4
  ⁻2

6. Compose des équations dont la différence est 2.

_____ - _____ = _____   _____ - _____ = _____   _____ - _____ = _____

_____ - _____ = _____   _____ - _____ = _____   _____ - _____ = _____

_____ - _____ = _____   _____ - _____ = _____   _____ - _____ = _____

7. Fais les soustractions dans les tableaux.

a)

	8	4	10	7	5	6	9
-	3	2	7	5	1	3	5

b)

	8	4	10	7	5	6	9
-	2	1	5	3	4	5	4

c)

	10	7	8	6	9	5	4
-	3	4	6	4	7	2	4

205

Les soustractions

8. Colorie les cases selon les couleurs demandées.

Si la réponse est **1**, colorie la case en **vert**.
Si la réponse est **2**, colorie la case en **brun**.
Si la réponse est **3**, colorie la case en **bleu**.
Si la réponse est **4**, colorie la case en **violet**.
Si la réponse est **5**, colorie la case en **noir**.
Si la réponse est **6**, colorie la case en **rose**.

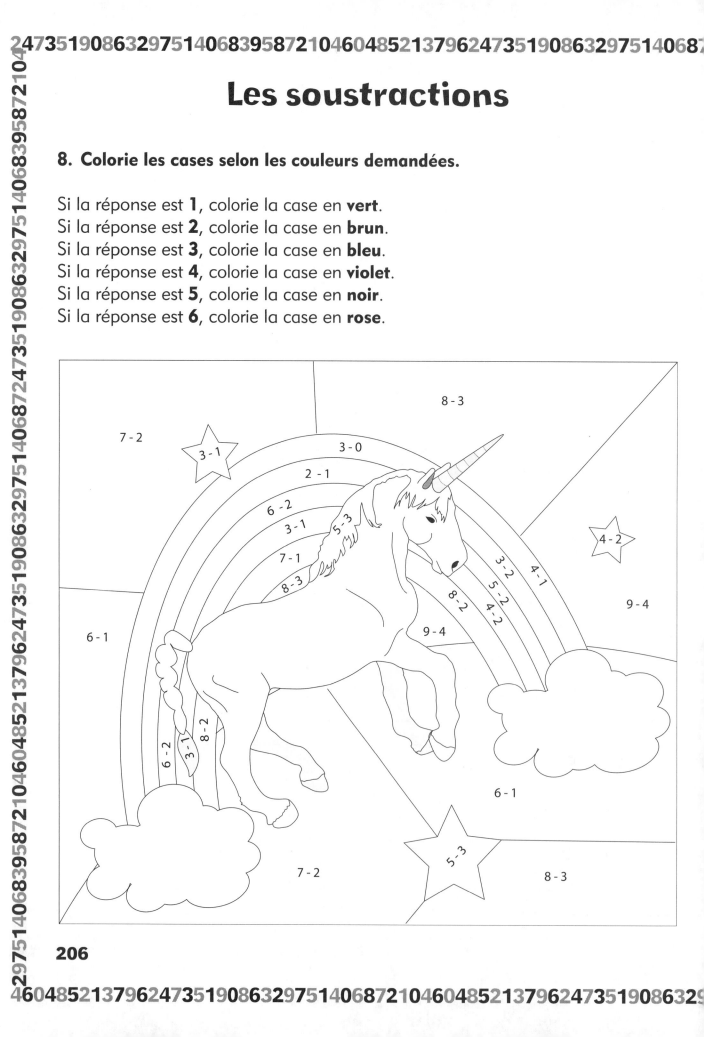

Les soustractions

9. Sers-toi de la droite numérique pour faire les soustractions suivantes.

1 2 3 4 5 6 7 8 9 10 11 12 13 14 15 16 17 18 19 20

Voici un exemple. 5 - 2 = 3

1 2 3 4 5 6 7 8 9 10 11 12 13 14 15 16 17 18 19 20

a) 5 - 3 = _____

1 2 3 4 5 6 7 8 9 10 11 12 13 14 15 16 17 18 19 20

b) 3 - 2 = _____

1 2 3 4 5 6 7 8 9 10 11 12 13 14 15 16 17 18 19 20

c) 7 - 2 = _____

1 2 3 4 5 6 7 8 9 10 11 12 13 14 15 16 17 18 19 20

d) 8 - 6 = _____

1 2 3 4 5 6 7 8 9 10 11 12 13 14 15 16 17 18 19 20

e) 8 - 1 = _____

1 2 3 4 5 6 7 8 9 10 11 12 13 14 15 16 17 18 19 20

f) 5 - 4 = _____

1 2 3 4 5 6 7 8 9 10 11 12 13 14 15 16 17 18 19 20

g) 4 - 2 = _____

1 2 3 4 5 6 7 8 9 10 11 12 13 14 15 16 17 18 19 20

h) 9 - 5 = _____

1 2 3 4 5 6 7 8 9 10 11 12 13 14 15 16 17 18 19 20

i) 8 - 3 = _____

Les soustractions

10. Dylan a 7 pommes dans son sac. Il en donne 5 à ses amis. Combien en reste-t-il dans son sac ?

Trace ta démarche. _____

Réponse : _____

11. J'ai 10 ans. Il y a 4 ans, j'avais quel âge ?

Trace ta démarche. _____

Réponse : _____

12. Ma mère a décidé d'acheter des verres. Elle en avait déjà 7. Elle a maintenant 10. Combien en a-t-elle achetés ?

Trace ta démarche. _____

Réponse : _____

13. Adrienne avait 8 livres à vendre. Elle en a vendu quelques-uns. Il lui en reste 3. Combien en a-t-elle vendu ?

Trace ta démarche. _____

Réponse : _____

14. Il y avait 8 enfants dans la classe. Des enfants sortent. Il y en a maintenant 2. Combien d'enfants sont sortis ?

Trace ta démarche. _____

Réponse : _____

Les soustractions

15. Julie a 10 bonbons dans son sac. Elle en donne 4 à Catherine et 1 à Jessica. Combien lui en reste-t-il ?

Trace ta démarche. _____

Réponse : _____

16. Nadine et Gabrielle distribuent des circulaires. Lundi matin, elles ont en distribué 9 ; mardi, elles en ont distribué 4 de moins. Combien de circulaires ont-elles distribuées mardi matin ?

Trace ta démarche. _____

Réponse : _____

17. 10 insectes sont pris dans la toile de l'araignée. 4 sont des mouches. Les autres sont des coccinelles. Combien y a-t-il de coccinelles ?

Trace ta démarche. _____

Réponse : _____

18. 10 enfants jouent au parc. 6 d'entre eux quittent le parc. Combien d'enfants reste-t-il ?

Trace ta démarche. _____

Réponse : _____

Les soustractions

19. **Résous les problèmes suivants.**

a) $9 - 1 - \underline{\quad} = 5$

b) $6 - 2 - \underline{\quad} = 2$

c) $\underline{\quad} - 3 = 6$

d) $7 - \underline{\quad} = 4$

e) $9 - 3 - \underline{\quad} = 2$

f) $\underline{\quad} - 7 = 1$

g) $8 - \underline{\quad} = 4$

h) $6 - \underline{\quad} = 4$

i) $\underline{\quad} - 4 - 5 = 1$

j) $5 - 2 - 3 = \underline{\quad}$

20. **En te servant des nombres de 0 à 10, écris des soustractions dont la différence est :**

1	3	5	2	4	6
10 - 9					
9 - 8					

Les soustractions

21. Suis les étapes suivantes pour soustraire.

$$\begin{array}{r} 42 \\ -\ 15 \\ \hline \end{array}$$

$42 = \square\square\square\square\ \circ\ \circ$

$15 = \square\ \circ\ \circ\ \circ\ \circ\ \circ$

2 est plus petit que 5.

Emprunte une dizaine et transforme-la en unités.

$$\begin{array}{r} 3\ ⑩\\ 42 \\ -\ 15 \\ \hline \end{array}$$

$\square\square\square\ \circ\ \circ\ +\ \circ\ \circ\ \circ\ \circ\ \circ\ \circ\ \circ\ \circ\ \circ\ \circ$

$\circ\ \circ\ \circ\ \circ\ \circ$

Additionne les unités (10 + 2 = 12).

$$\begin{array}{r} 3\\ \cancel{4}\ ①2 \\ -\ 15 \\ \hline 27 \end{array}$$

Fais les soustractions $12 - 5 =$
$3 - 1 =$

22. Effectue les soustractions et te servant de la méthode ci-dessus.

a) $\begin{array}{r} 93 \\ -\ 35 \\ \hline \end{array}$

b) $\begin{array}{r} 55 \\ -\ 26 \\ \hline \end{array}$

c) $\begin{array}{r} 71 \\ -\ 27 \\ \hline \end{array}$

d) $\begin{array}{r} 62 \\ -\ 27 \\ \hline \end{array}$

e) $\begin{array}{r} 673 \\ -\ 108 \\ \hline \end{array}$

f) $\begin{array}{r} 43 \\ -\ 24 \\ \hline \end{array}$

g) $\begin{array}{r} 31 \\ -\ 16 \\ \hline \end{array}$

h) $\begin{array}{r} 43 \\ -\ 27 \\ \hline \end{array}$

Choix de l'opération

1. Utilise les symboles + ou − pour effectuer les opérations.

a) 4
□ $\frac{1}{3}$

b) 6
□ $\frac{8}{14}$

c) 6
□ $\frac{2}{4}$

d) 2
□ $\frac{3}{5}$

e) 7
□ $\frac{2}{9}$

f) 7
□ $\frac{6}{1}$

g) 5
□ $\frac{4}{9}$

h) 9
□ $\frac{3}{6}$

i) 9
□ $\frac{7}{2}$

j) 10
□ $\frac{4}{6}$

2. Trouve quelle opération a été effectuée et inscris-la dans le carré.

Les comparaisons

1. Encercle le plus grand nombre.

a)

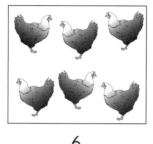

6   4

b)

3   6

2. Encercle le plus petit nombre.

a)

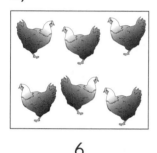

6   4

b)

3   6

3. Fais un x sur les deux ensembles qui contiennent autant d'éléments.

a)   b)

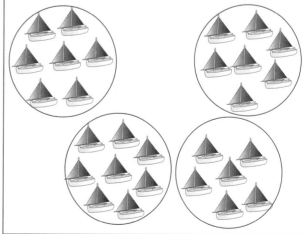

Les comparaisons

4. Encercle le plus petit nombre dans chaque colonne.

a) 15
   85
   26
   7

b) 83
   42
   36
   97

c) 20
   17
   63
   62

d) 8
   52
   39
   41

5. Encercle le plus grand nombre dans chaque colonne.

a) 65
   76
   95
   100

b) 80
   77
   1
   44

c) 44
   31
   15
   99

d) 17
   55
   71
   39

6. Encercle les nombres identiques dans chaque colonne.

a) 15
   15
   36
   8

b) 53
   45
   53
   77

c) 25
   73
   73
   75

d) 100
   66
   21
   66

Les comparaisons

7. Compte les éléments et utilise les symboles <, > ou =.

a) ___ ◯ ___

b) ___ ◯ ___

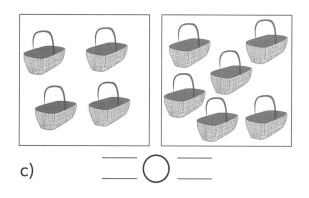

c) ___ ◯ ___

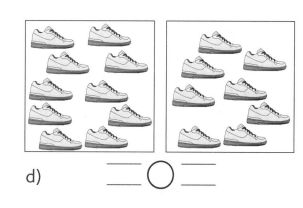

d) ___ ◯ ___

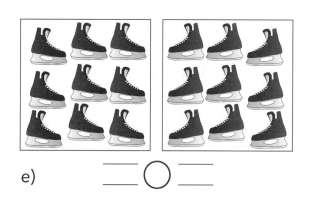

e) ___ ◯ ___

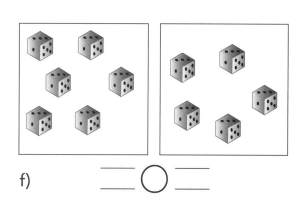

f) ___ ◯ ___

215

Les comparaisons

8. Compare les nombres et écris <, > ou =.

a) 56 ◯ 26   b) 94 ◯ 36   c) 30 ◯ 30

d) 10 ◯ 11   e) 41 ◯ 30   f) 24 ◯ 23

g) 97 ◯ 98   h) 9 ◯ 7   i) 37 ◯ 35

j) 22 ◯ 22   k) 57 ◯ 95   l) 41 ◯ 42

m) 100 ◯ 100   n) 51 ◯ 85   o) 12 ◯ 9

p) 97 ◯ 85   q) 66 ◯ 65   r) 74 ◯ 74

9. Écris les nombres compris entre 45 et 60 qui sont plus petits que 50.

_____

_____

10. Écris les nombres compris entre 80 et 100 qui sont plus grands que 90.

_____

_____

Les comparaisons

11. Dessine ce qu'on te demande.

a)

autant

b)

plus

c)

moins

d)

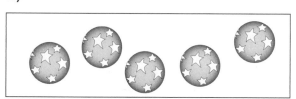

deux de plus

e)

deux de moins

217

Les fractions

1. Colorie seulement les formes qui sont divisées en deux parties égales.

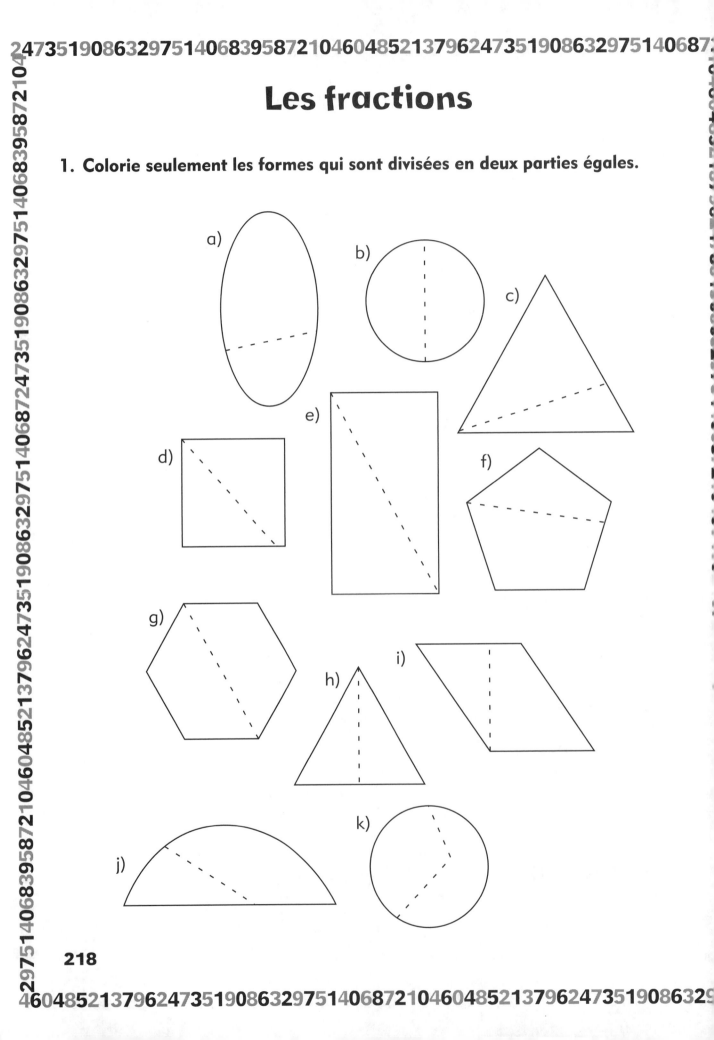

Les fractions

2. Colorie seulement les formes qui sont divisées en trois parties égales.

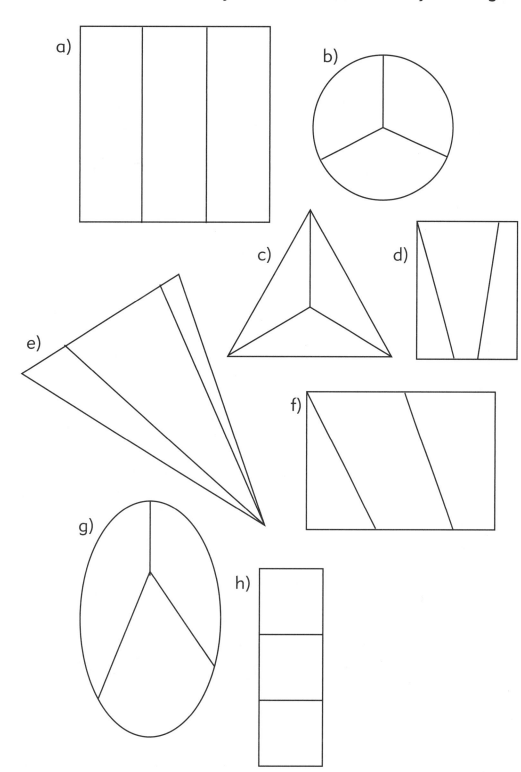

Les fractions

3. Colorie seulement les formes qui sont divisées en quatre parties égales.

Les fractions

La fraction est un nombre qui désigne une partie d'un tout. Par exemple, $\frac{1}{2}$ représente la moitié, $\frac{1}{3}$ représente une partie sur trois et $\frac{1}{4}$, une partie sur quatre.

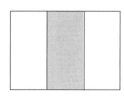

Partie ombragée : 1
Parties égales : 2 $= \frac{1}{2}$

Partie ombragée : 1
Parties égales : 3 $= \frac{1}{3}$

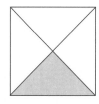

Partie ombragée : 1
Parties égales : 4 $= \frac{1}{4}$

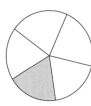

Partie ombragée : 1
Parties égales : 5 $= \frac{1}{5}$

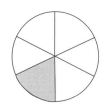

Partie ombragée : 1
Parties égales : 6 $= \frac{1}{6}$

Les fractions

4. Colorie $\frac{1}{3}$ de chaque figure en bleu.

 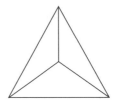 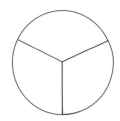

5. Colorie $\frac{1}{2}$ de chaque figure en rouge.

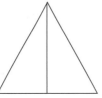 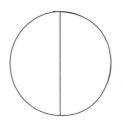 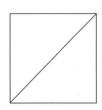

6. Colorie $\frac{1}{4}$ de chaque figure en jaune.

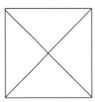 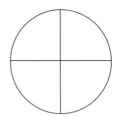 

Les fractions

7. Partage cette tarte en quatre parties égales.

8. Regarde combien de bonbons ont reçus Benjamin et Nathan.

Benjamin   Nathan

Est-ce que le partage est juste ? _____

9. Partage équitablement les 9 bonbons entre Gédéon, Hélène et Steve. Pour t'aider, inscris la première lettre du prénom sur les bonbons.

Est-ce que le partage est juste ? _____

10. Partage le cercle en deux parties égales.

11. Trouve deux façons de partager également le cercle.

223

L'argent

1. Calcule les sommes d'argent.

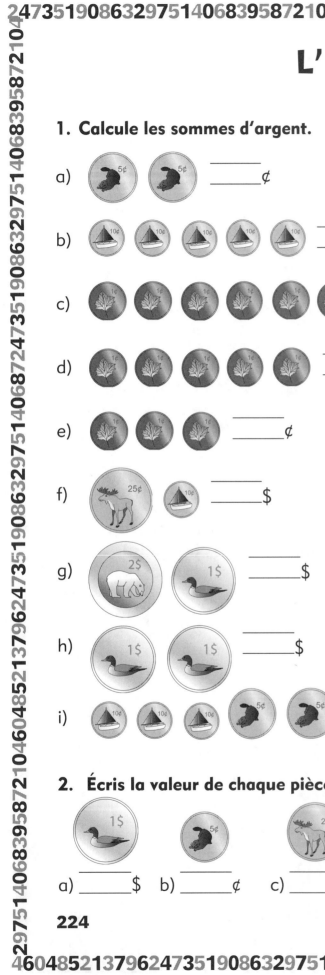

a) _____ ¢

b) _____ ¢

c) _____ ¢

d) _____ ¢

e) _____ ¢

f) _____ $

g) _____ $

h) _____ $

i) _____ ¢

2. Écris la valeur de chaque pièce.

a) _____ $ b) _____ ¢   c) _____ ¢   d) _____ ¢   e) _____ $ f) _____ ¢

224

L'argent

3. Fais le total des pièces de monnaie.

a) _____

b) _____

c) _____

d) _____

4. Relie les pièces de monnaie au nombre correspondant.

a)   41 ¢

b)   16 ¢

c)   22 ¢

5. Compte les pièces de monnaie et encercle le bon nombre.

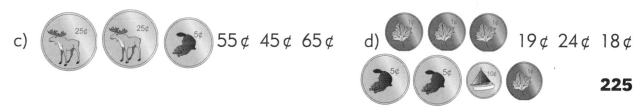

a)   15 ¢ 55 ¢ 75 ¢   b)   60 ¢ 50 ¢ 40 ¢

c)   55 ¢ 45 ¢ 65 ¢   d)   19 ¢ 24 ¢ 18 ¢

225

Les suites

1. Complète les suites suivantes.

a)

b)

c)

d)

e)

f)

Les lignes courbes et les lignes brisées

1. Écris sous chaque ligne si elle est courbe ou brisée.

a)  courbe

b)  courbe

c) 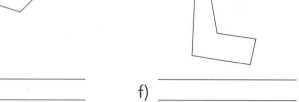 _____

d)  tor

e)  _____

f) _____

g)  _____

h)  _____

i)  _____

j)  _____

k) 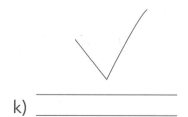 _____

l)  _____

227

Les lignes ouvertes
et les lignes fermées

1. Écris sous chaque ligne si elle est ouverte ou fermée.

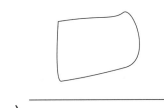

a) _____

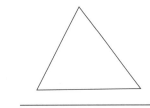

b) _____

c) _____

d) _____

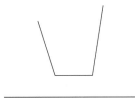

e) _____

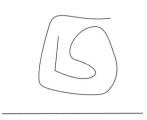

f) _____

g) _____

h) _____

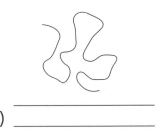

i) _____

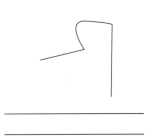

j) _____

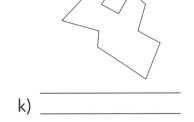

k) _____

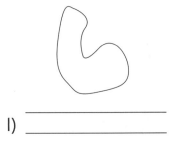

l) _____

228

Les lignes courbes, les lignes brisées, les lignes ouvertes et les lignes fermées

2. Écris sous chaque ligne si elle est courbe ou brisée, ouverte ou fermée.

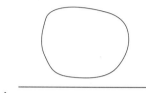

a) _____
_____
_____

b) _____
_____
_____

c) _____
_____
_____

d) _____
_____
_____

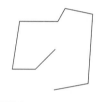

e) _____
_____
_____

f) _____
_____
_____

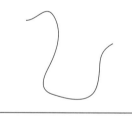

g) _____
_____
_____

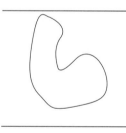

h) _____
_____
_____

i) _____
_____
_____

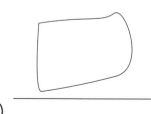

j) _____
_____
_____

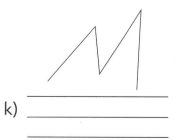

k) _____
_____
_____

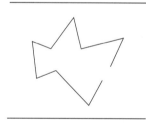

l) _____
_____
_____

229

Les frontières

Une frontière sert à délimiter un espace qu'on appelle une *région*.

1. Colorie chaque région d'une couleur différente.

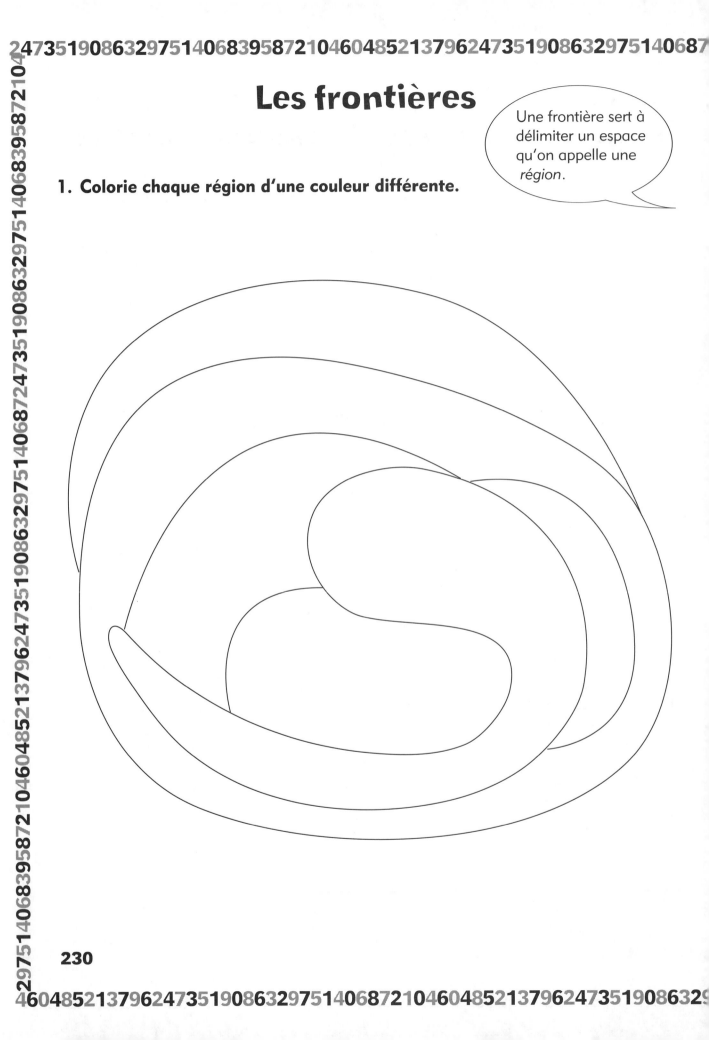

Les frontières

2. Colorie les cercles en bleu s'ils sont à l'intérieur de la frontière, en rouge s'ils sont sur la frontière et en brun s'ils sont à l'extérieur de la frontière.

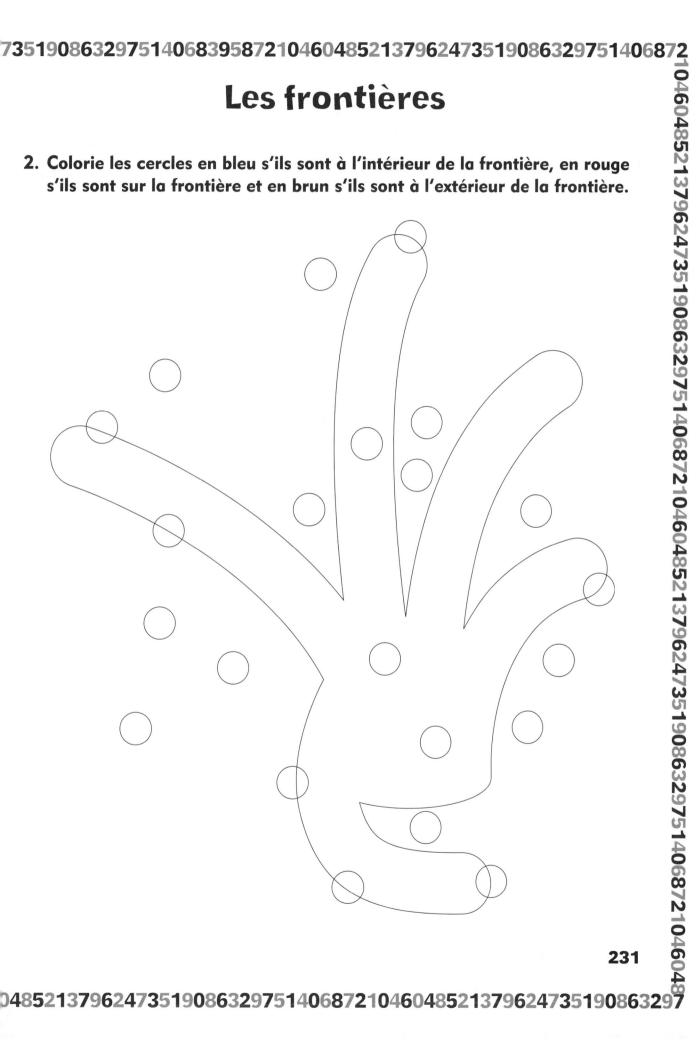

231

L'espace

1. Trace le trajet que l'oiseau doit suivre pour se rendre à son nid.

L'espace

2. Trace le chemin que doit suivre le chat pour se rendre à la pelote de laine.

Les figures planes

1. Relie chaque figure plane à son nom.

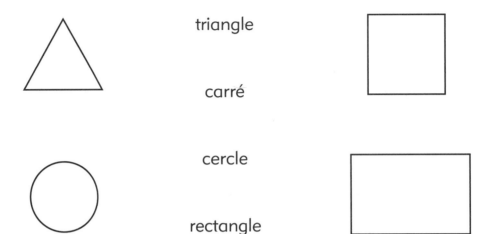

triangle

carré

cercle

rectangle

2. Écris le nom des figures.

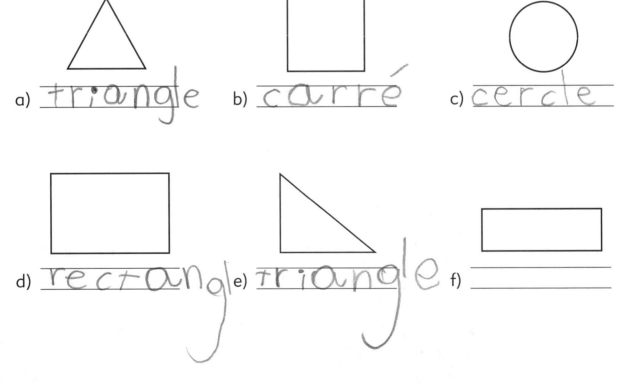

a) triangle

b) carré

c) cercle

d) rectangle

e) triangle

f) _____

Les figures planes

3. Colorie les figures selon les couleurs demandées.

Colorie les triangles en vert.
Colorie les rectangles en rouge.

Colorie les cercles en bleu.
Colorie les carrés en jaune.

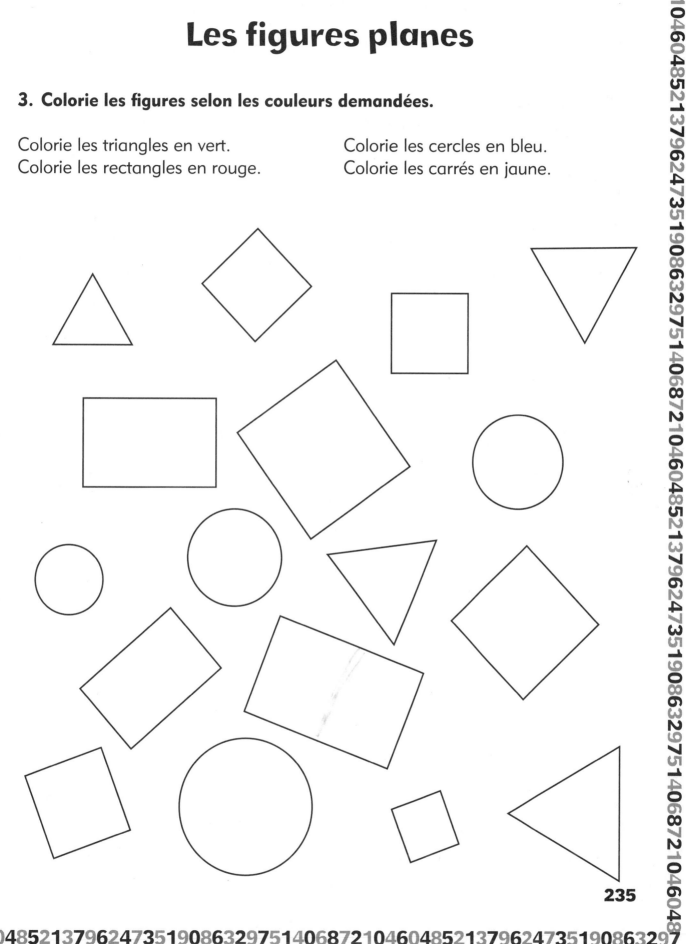

235

Les figures planes

4. Trace par-dessus les pointillés pour former les cercles et ensuite fais autant de cercles que possible dans le reste de la page pour t'exercer.

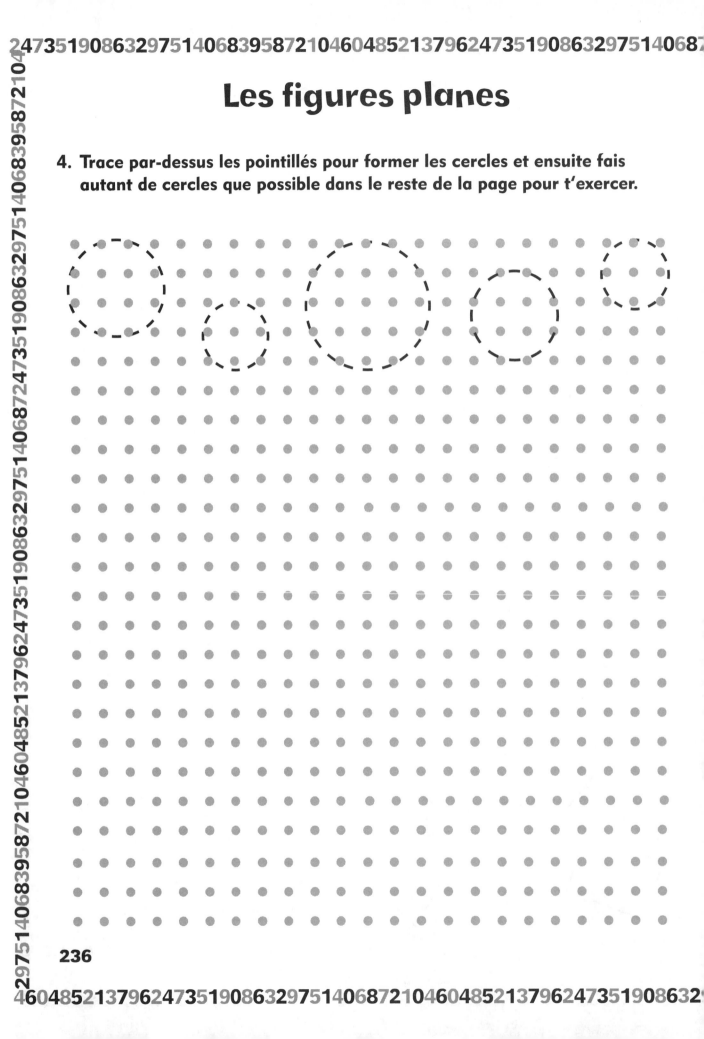

236

Les figures planes

5. Trace par-dessus les pointillés pour former les triangles et ensuite fais autant de triangles que possible dans le reste de la page pour t'exercer.

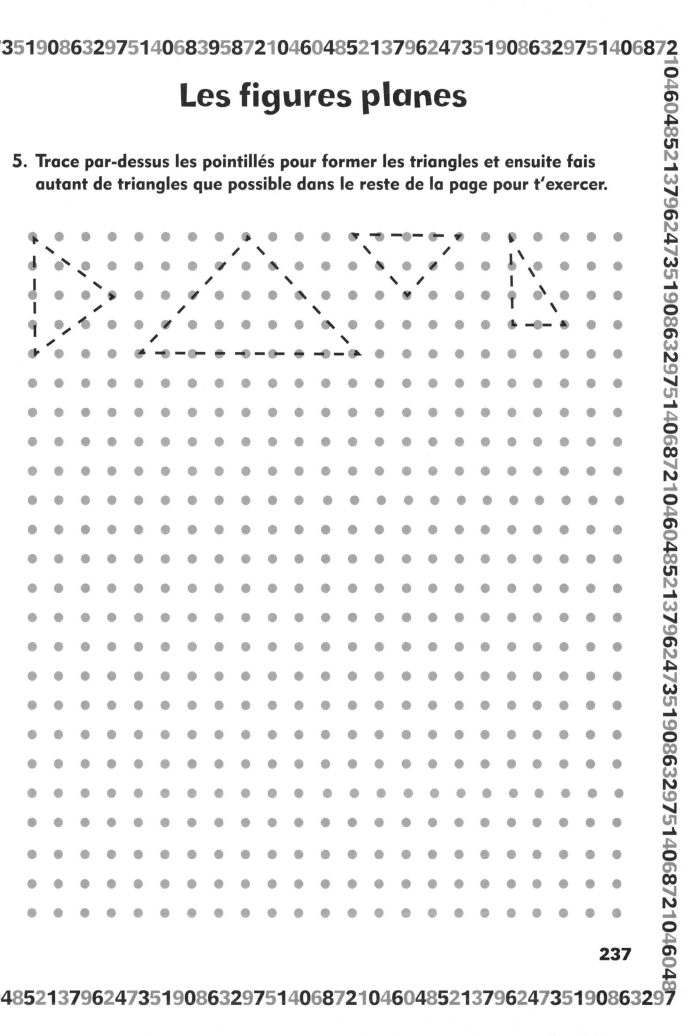

237

Les figures planes

6. Trace par-dessus les pointillés pour former les carrés et ensuite fais autant de carrés que possible dans le reste de la page pour t'exercer.

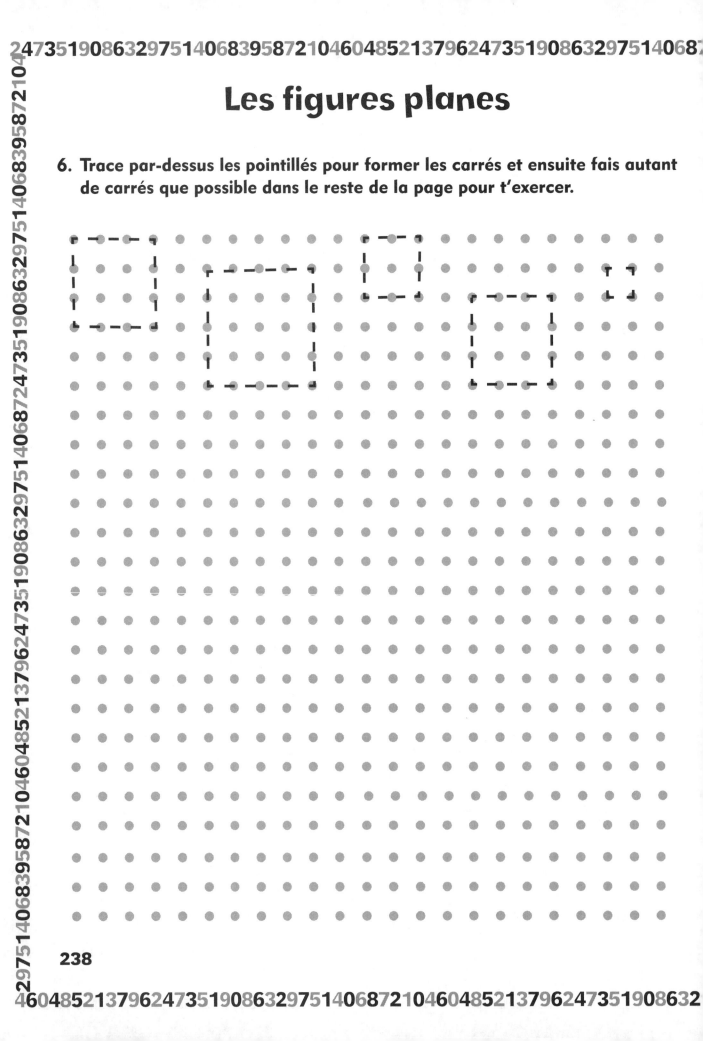

Les figures planes

7. **Trace par-dessus les pointillés pour former les rectangles et ensuite fais autant de rectangles que possible dans le reste de la page pour t'exercer.**

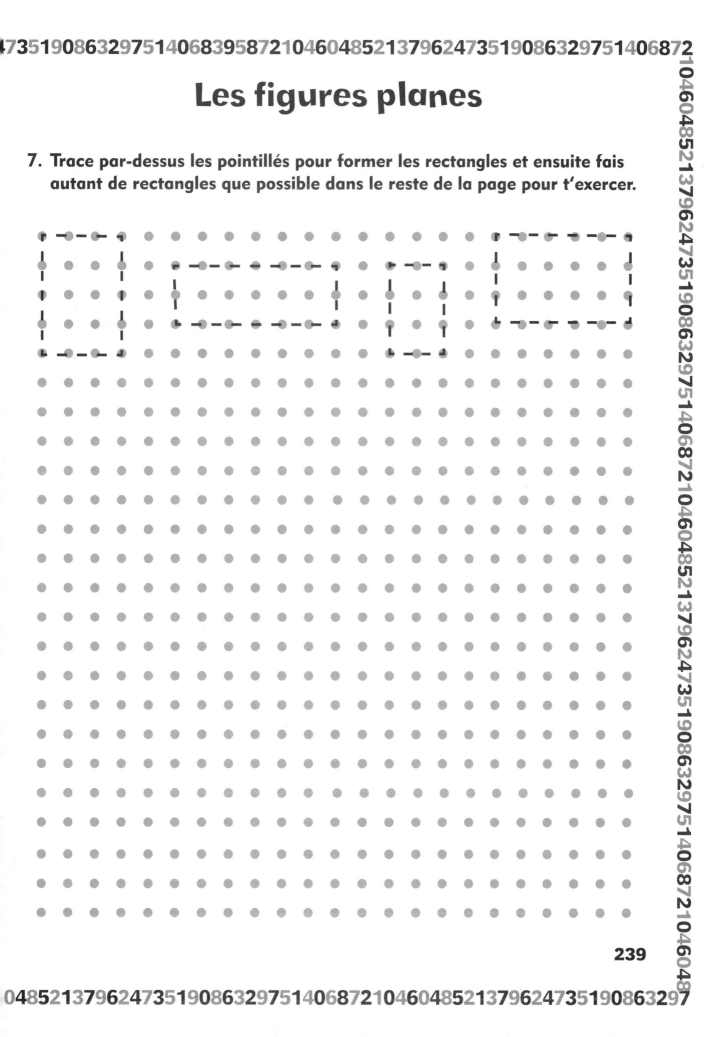

Les figures planes

8. Observe ces objets de la vie courante. Écris sous chacun d'eux à quelle figure il te fait penser.

a) _____

b) _____

c) _____

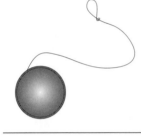

d) _____

e) _____

f) _____

g) _____

h) _____

i) _____

j) _____

k) _____

l) _____

Les figures planes

9. Encercle, dans chaque case, la figure qui est différente des autres.

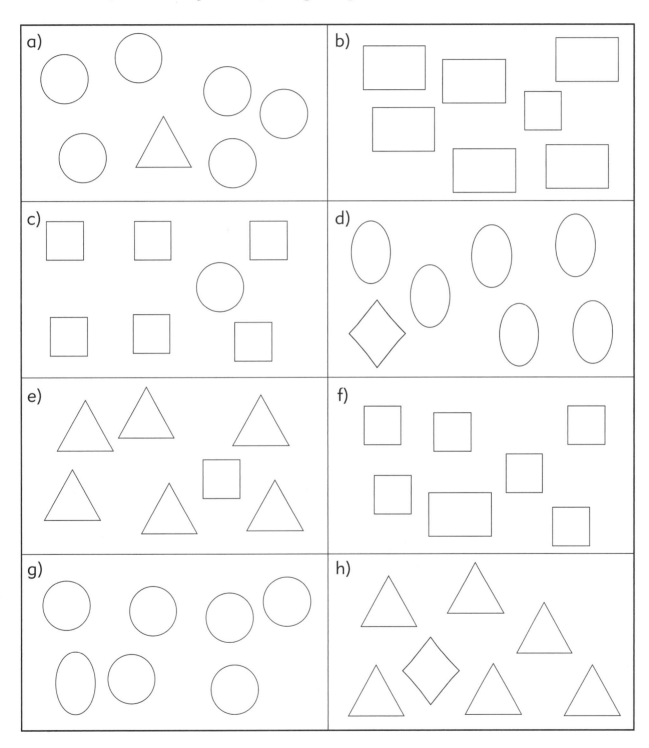

Les figures planes

10. Suis le chemin des triangles pour te rendre à l'arrivée.

Départ

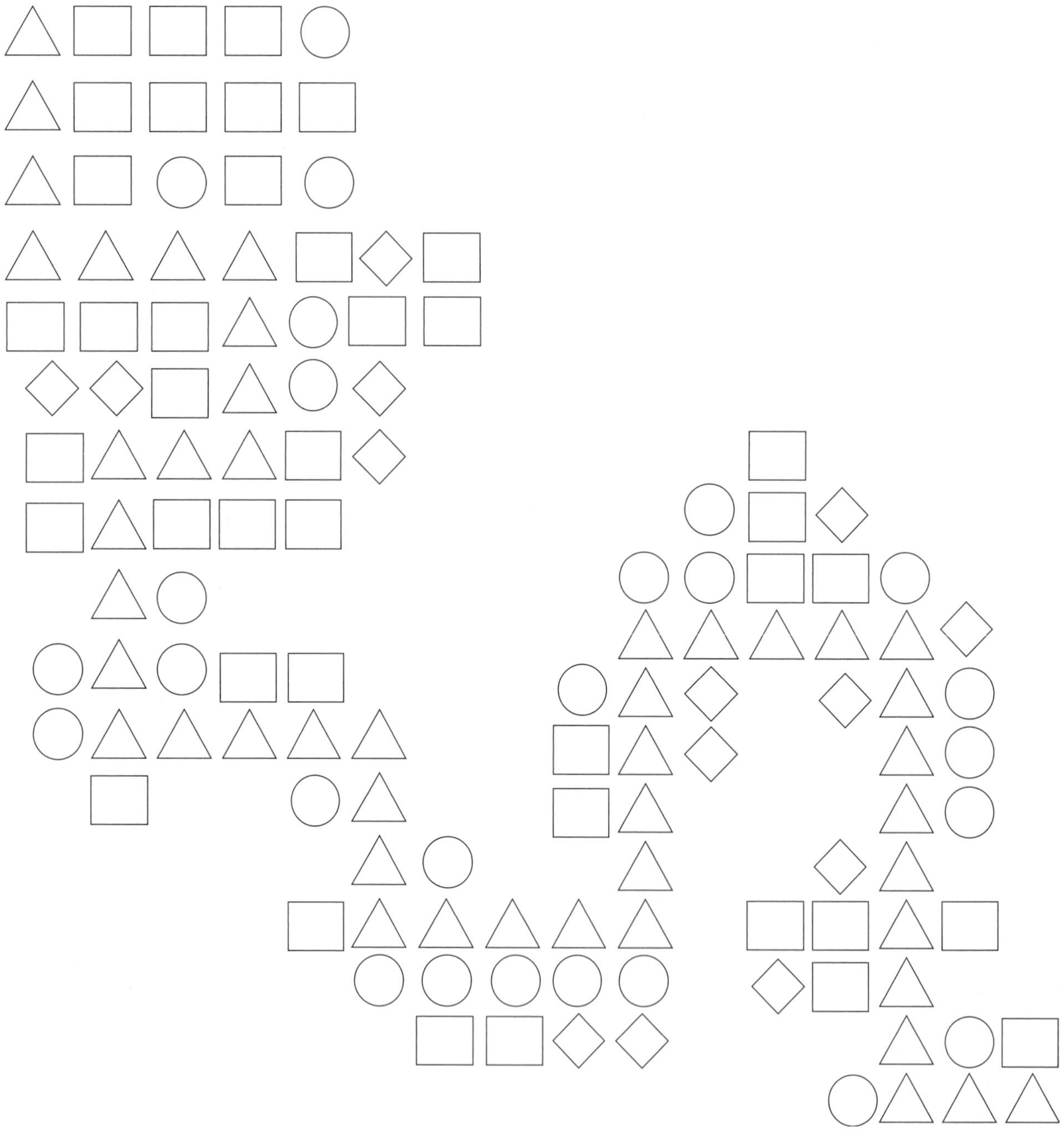

Arrivée

Les figures planes

11. Suis le chemin des carrés pour te rendre à l'arrivée.

Départ

Arrivée

Les figures planes

12. Suis le chemin des rectangles pour te rendre à l'arrivée.

Départ

Arrivée

Les figures planes

13. Colorie :

Les triangles en bleu,
les rectangles en vert,
les cercles en jaune,
les carrés en rouge.

245

Les figures planes

14. **Colorie tous les coins des formes suivantes. Ensuite, écris le nombre de côtés que possède chacune des figures.**

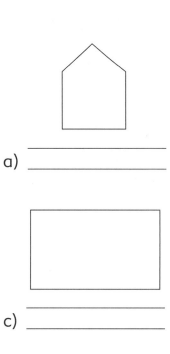

a) _____

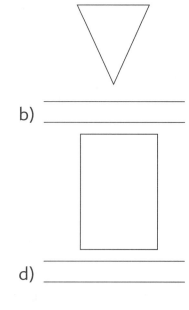

b) _____

c) _____

d) _____

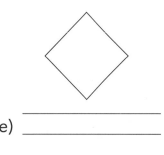

e) _____

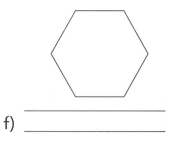

f) _____

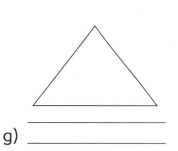

g) _____

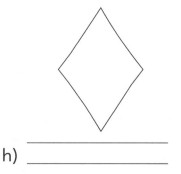

h) _____

Les figures planes

15. Découpe les figures géométriques et colle-les sur les formes correspondantes.

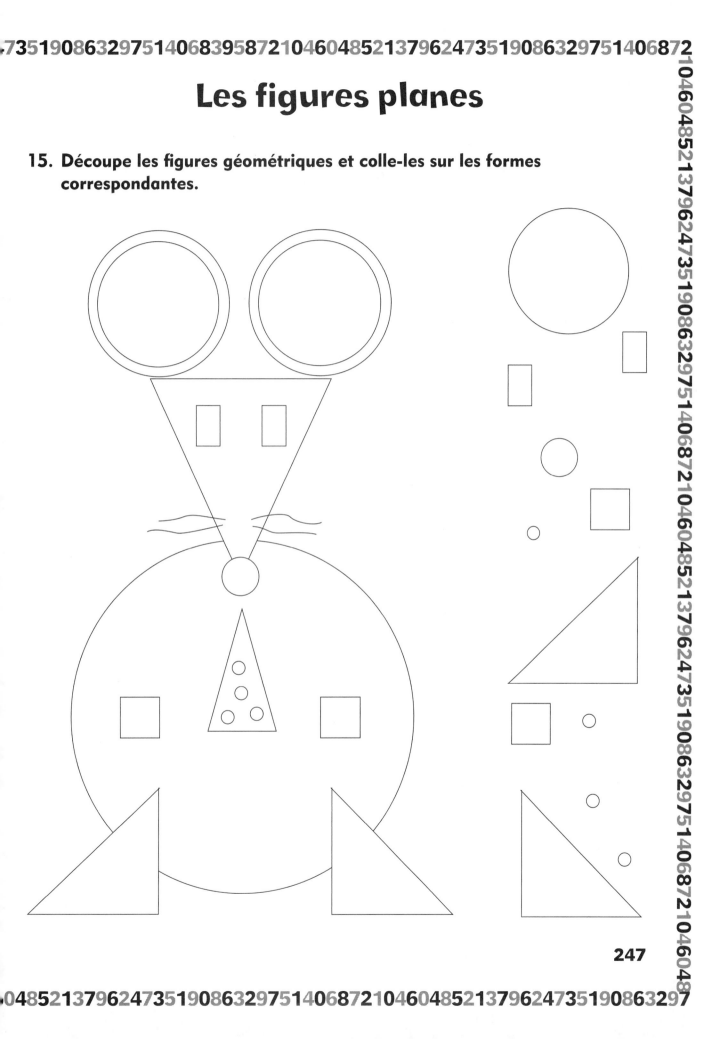

247

Les figures planes

16. Regarde les formes et dessine un aliment qui te rappelle cette forme.

a)

b)

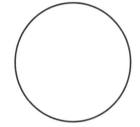

c)

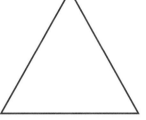

d)

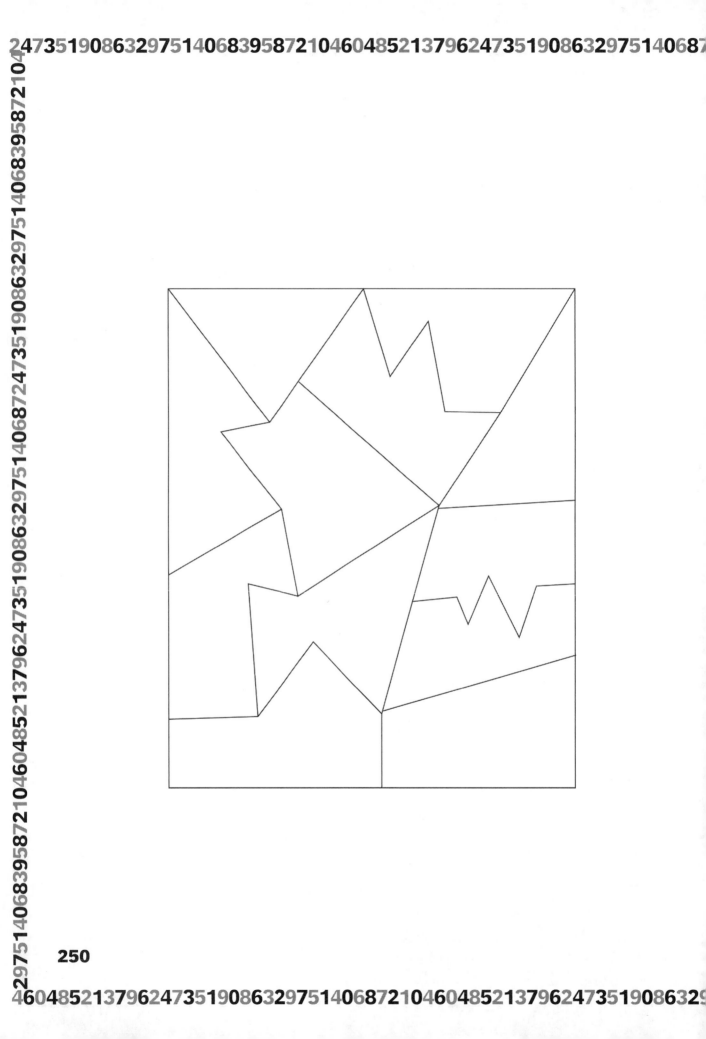

Les figures planes

17. Découpe les formes ci-dessous. Colle-les à la page précédente pour reconstituer l'image.

Les figures planes

18. Suis les consignes pour dessiner un bonhomme de neige.

Dessine un cercle pour son corps et un autre pour sa tête.

Dessine des cercles pour faire ses yeux.

Dessine un triangle pour faire son nez et un rectangle pour faire son chapeau.

Dessine un rectangle pour faire sa bouche.

Dessine des cercles et des carrés pour faire les boutons sur son corps.

Dessine deux rectangles pour faire ses bras.

Dessine un grand rectangle surmonté d'un triangle pour faire un balai que ton bonhomme tiendra dans sa main.

Dessine d'autres formes géométriques de ton choix pour compléter ton bonhomme de neige.

253

Les figures planes

19. Dessine les formes géométriques là où on te le demande.

Dessine un triangle dans la case supérieure gauche.

Dessine un cercle dans le centre.

Dessine une étoile en haut dans la 2e colonne.

Dessine un carré dans la case supérieure droite.

Dessine un cœur sous ce carré.

Dessine un rectangle dans la dernière case de la dernière colonne.

Dessine un cercle dans la 2e case de la 1re colonne.

Dessine une étoile dans la 3e case de la 1re colonne.

Dessine un cœur dans la dernière case de la 2e colonne.

Les figures planes

20. Relie les points pour former les figures demandées.

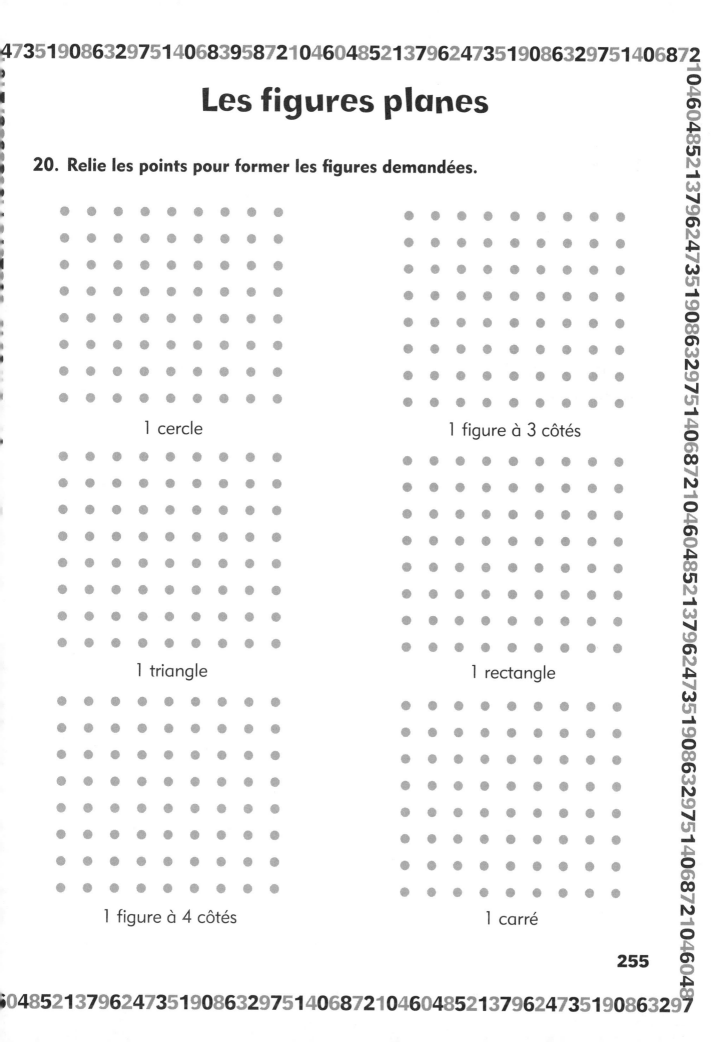

1 cercle

1 figure à 3 côtés

1 triangle

1 rectangle

1 figure à 4 côtés

1 carré

Les figures planes

21. Écris le nombre de côtés pour chacune des figures.

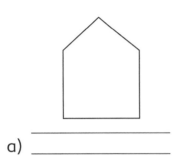

a) _____

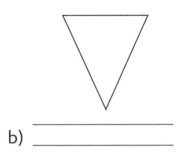

b) _____

c) _____

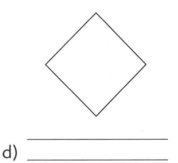

d) _____

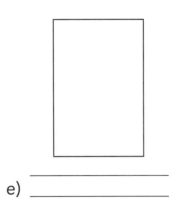

e) _____

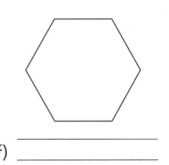

f) _____

Les solides

1. Relie les solides à leur nom.

a)

Prisme à base triangulaire

b)

Prisme à base rectangulaire

c)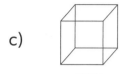

Boule ou sphère

d)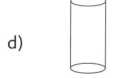

Prisme à base carrée

e)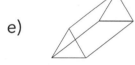

Cylindre

f)

Pyramide à base triangulaire

g)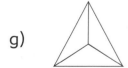

Cône

h)

Pyramide à base carrée

i)

Cube

Les solides

2. Trace par-dessus les pointillés pour former les boules ou les sphères et fais ensuite autant de boules ou de sphères que possible dans le reste de la page pour t'exercer.

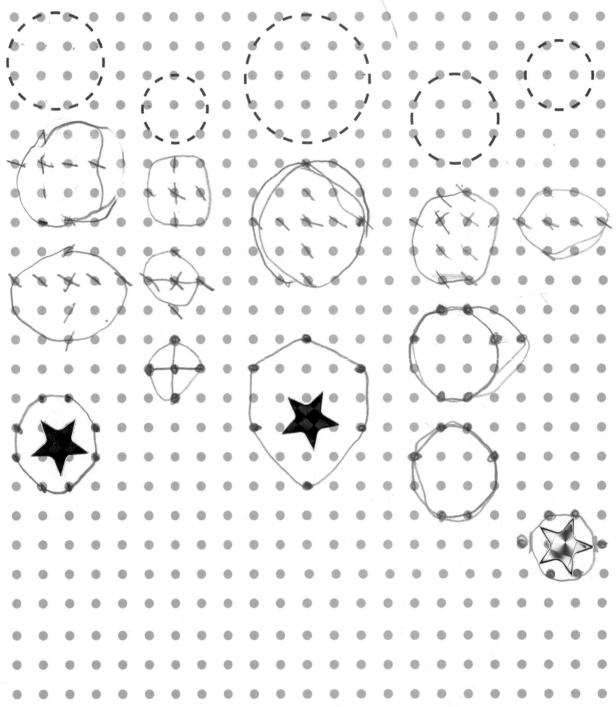

Les solides

3. Trace par-dessus les pointillés pour former les cônes et fais ensuite autant de cônes que possible dans le reste de la page pour t'exercer.

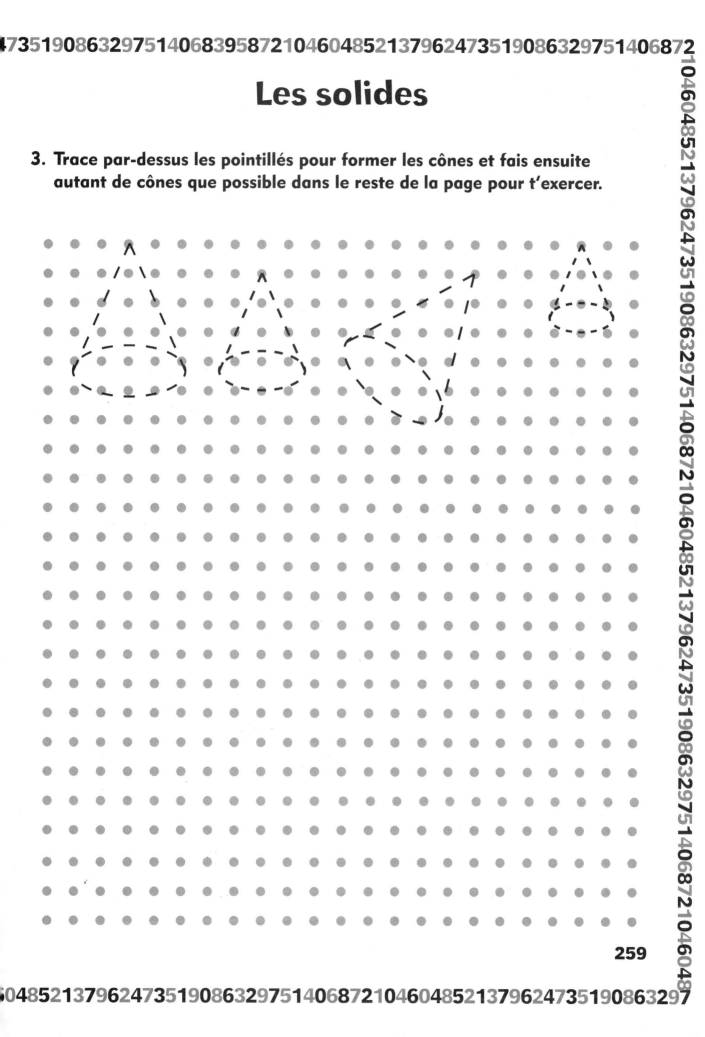

Les solides

4. Trace par-dessus les pointillés pour former les cubes et fais ensuite autant de cubes que possible dans le reste de la page pour t'exercer.

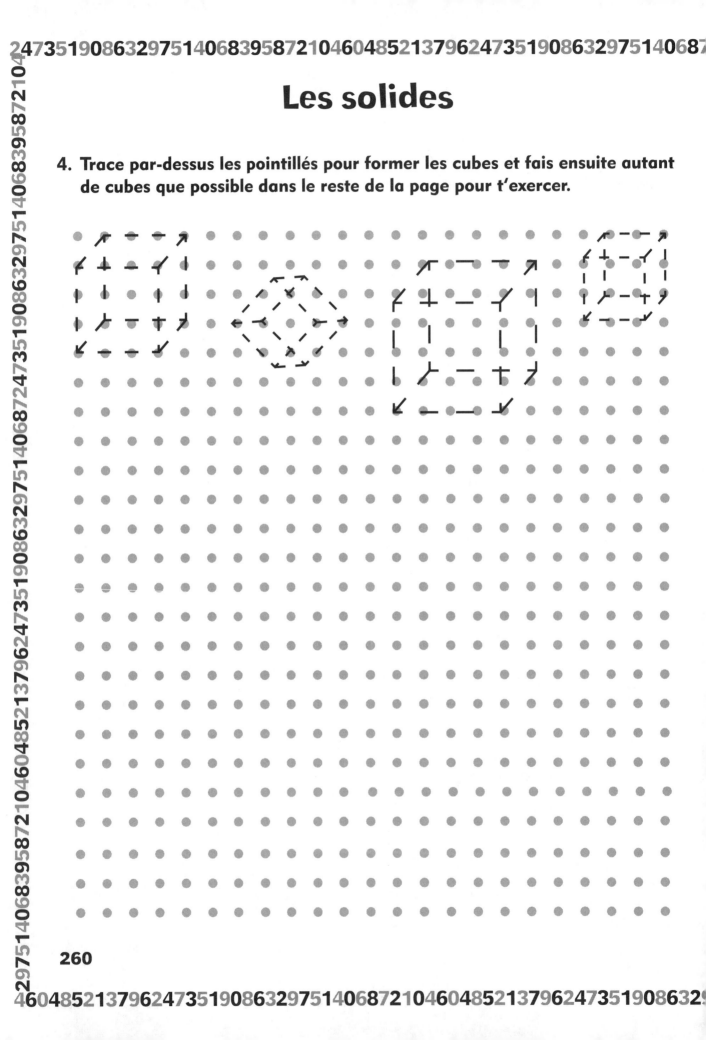

Les solides

5. Trace par-dessus les pointillés pour former les cylindres et fais ensuite autant de cylindres que possible dans le reste de la page pour t'exercer.

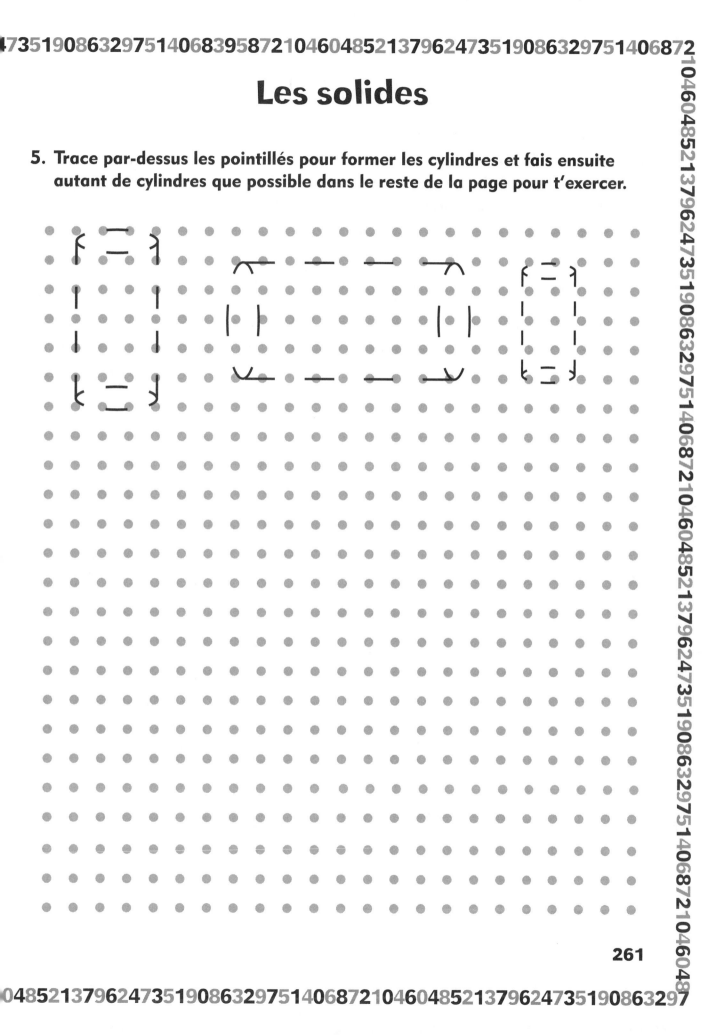

Les solides

6. Trace par-dessus les pointillés pour former les pyramides à base triangulaire et fais ensuite autant de pyramides à base triangulaire que possible dans le reste de la page pour t'exercer.

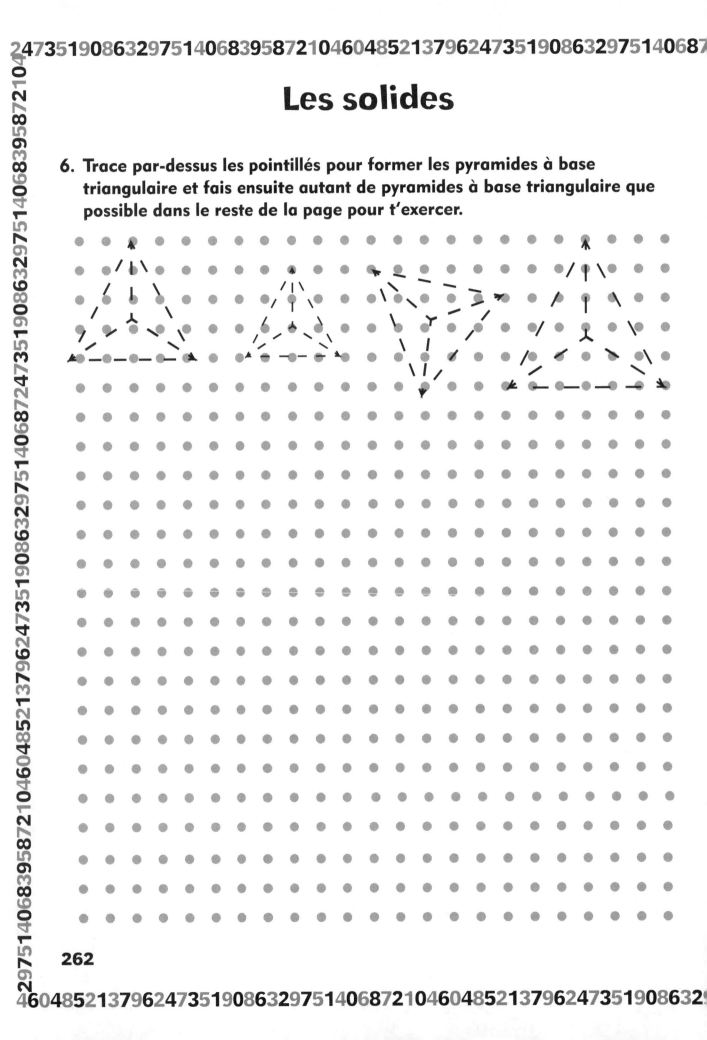

Les solides

7. Trace par-dessus les pointillés pour former les pyramides à base carrée et fais ensuite autant de pyramides à base carrée que possible dans le reste de la page pour t'exercer.

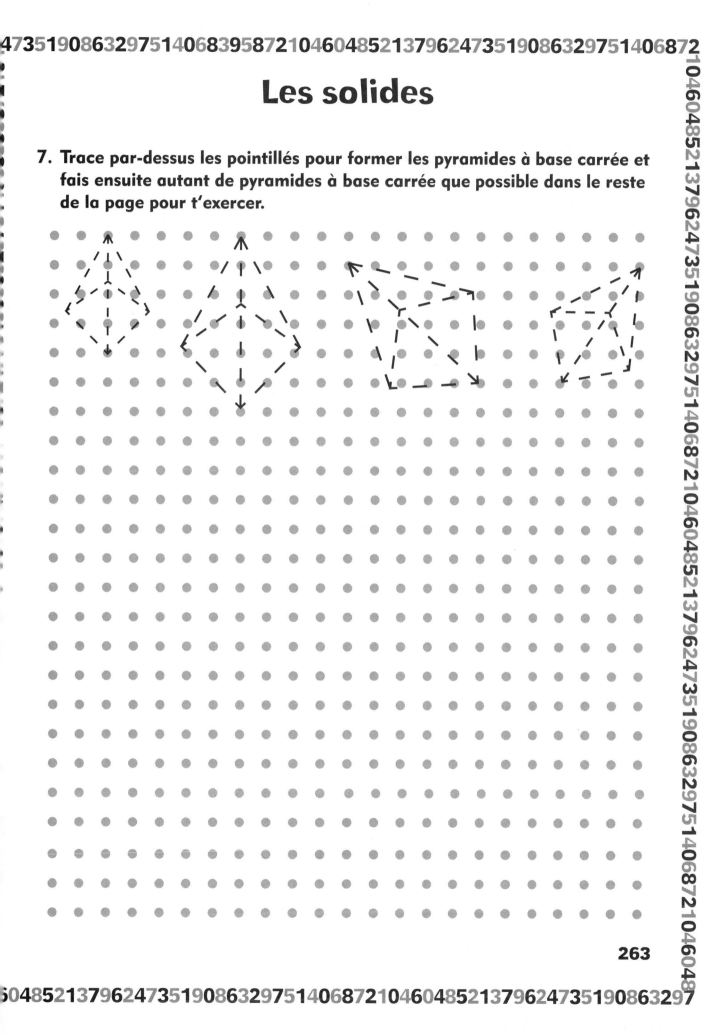

Les solides

8. Trace par-dessus les pointillés pour former les prismes à base triangulaire et fais ensuite autant de prismes à base triangulaire que possible dans le reste de la page pour t'exercer.

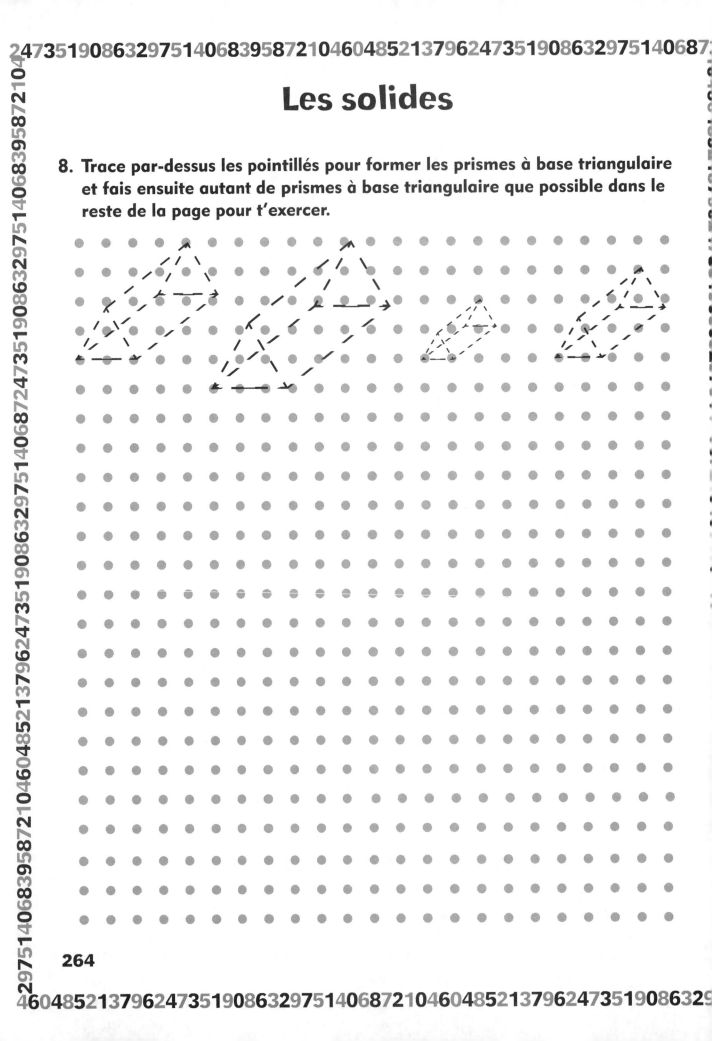

Les solides

9. **Trace par-dessus les pointillés pour former les prismes à base carrée et fais ensuite autant de prismes à base carrée que possible dans le reste de la page pour t'exercer.**

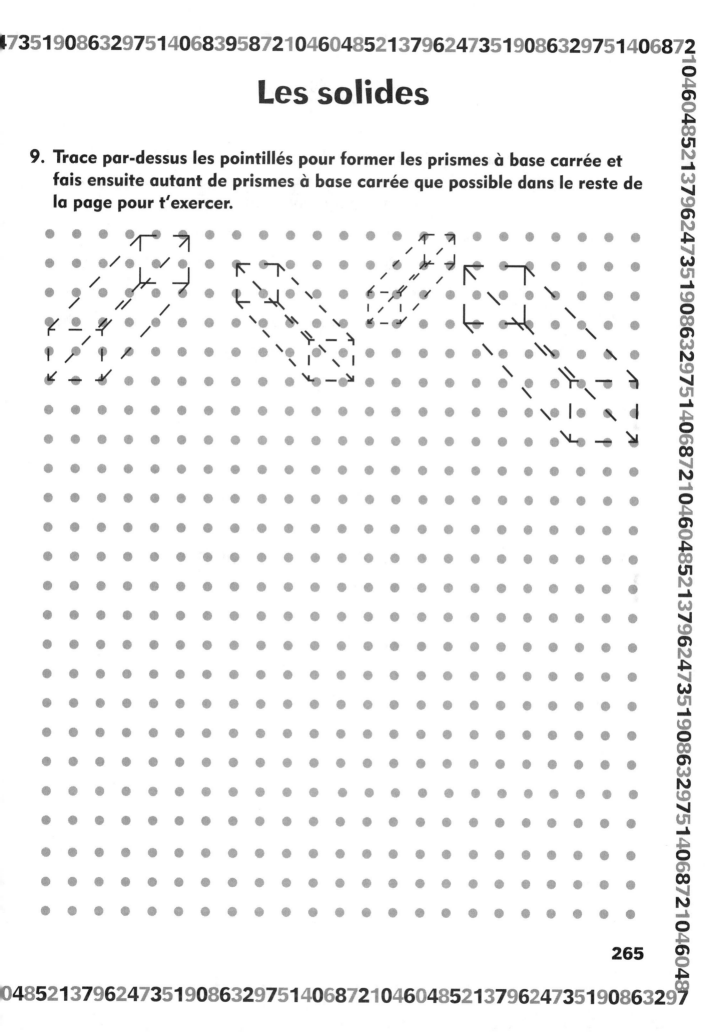

Les solides

10. **Trace par-dessus les pointillés pour former les prismes à base rectangulaire et fais ensuite autant de prismes à base rectangulaire que possible dans le reste de la page pour t'exercer.**

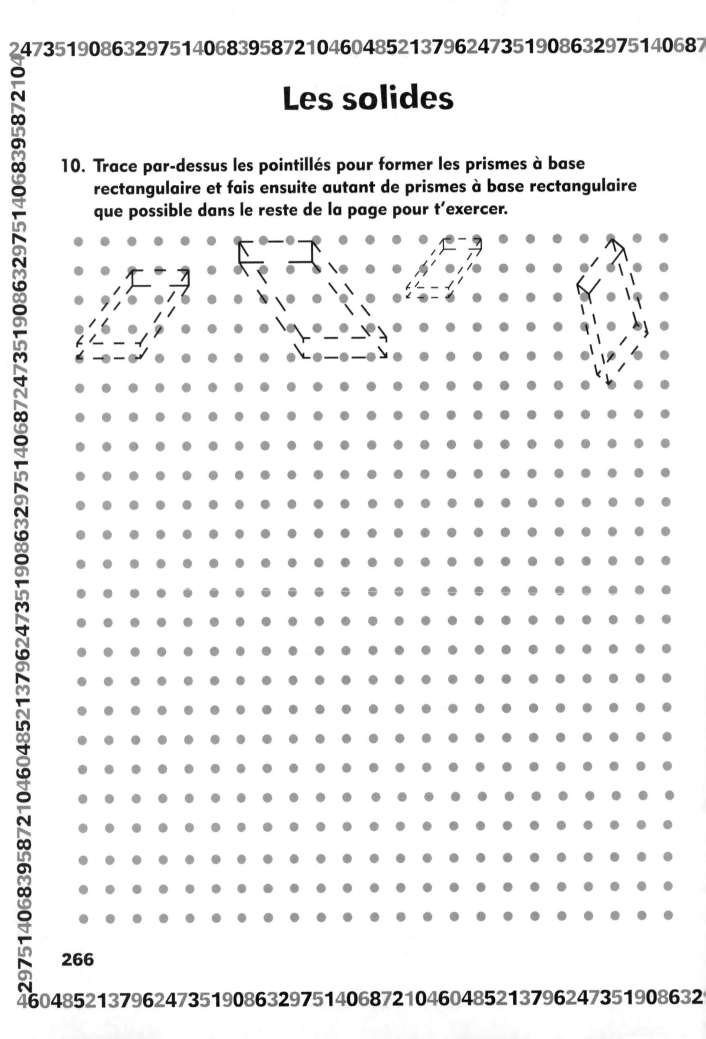

Les solides

11. Relie le solide à la figure plane qui lui ressemble.

a)

b)

c)

d)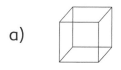

12. Relie chaque objet de la vie courante au solide qui lui ressemble.

a)

b)

c)

d)

e)

267

Les solides

13. Encercle le solide que tu peux construire avec ces figures planes.

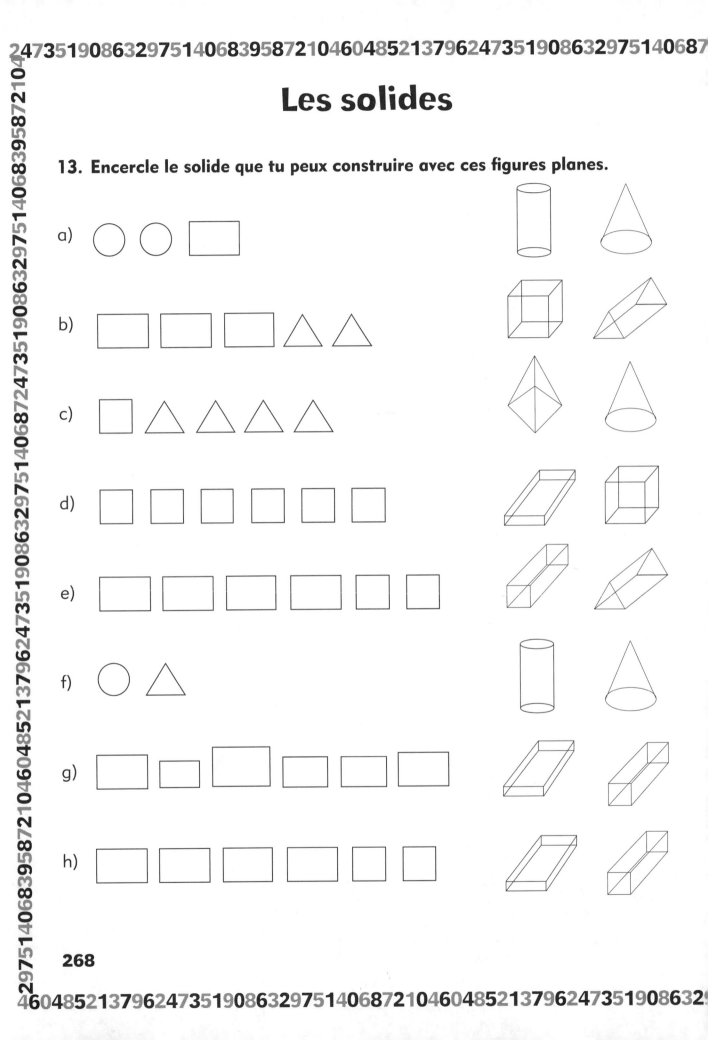

a)

b)

c)

d)

e)

f)

g)

h)

Les solides

14. Encercle les solides qui roulent seulement.

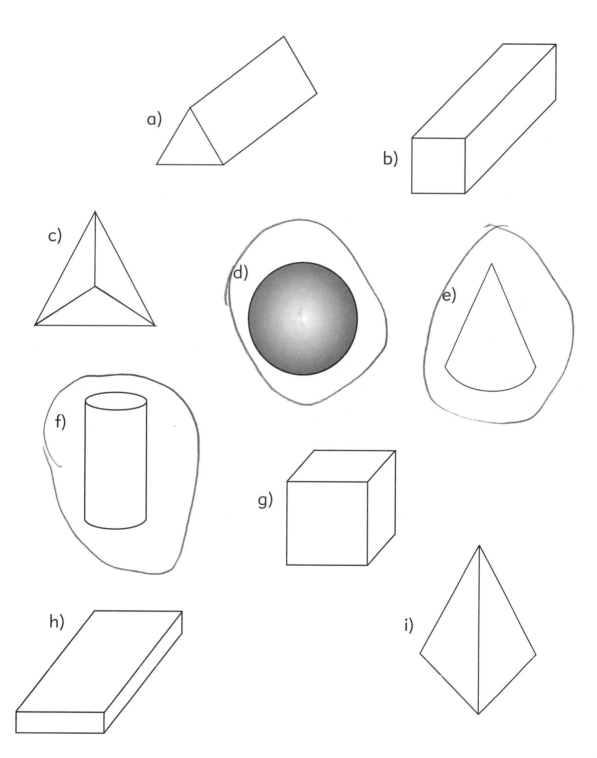

Les solides

15. Encercle les solides qui glissent seulement.

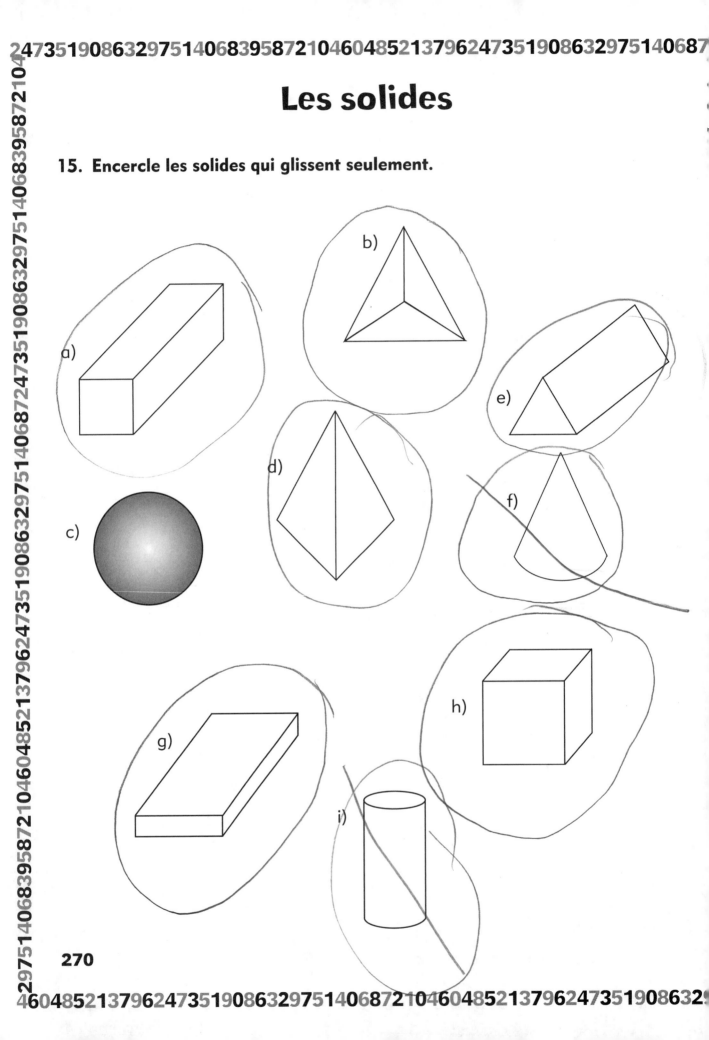

Les solides

16. **Encercle les solides qui roulent et qui glissent.**

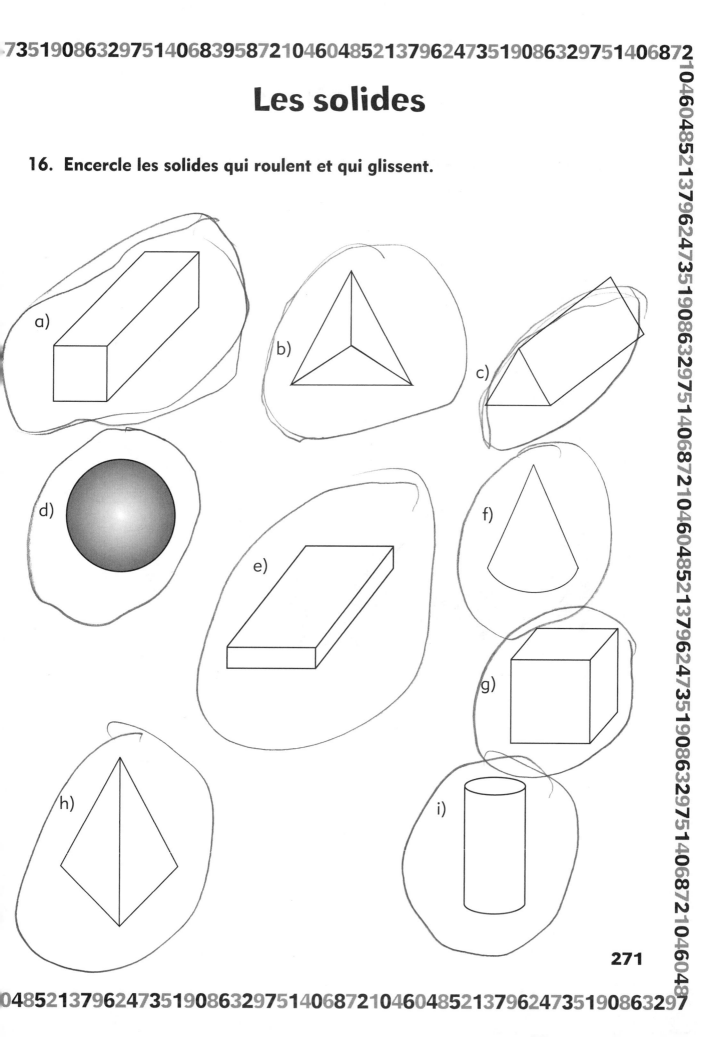

271

Les solides

17. Tu dois ranger les solides dans la boîte. Relie les solides à la bonne ouverture sur la boîte.

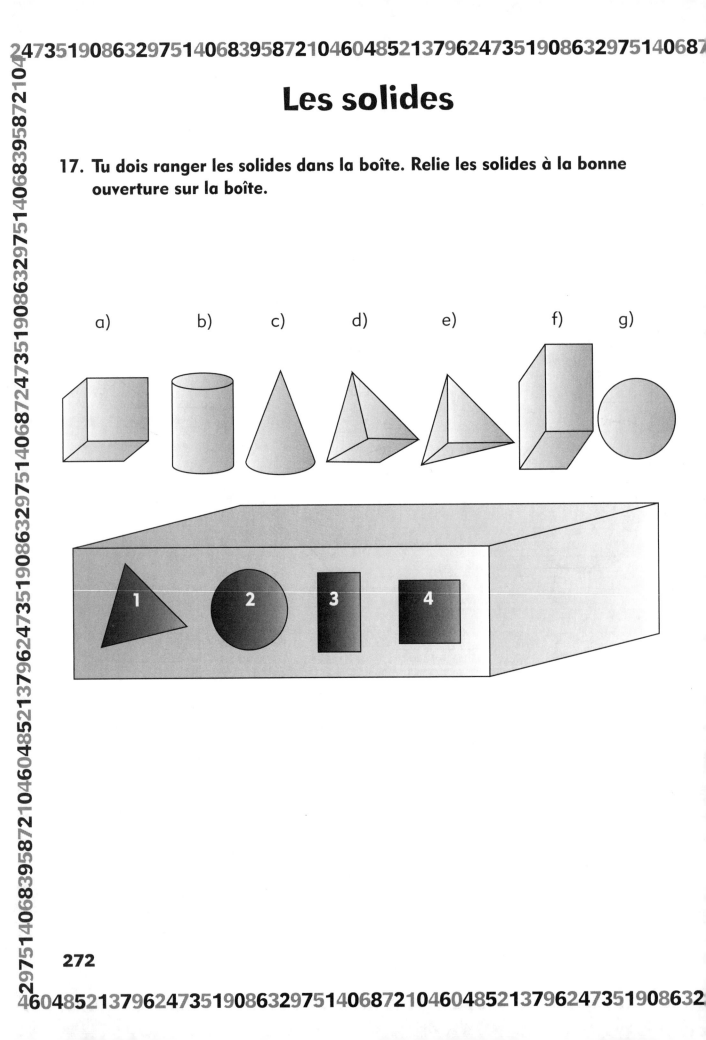

a) b) c) d) e) f) g)

Les solides

18. Écris le nom des solides qui ont servi à dessiner les objets suivants.

a) cornet _____

b) haltères _____

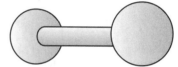

c) pont _____

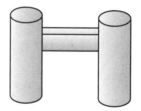

d) maison _____

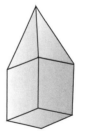

e) coffre _____

273

Les solides

19. Compte le nombre de solides qui ont été utilisées pour construire ces illustrations.

a) cylindres : _____

  sphères : _____

  Prisme à base rectangulaire : _____

b) cylindres : _____

  sphères : _____

  cônes : _____

c) cylindres : _____

  pyramides : _____

  cônes : _____

d) sphères : _____

  cônes : _____

Les solides

20. Écris combien de faces comporte chacun des solides suivants.

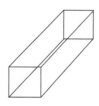

a) Nombre de faces : _____

b) Nombre de faces : _____

c) Nombre de faces : _____

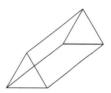

d) Nombre de faces : _____

e) Nombre de faces : _____

f) Nombre de faces : _____

g) Nombre de faces : _____

h) Nombre de faces : _____

275

Les solides

21. Colorie les solides qui ont une face courbe.

c)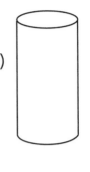

a)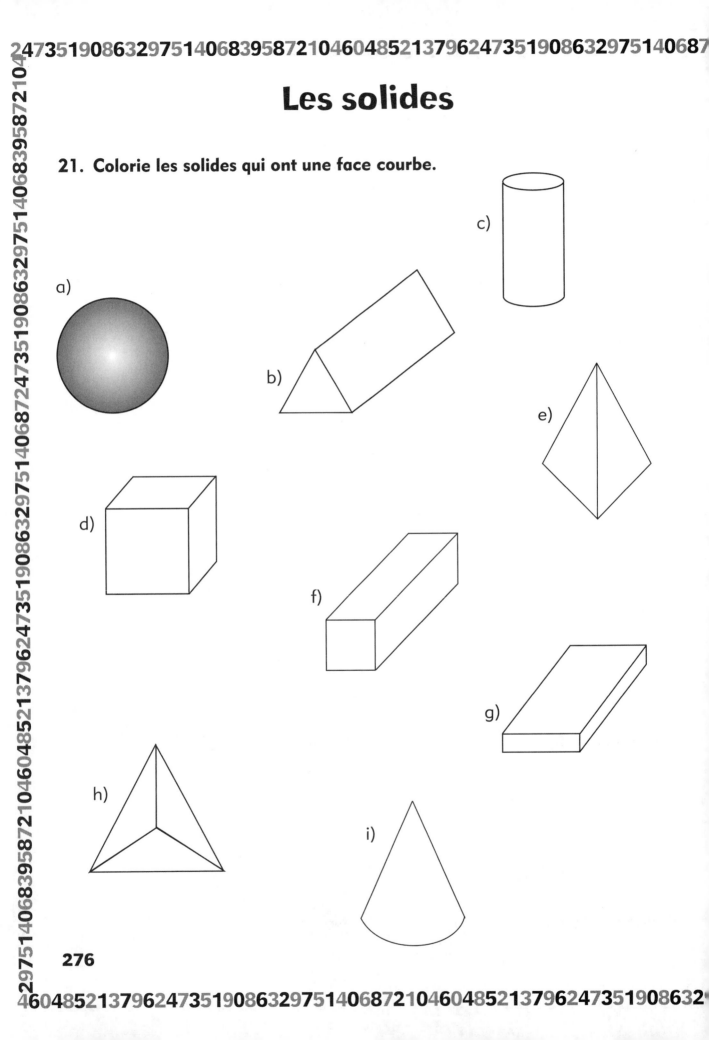

b)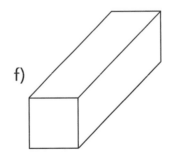

e)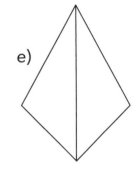

d)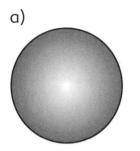

f)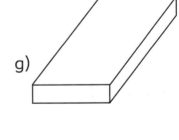

g)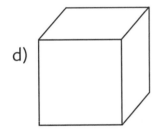

h)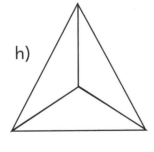

i)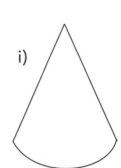

Les solides

22. Colorie les solides qui ont une face plane.

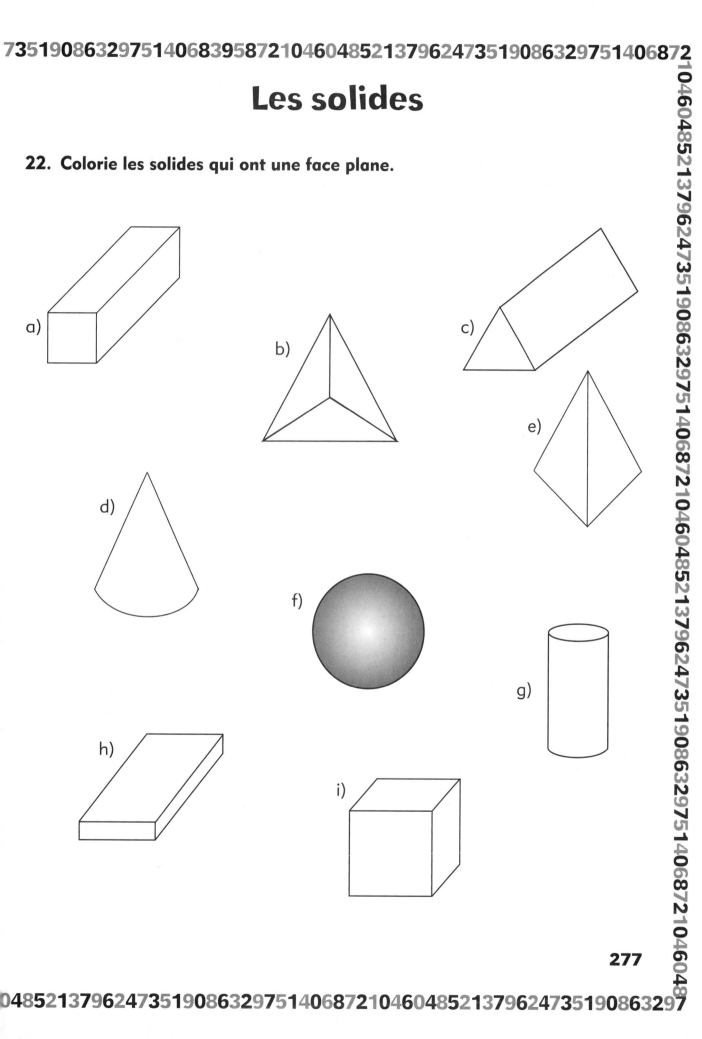

Les solides

23. Observe ces objets de la vie courante. Écris sous chacun à quel solide il te fait penser. Pour t'aider, observe les solides avec leur nom ci-bas.

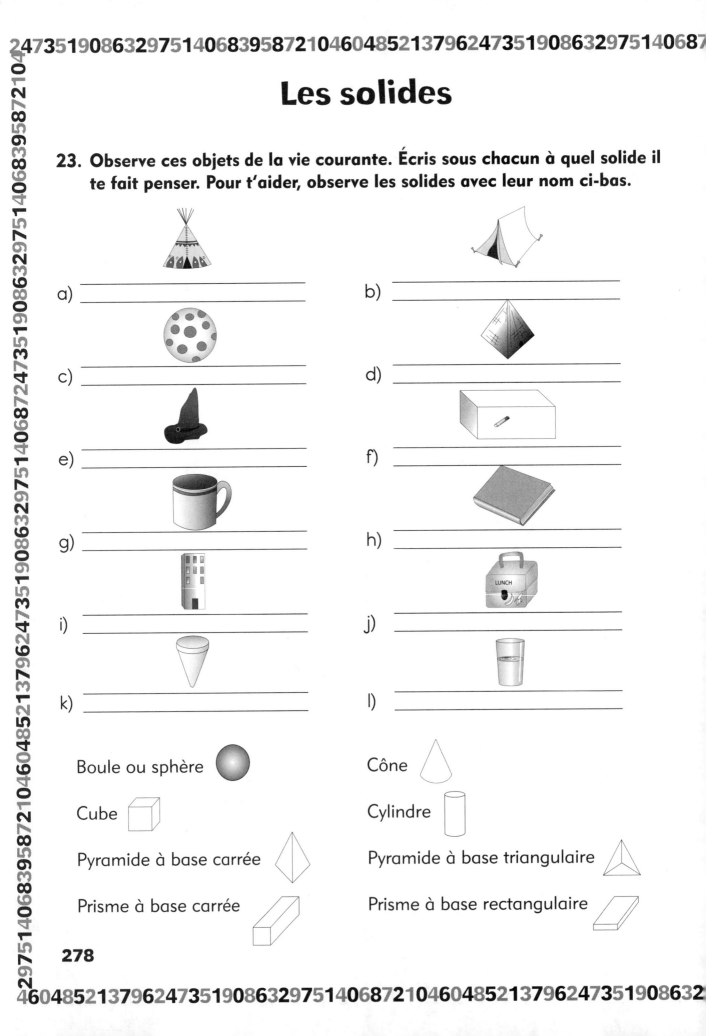

a) _____

b) _____

c) _____

d) _____

e) _____

f) _____

g) _____

h) _____

i) _____

j) _____

k) _____

l) _____

Boule ou sphère

Cône

Cube

Cylindre

Pyramide à base carrée

Pyramide à base triangulaire

Prisme à base carrée

Prisme à base rectangulaire

278

Les solides

24. Colorie ou fais de beaux dessins sur les boîtes. Ensuite, découpe le long des lignes pleines et plie les lignes pointillées. Colle les différentes parties.

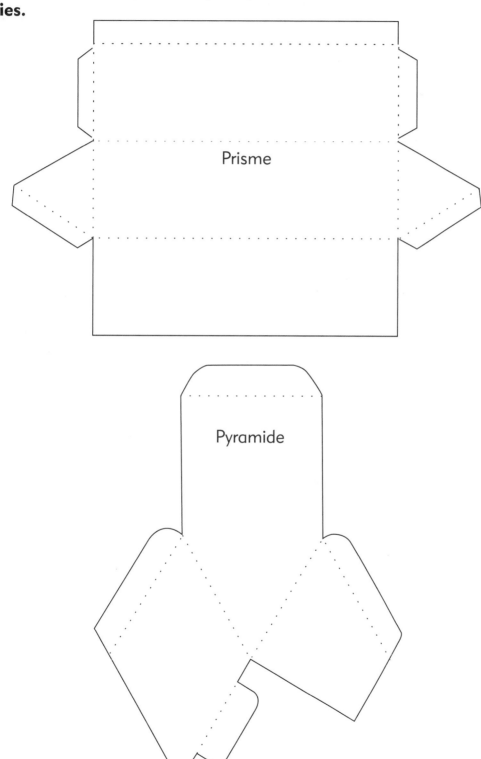

Prisme

Pyramide

279

Les frises et les dallages

1. Encercle l'image qui continue la frise.

a)

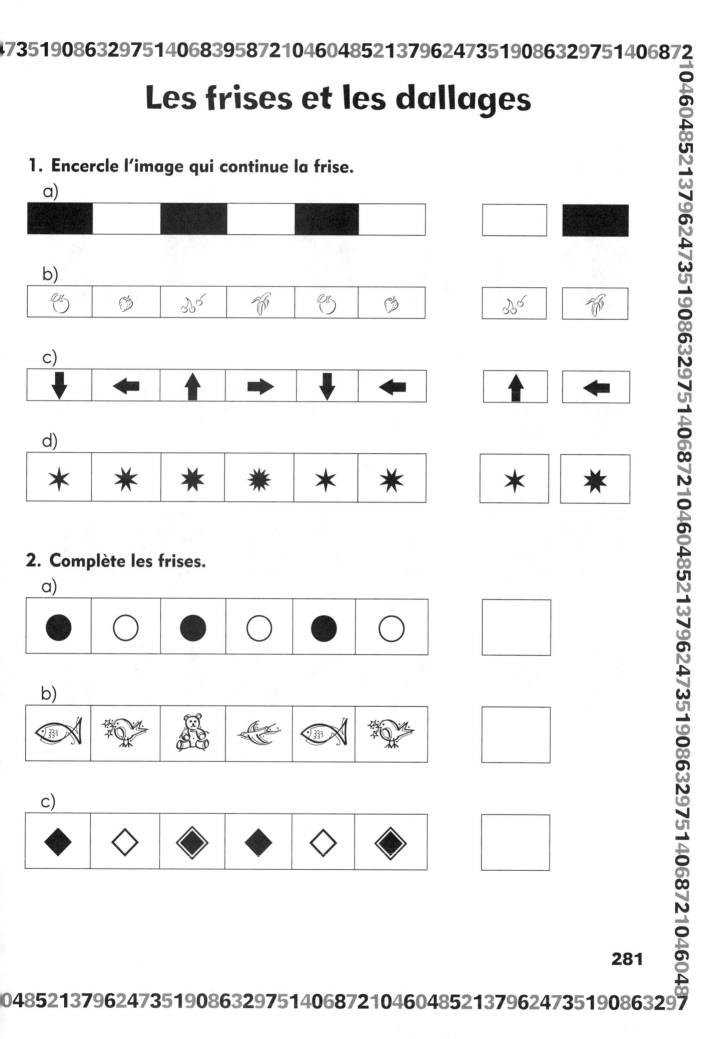

2. Complète les frises.

a)

b)

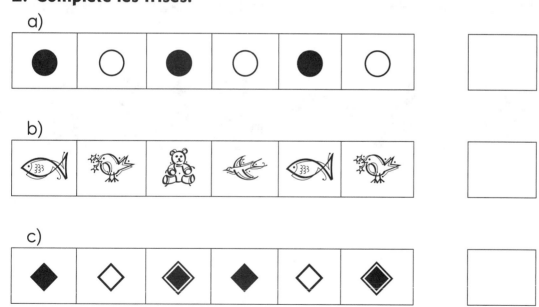

c)

Les dallages

1. Complète le dallage.

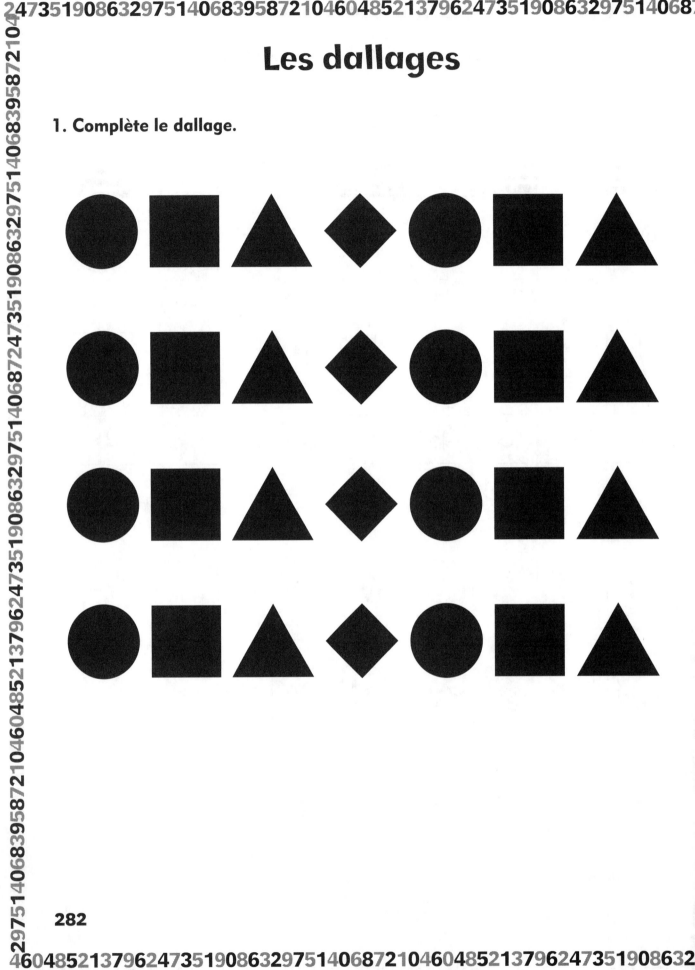

La symétrie

1. Fais un x sur les illustrations séparées également par un axe de symétrie.

a)   b)   c)   d)   e)

2. Encercle les illustrations qui ont un axe de symétrie qui les sépare en deux parties égales.

a)
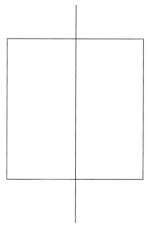

b)
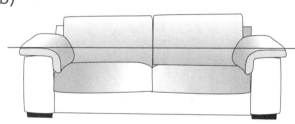

c)

d)

283

La symétrie

3. Complète l'illustration de façon symétrique.

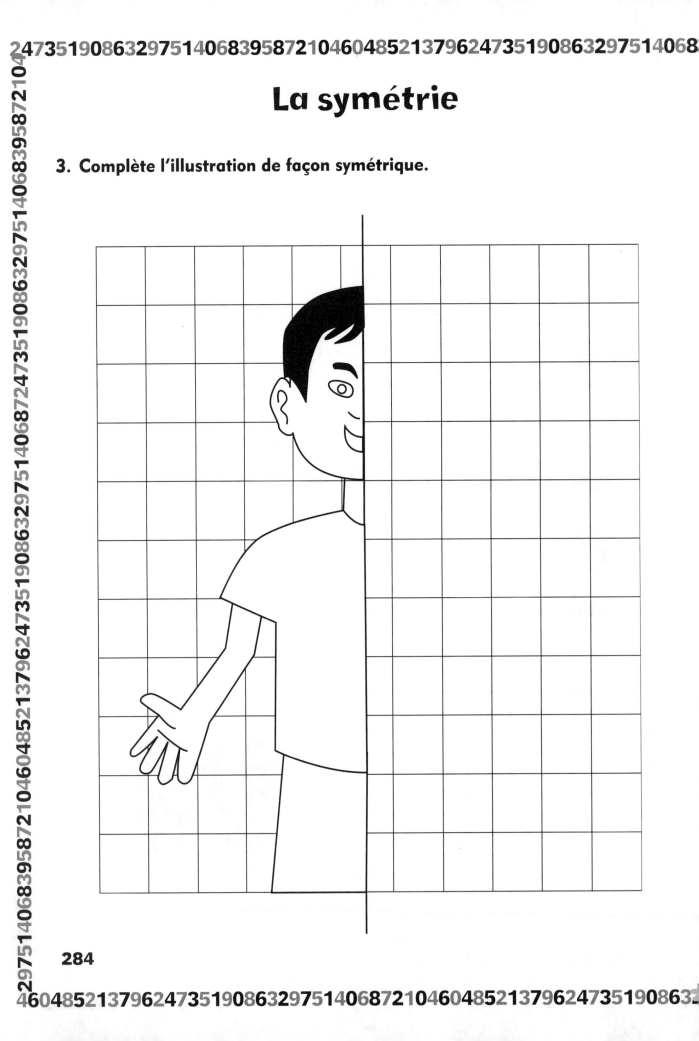

Les mesures et l'estimation

1. Estime la longueur des objets suivants. Vérifie ensuite tes estimations en mesurant les objets avec une règle.

a)

Estimation : _____

Mesure : _____

b)

Estimation : _____

Mesure : _____

c)

Estimation : _____

Mesure : _____

d)

Estimation : _____

Mesure : _____

e)

Estimation : _____

Mesure : _____

f)

Estimation : _____

Mesure : _____

g)

Estimation : _____

Mesure : _____

h)

Estimation : _____

Mesure : _____

i)

Estimation : _____

Mesure : _____ **285**

Les mesures et l'estimation

2. Laquelle des deux lignes est la plus longue?

a)

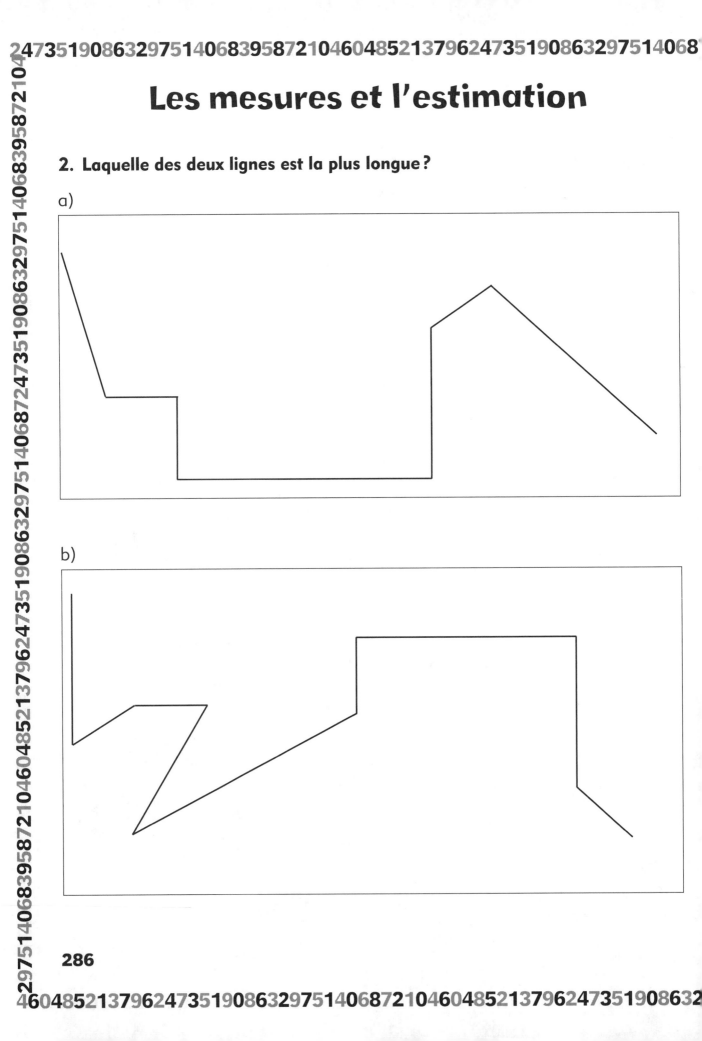

b)

Les mesures et l'estimation

3. Colorie en bleu les objets qui mesurent moins de **2 mètres** dans la réalité et en rouge ceux qui mesurent plus de **2 mètres**.

287

Les mesures et l'estimation

4. Estime en kilomètres le chemin qu'a parcouru Émile le soir de l'Halloween. Sur le dessin, 1 kilomètre égale 1 centimètre. Ensuite, sers-toi de ta règle pour mesurer le trajet.

Estimation : _____

Mesure : _____

Les mesures et l'estimation

5. Classe les crayons du plus petit au plus grand. Écris dans l'ordre les lettres correspondantes.

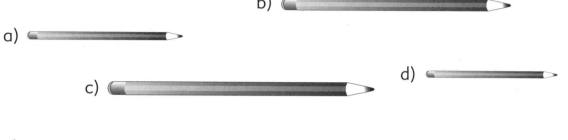

_____

_____

6. En te servant de tes pieds, mesure le nombre de pas qu'il te faut pour parcourir les distances suivantes.

a) La distance entre le canapé et la télé. _____

b) La longueur de la cuisine. _____

c) La distance entre ta chambre et la salle de bains. _____

d) La longueur du corridor. _____

7. Trace une ligne de :

a) 3 cm :

b) 10 cm :

c) 7 cm :

Les mesures et l'estimation

8. Avec ta règle, mesure les objets suivants.

a) _____

b) _____

c) _____

d) _____

e) _____

f) _____

g) _____

h) _____

i) _____

j) _____

k) _____

l) _____

Les mesures et l'estimation

9. Mesure les tournevis.

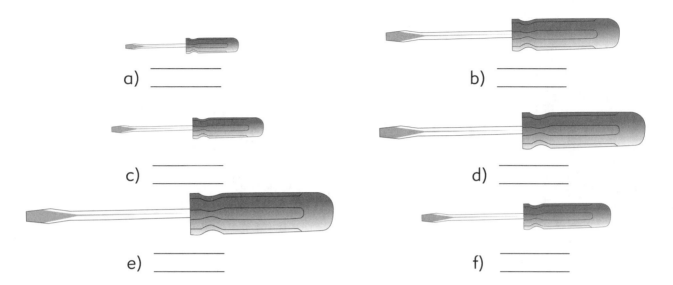

a) _____

b) _____

c) _____

d) _____

e) _____

f) _____

10. Trace un x dans la case appropriée.

	Moins de un mètre	Environ un mètre	Plus de un mètre
a)			
b)			
c)			
d)			

Les mesures et l'estimation

11. Encercle l'estimation la plus juste.

a)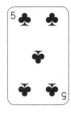

12 cm   6 cm

b)

2 cm   4 cm

c)

9 cm   35 cm

d)

3 cm   7 cm

e)

10 cm   3 cm

f)

12 cm   20 cm

g)

90 cm   27 cm

12. Utilise <, = ou > pour comparer les mesures.

a) 1 dm ◯ 10 cm

b) 1 cm ◯ 1 m

c) 10 dm ◯ 1 m

d) 10 cm ◯ 3 dm

e) 20 cm ◯ 2 m

e) 15 cm ◯ 1 dm

13. Réponds aux questions.

Combien mesures-tu? _____

Combien mesure ta mère? _____

Combien mesure ton père? _____

Combien mesure ta sœur ou ton frère? _____

Quelle est la longueur de ta bicyclette? _____

Les mesures et l'estimation

14. Fais un x sur les illustrations qui mesurent 1 dm.

293

Les mesures et l'estimation

15. Colorie le nombre de cases correspondant à la longueur de chaque objet.

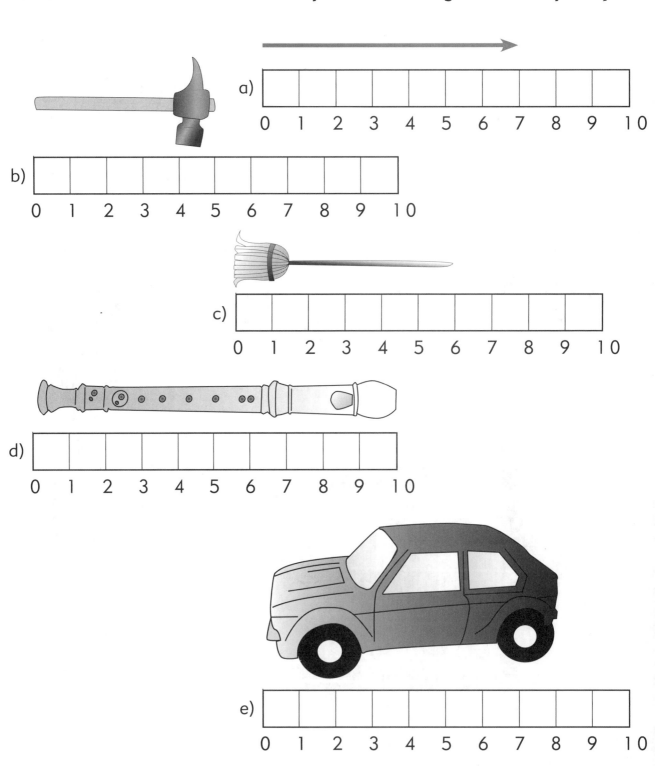

a)

0	1	2	3	4	5	6	7	8	9	10

b)

0	1	2	3	4	5	6	7	8	9	10

c)

0	1	2	3	4	5	6	7	8	9	10

d)

0	1	2	3	4	5	6	7	8	9	10

e)

0	1	2	3	4	5	6	7	8	9	10

L'heure

1. Dessine les aiguilles pour indiquer l'heure qu'il est.

a) 6 : 00

b) 12 : 00

c) 8 : 00

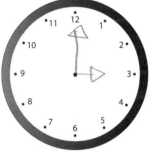

d) 3 : 00

e) 1 : 00

f) 11 : 00

g) 10 : 00

h) 5 : 00

i) 4 : 00

j) 9 : 00

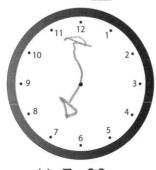

k) 7 : 00

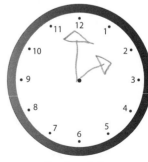

l) 2 : 00

295

L'heure

2. Écris l'heure sous chaque cadran.

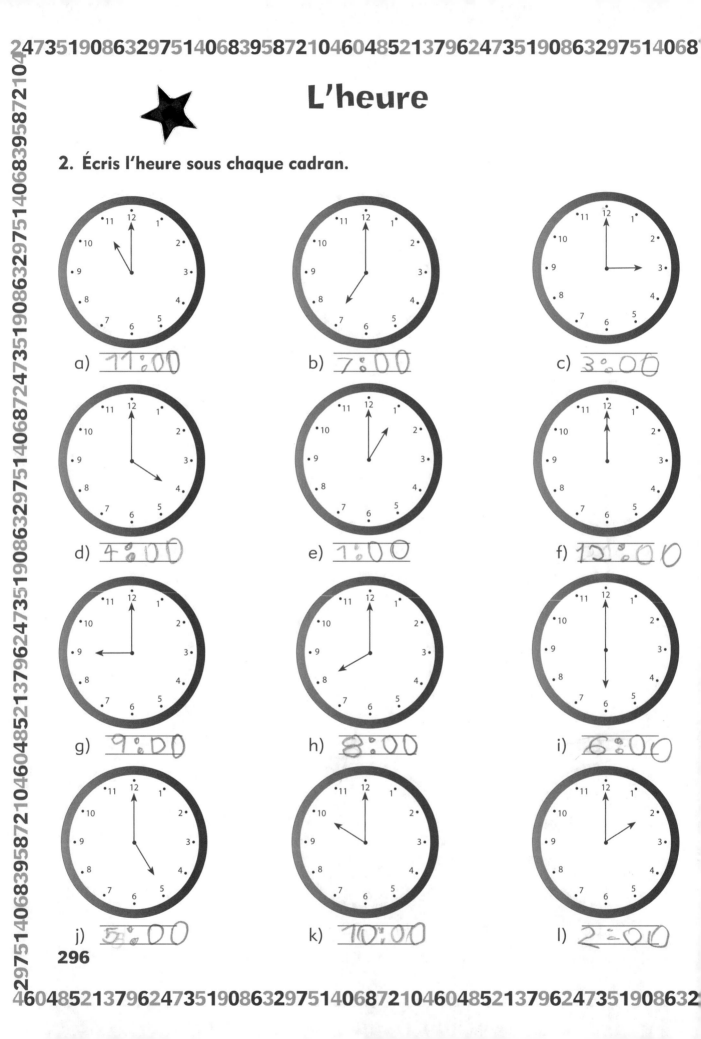

a) 11:00

b) 7:00

c) 3:00

d) 4:00

e) 1:00

f) 12:00

g) 9:00

h) 8:00

i) 6:00

j) 5:00

k) 10:00

l) 2:00

296

L'heure

3. Dessine les aiguilles pour indiquer l'heure demandée.

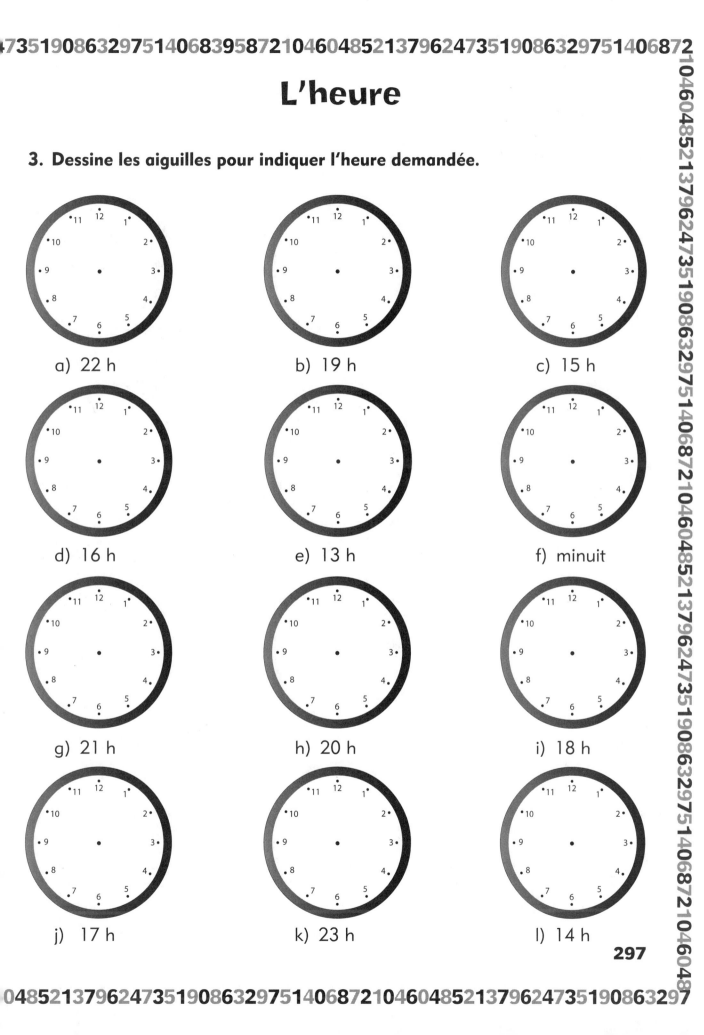

a) 22 h

b) 19 h

c) 15 h

d) 16 h

e) 13 h

f) minuit

g) 21 h

h) 20 h

i) 18 h

j) 17 h

k) 23 h

l) 14 h

297

L'heure

4. Dessine l'aiguille des minutes sur les cadrans suivants.

a) 19 h 15

b) 9 h 15

c) 15 h 45

d) 8 h 30

e) 18 h 05

f) 4 h 25

g) 2 h 35

h) 3 h 20

i) 7 h 10

j) 5 h 15

k) 6 h 45

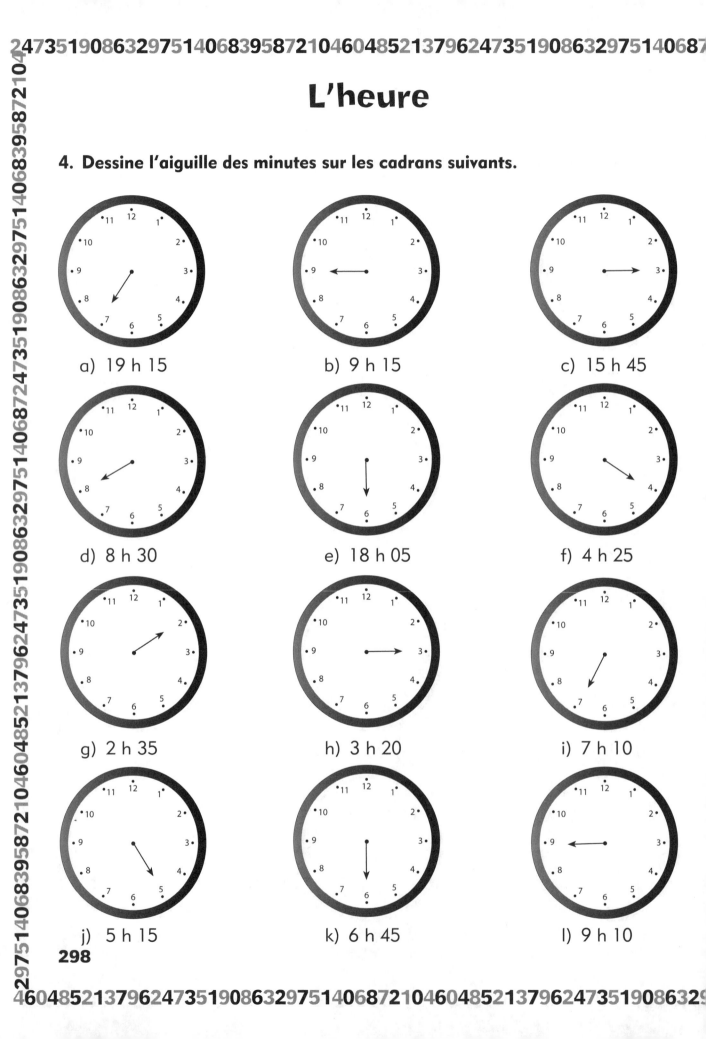

l) 9 h 10

298

L'heure

5. Relie l'illustration à l'heure correspondante.

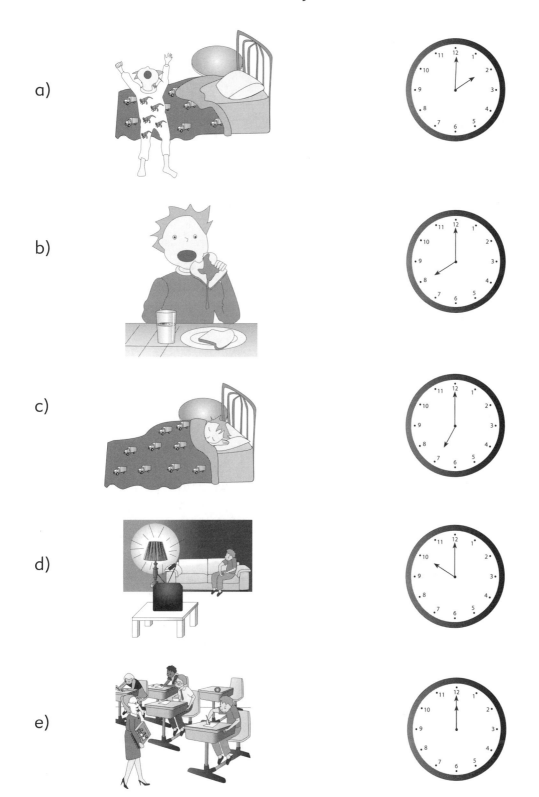

a)

b)

c)

d)

e)

L'heure

6. Estime le temps qu'il te faut pour :

a) Enfiler ton pyjama : _____

b) Manger une soupe : _____

c) Jouer un match de soccer : _____

d) Te rendre à l'école : _____

e) Te brosser les dents : _____

7. Combien y a-t-il de minutes...

a) dans 1 heure ? _____

b) dans 1 h 30 ? _____

c) dans 2 heures ? _____

8. Qu'est-ce qui prend le plus de temps, te laver les mains ou mettre ton habit de neige ? _____

9. Écris le moment de la journée où tu accomplis les actions suivantes.

a) Pendre ton petit-déjeuner. _____

b) Te mettre au lit pour la nuit. _____

c) Manger ton lunch à l'école. _____

La température

1. Écris la température indiquée sur chaque thermomètre.

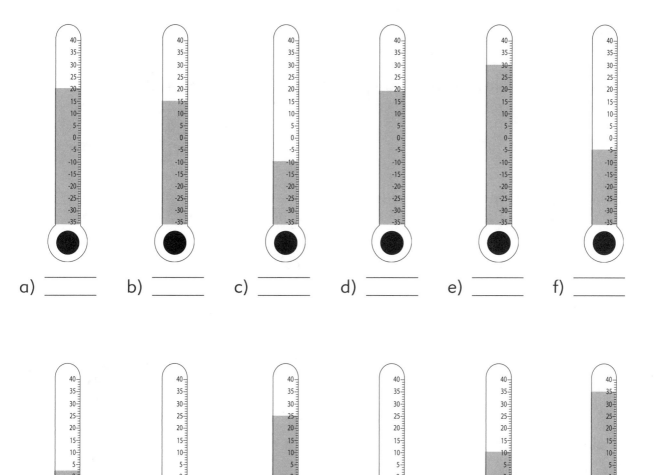

a) _____ b) _____ c) _____ d) _____ e) _____ f) _____

g) _____ h) _____ i) _____ j) _____ k) _____ l) _____

La température

2. Comment s'appelle l'instrument qui mesure la température ?

_____

_____

3. Il fait **28** ^{0}**C.** Est-ce que tu mets un short ou ton manteau d'hiver ?

_____

_____

4. Colorie le thermomètre pour indiquer
la température qu'il fait.

a) Il fait -10 ^{0}C. La température augmente de 10 ^{0}C.

b) Il fait 5 ^{0}C. La température descend de 25 ^{0}C.

c) Il fait 0 ^{0}C. La température augmente de 20 ^{0}C.

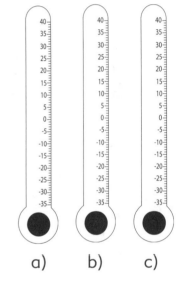

a)   b)   c)

5. Colorie les thermomètres pour indiquer la température demandée.

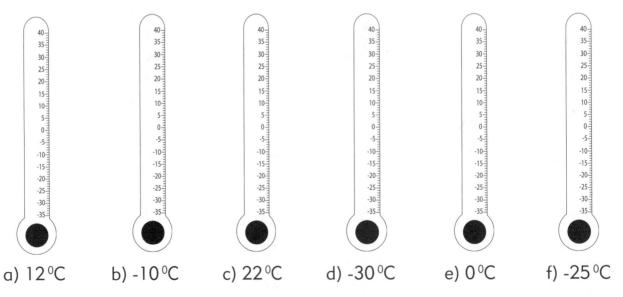

a) 12 ^{0}C   b) -10 ^{0}C   c) 22 ^{0}C   d) -30 ^{0}C   e) 0 ^{0}C   f) -25 ^{0}C

Les statistiques

1. Utilise le diagramme à bandes pour répondre aux questions.

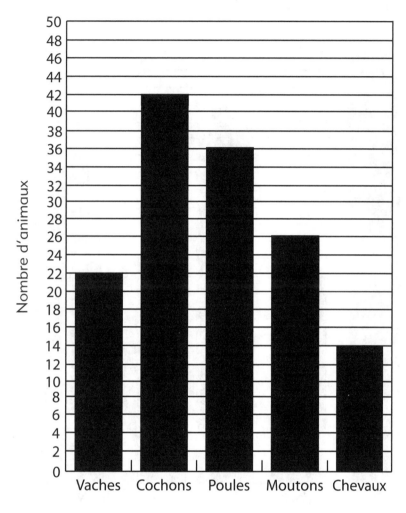

a) Combien de vaches vivent sur la ferme?

b) Combien de moutons vivent sur la ferme?

c) Combien de poules vivent sur la ferme?

d) Combien de chevaux vivent sur la ferme?

e) Combien d'animaux au total vivent sur la ferme?

f) Combien de vaches et de poules vivent sur la ferme?

303

Les statistiques

2. Voici les couleurs préférées de certains des élèves de l'école. Regarde le diagramme et réponds aux questions.

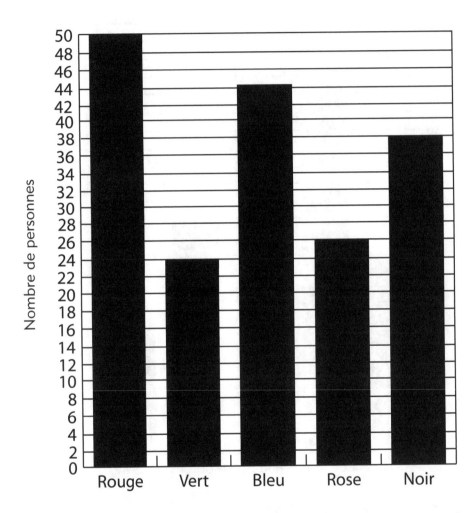

a) Combien de personnes préfèrent le bleu ? _____

b) Combien de personnes préfèrent le rose et le vert ? _____

c) Combien de personnes préfèrent le rouge ? _____

d) Combien de personnes ont répondu au sondage ? _____

e) Combien de personnes préfèrent le noir ? _____

Les statistiques

3. Fais un sondage auprès de tes amies et amis pour connaître leur sport préféré. Complète ensuite le tableau et le diagramme avec les résultats.

Noms	Tennis	Soccer	Hockey	Vélo	Natation
Exemple : Justine	x				
Total					

a) Combien préfèrent le tennis ? _____

b) Combien préfèrent le soccer ? _____

c) Combien préfèrent le hockey ? _____

d) Combien préfèrent le vélo ? _____

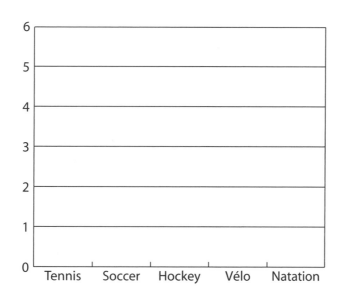

305

Les probabilités

1. **Fais un x dans la case appropriée.**

		Certain	Possible	Impossible
a)	Je peux rouler à 100 km en vélo.			
b)	Je peux traverser une rivière à la nage.			
c)	Je peux conduire une navette spatiale.			
d)	Je peux rouler en patins à roues alignées.			

2. **Antoine demande à Olivier de piger 2 cartes dans son paquet de 4 cartes. Illustre toutes les combinaisons possibles.**

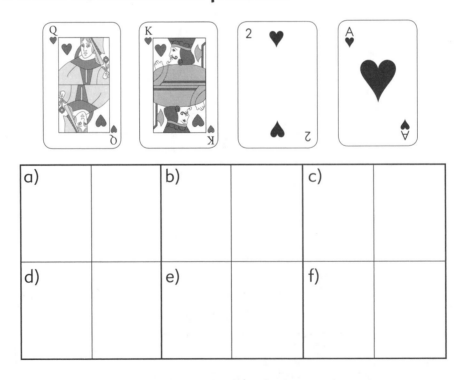

a)	b)	c)
d)	e)	f)

La logique

1. Place les nombres ou les lettres dans les grilles.

2	6	4
7	5	1
9	3	8

a) 1 est immédiatement sous 4.
b) 2 n'est pas entre 2 nombres.
c) 3 a 3 voisins.
d) 4 touche à 6 et à 5.
e) 5 est au centre.
f) 6 est en haut à droite.
g) 7 est à gauche de 5.
h) 8 ne touche pas à 6.
i) 9 est dans le coin en bas à gauche.

8		
	3	
4	9	6

1 est en dessous de 8.
2 n'est pas entre deux nombres.
3 est au centre.
4 est en bas à droite.
5 est entre 8 et 6.
6 est à droite.
7 est voisin de 3 et de 2.
8 est en haut à gauche.
9 est entre 6 et 4.

La logique

2. Place les nombres ou les lettres dans les grilles.

<table>
<tr><td></td><td></td><td></td></tr>
<tr><td></td><td></td><td></td></tr>
<tr><td></td><td></td><td></td></tr>
</table>

A est dans un coin en bas.

B est à gauche de G.

C est voisin de H.

D est au centre.

E touche à D.

F est au-dessus de E.

G est sous D.

H est en haut.

I est entre A et C.

<table>
<tr><td></td><td></td><td></td></tr>
<tr><td></td><td></td><td></td></tr>
<tr><td></td><td></td><td></td></tr>
</table>

1 est en bas à gauche.

2 est au centre.

3 est entre 8 et 1.

4 touche 2 et 7.

5 est voisin de 8.

6 est en dessous de 4

7 est dans un coin à droite.

8 est dans un coin.

9 est sous le nombre du centre.

Anglais

Les jours de la semaine

1. Voici ton horaire de la semaine. Peux-tu répondre aux questions ci-dessous ?

	Monday	Tuesday	Wednesday	Thursday	Friday	Saturday	Sunday
9 h 30	Swimming courses			English Courses			
12 h 00			Lunch with Mom and Dad				Playing with my best friend
15 h 00						Annie's birthday party	
18 h 00		Favorite TV show					

a) Quel jour maman et papa t'emmèneront-ils dîner ? _____

b) Quels jours suis-tu des cours ? _____

c) Quand vas-tu jouer avec ton meilleur ami ou ta meilleure amie ?
_____

d) Quel jour Annie t'invite-t-elle pour son anniversaire ? _____

2. Quel jour vient avant, entre ou après les jours mentionnés ?

a) _____ Tuesday

b) Friday _____ Sunday

c) _____ Monday

d) Thursday _____ Saturday

e) Monday _____

f) Wednesday _____ Friday

Les jours de la semaine

3. **Julien prend une collation différente tous les jours. Il a le choix parmi les aliments suivants. Écris à côté de chaque aliment le jour où il le mangera. N'utilise qu'un seul jour, peu importe lequel, par aliment.**

Sunday   Monday   Tuesday   Wednesday   Thursday   Friday   Saturday

4. **Peux-tu trouver la sortie de ce labyrinthe? Le truc est de suivre les jours de la semaine dans le bon ordre.**

Départ

Sunday	Friday	Monday	Saturday	Thursday
Monday	Tuesday	Sunday	Tuesday	Wednesday
Sunday	Wednesday	Thursday	Friday	Saturday
Friday	Sunday	Wednesday	Sunday	Tuesday
Monday	Tuesday	Tuesday	Monday	Wednesday

Arrivée

Les couleurs

1. Colorie les crayons selon la couleur demandée.

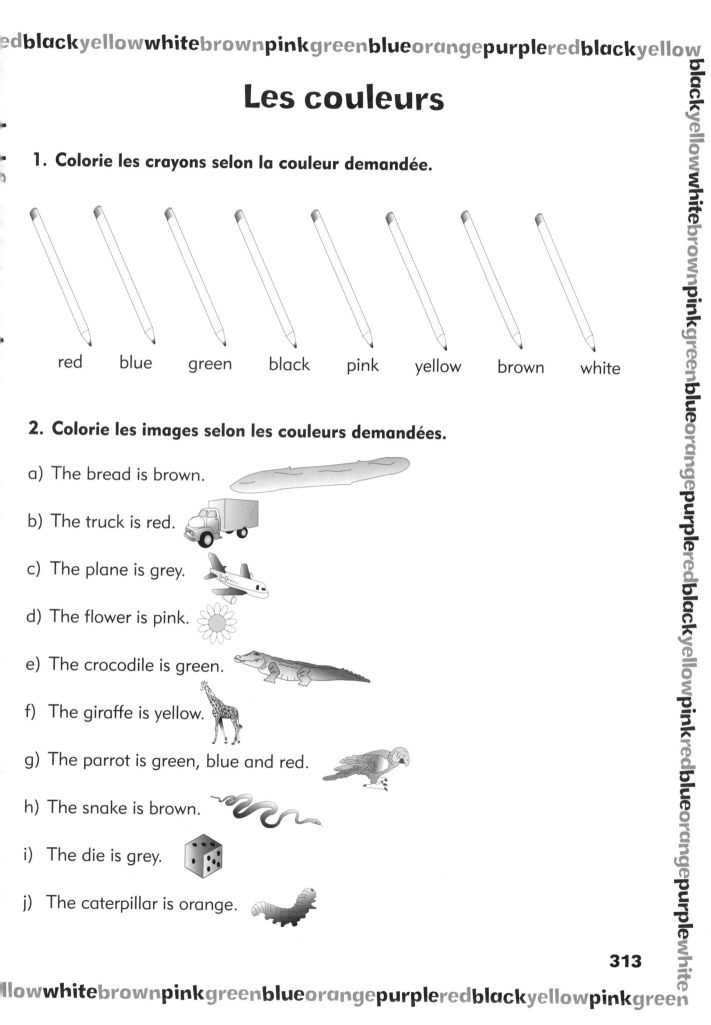

| red | blue | green | black | pink | yellow | brown | white |

2. Colorie les images selon les couleurs demandées.

a) The bread is brown.

b) The truck is red.

c) The plane is grey.

d) The flower is pink.

e) The crocodile is green.

f) The giraffe is yellow.

g) The parrot is green, blue and red.

h) The snake is brown.

i) The die is grey.

j) The caterpillar is orange.

313

Les couleurs

3. Colorie l'illustration selon les couleurs demandées.

1. pink   2. brown   3. green   4. black   5. yellow   6. red

Les couleurs

4. Pour chaque exercice, dessine un fruit de la couleur demandée et colorie-le.

a) red   b) yellow   c) green   d) orange

5. Colorie l'image selon les couleurs demandées.

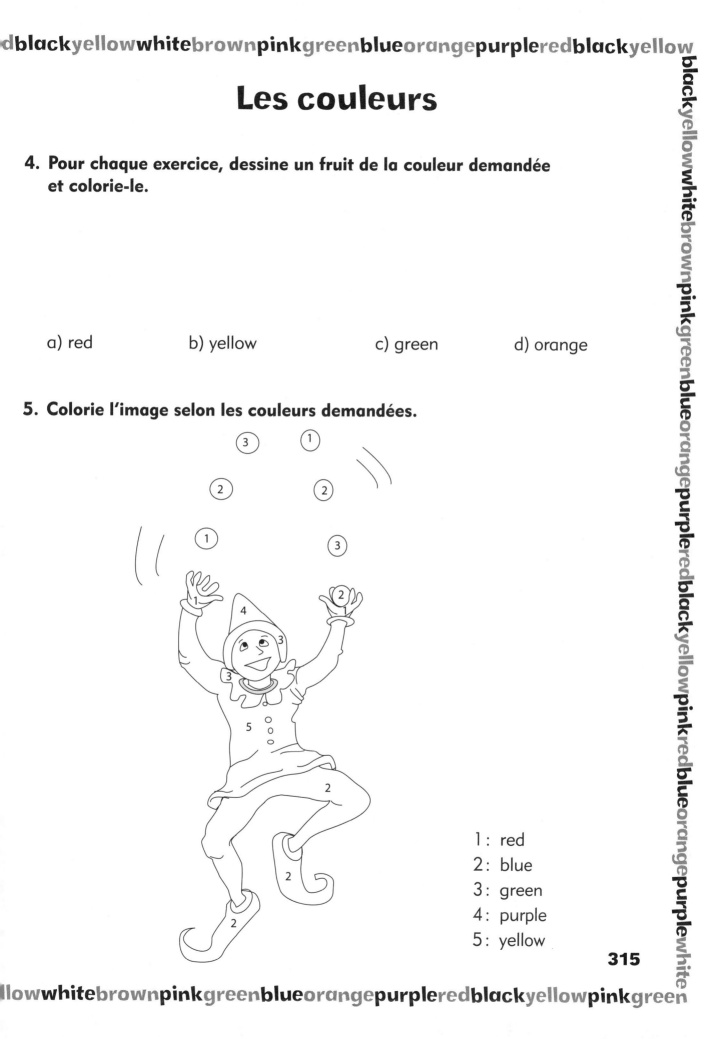

1 : red
2 : blue
3 : green
4 : purple
5 : yellow

315

Les parties du corps

1. Relie les mots à la partie du corps correspondante.

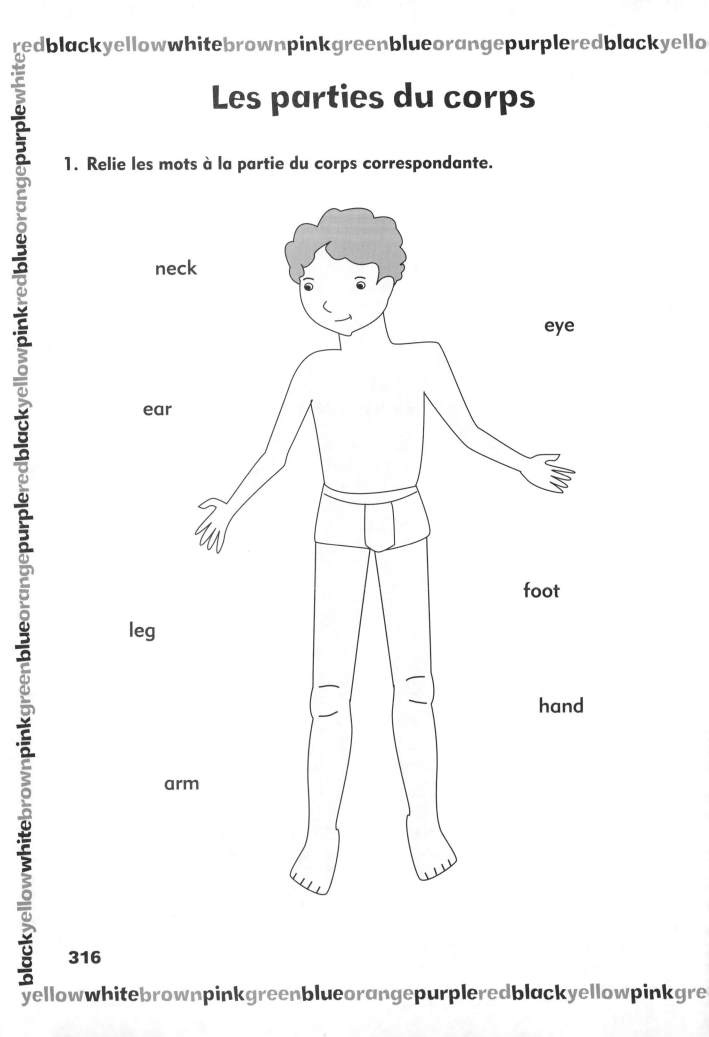

neck

eye

ear

foot

leg

hand

arm

Les parties du corps

2. **Dessine les éléments manquants sur les visages. Le nom de ces éléments est écrit en anglais sous chaque dessin. Observe bien leur orthographe.**

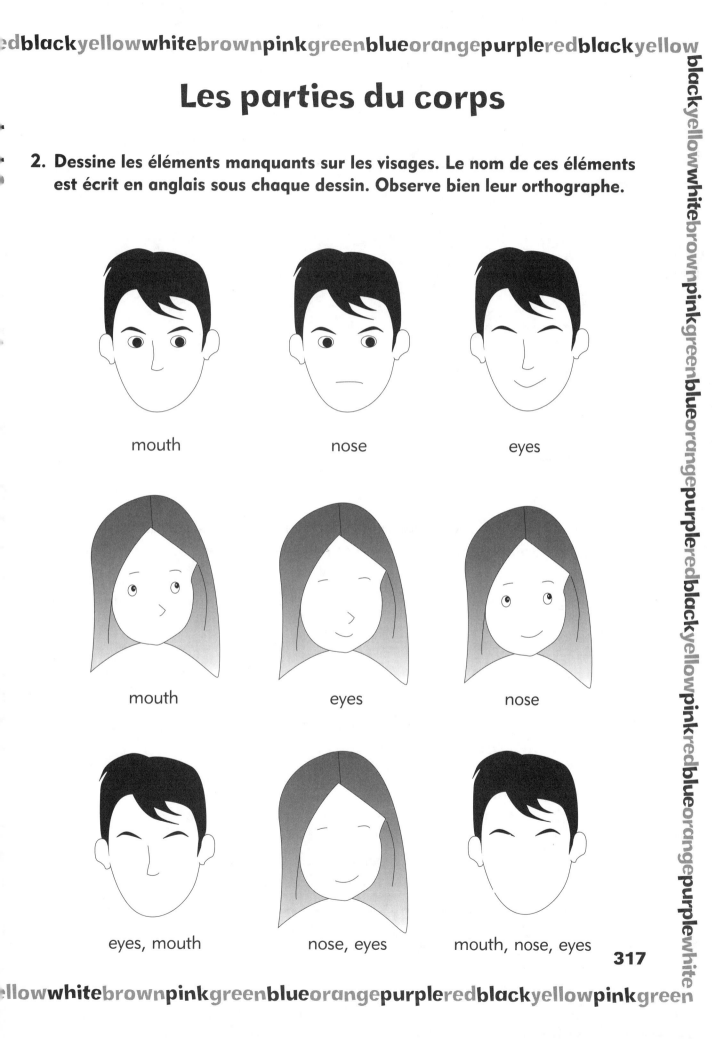

mouth	nose	eyes
mouth	eyes	nose
eyes, mouth	nose, eyes	mouth, nose, eyes

317

La maison

1. Observe les illustrations suivantes. Puis, encercle la lettre qui correspond à l'ordre des images que tu voies.

a) bed, phone, house, bath

b) phone, bed, bath, house

c) bed, house, phone, bath

d) house, bath, bed, phone

2. Peux-tu trouver en anglais les mots manquants de l'histoire suivante ? Pour t'aider, regarde les images et sers-toi des mots qui sont au bas du texte.

Luc marche vers sa _____ . Il va à la cuisine, ouvre le

_____ et prend une _____ . Il la coupe

avec un _____ . Il s'assoit sur une _____

pour la manger. Oups ! Il en échappe quelques morceaux par terre. Il passe

le _____ . Ouf ! Le plancher est propre !

broom   apple   knife   fridge   chair   house

La maison

3. Colorie selon les indications suivantes :

House = brown   Broom = blue
Table = orange   Radio = grey
Oven = green   Knife = purple

Les sports

1. Peux-tu dire en anglais quel sport fait chaque personne ? Pour t'aider, utilise les mots dans les encadrés.

a) Marc adore faire de la bicyclette : _____

b) Sophie est devenue championne de tennis : _____

c) Je vais souvent nager dans la piscine de mon voisin : _____

d) Mon oncle et ma tante font de la gymnastique : _____

to play tennis

gymnastic

cycling

swimming

320

L'école

1. Peux-tu trouver les noms ci-dessous sur l'image ? Relie-les ensemble par un trait.

students   teacher   desk   chair   paper   pen   scissors

2. Peux-tu trouver en anglais les mots manquants de l'histoire suivante ? Pour t'aider, regarde les images et sers-toi des mots qui sont au bas du texte.

Marie se prépare pour l' _____ . Elle met ses

_____ dans son _____ . Elle prend le

_____ . Arrivée à l'école, elle entre dans sa

_____ . Elle travaille très fort jusqu'à la récréation. Ses

_____ et elle iront jouer dehors !

school bus   friends   school   classroom   books   school bag

321

La nature

1. **Peux-tu compléter le début de chaque mot ? Pour t'aider, regarde les lettres au bas de la page. Attention ! Chaque lettre ne peut être utilisée qu'une seule fois.**

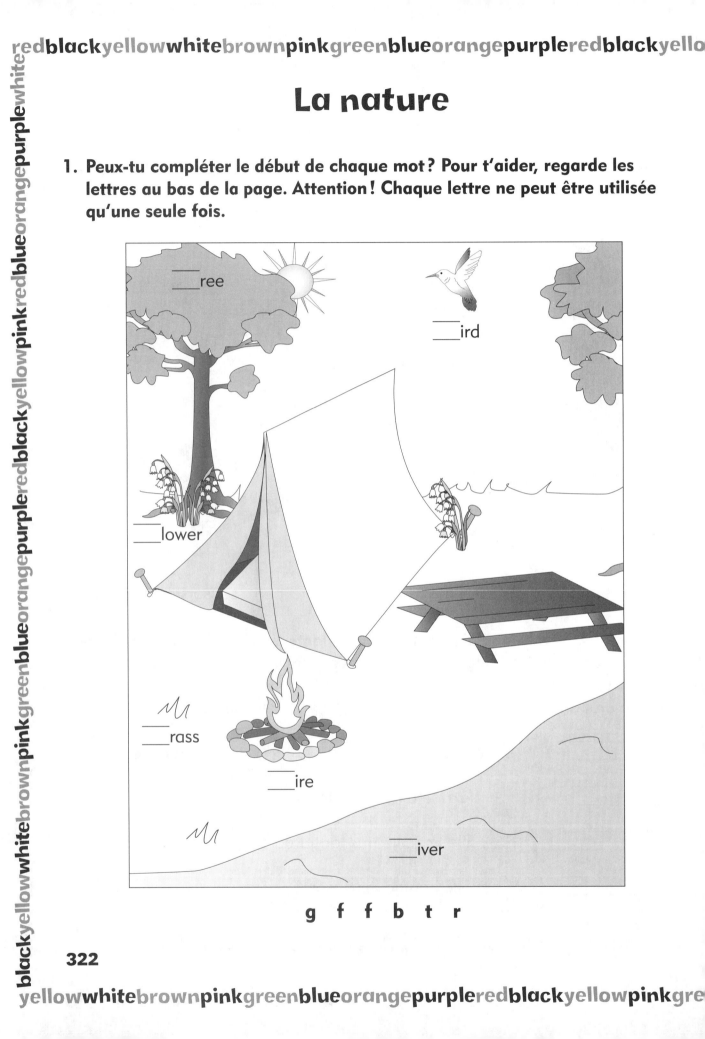

___ree

___ird

___lower

___rass

___ire

___iver

g   f   f   b   t   r

Les moyens de transport

1. Trace un trajet qui va relier chaque transport à son nom.

bicycle   boat   plane   truck   school bus   car

323

Les sentiments

1. **Trouve la première lettre des mots suivants. Aide-toi des lettres dans l'encadré ci-dessous. Attention! Chaque lettre ne revient qu'une fois. Dessine ensuite le sentiment correspondant.**

a	h	s	t

___appy

___ired

___ngry

___ad

Les nombres

1. Relie chaque groupe d'objets au nombre correspondant.

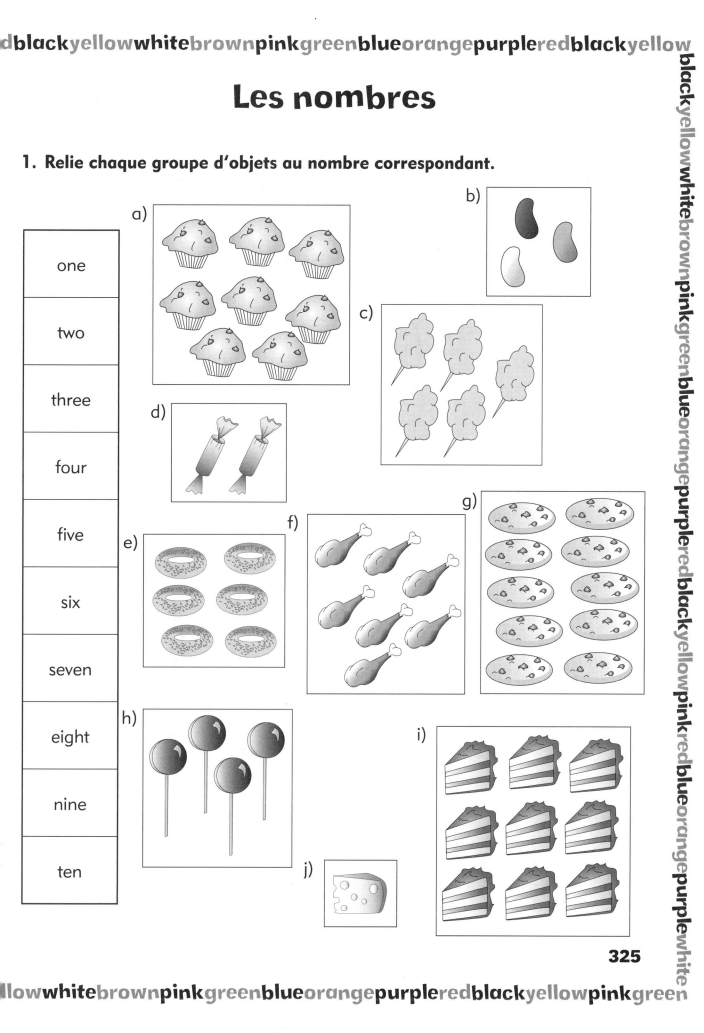

one
two
three
four
five
six
seven
eight
nine
ten

Les nombres

2. Complète le nombre en lettres sous chaque ballon. Pour t'aider, sers-toi des lettres qui se trouvent dans l'encadré. Attention! Chaque lettre ne revient qu'une fois.

t t t f f o s s n e

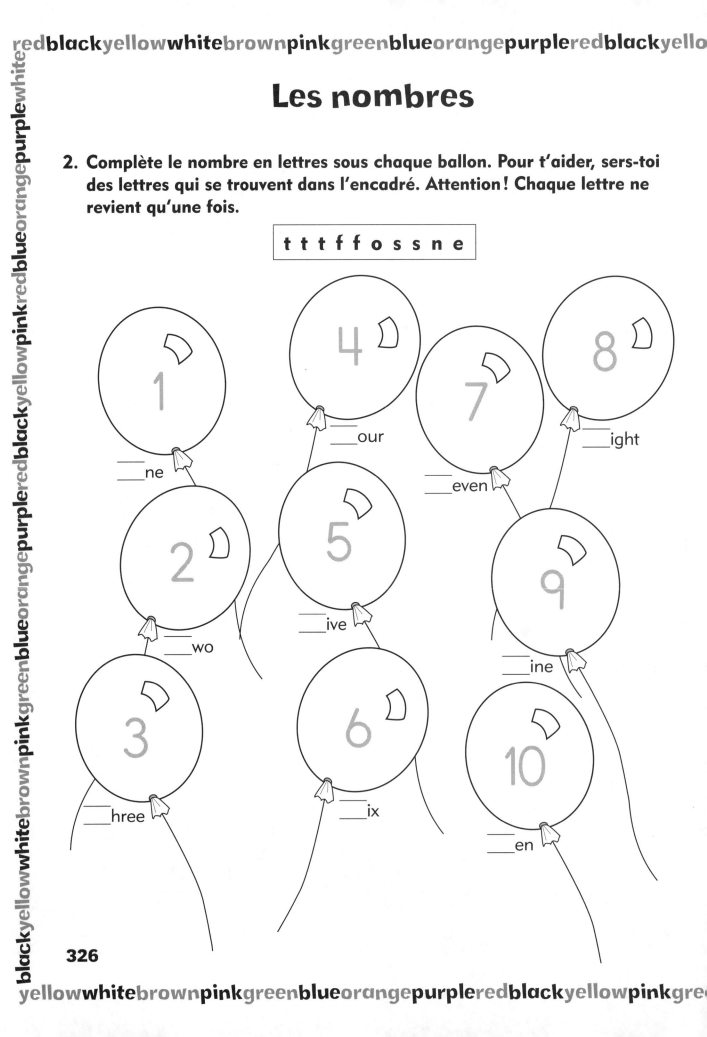

___ne

___our

___even

___ight

___wo

___ive

___ine

___hree

___ix

___en

326

Les formes

1. Relie chaque figure à son nom.

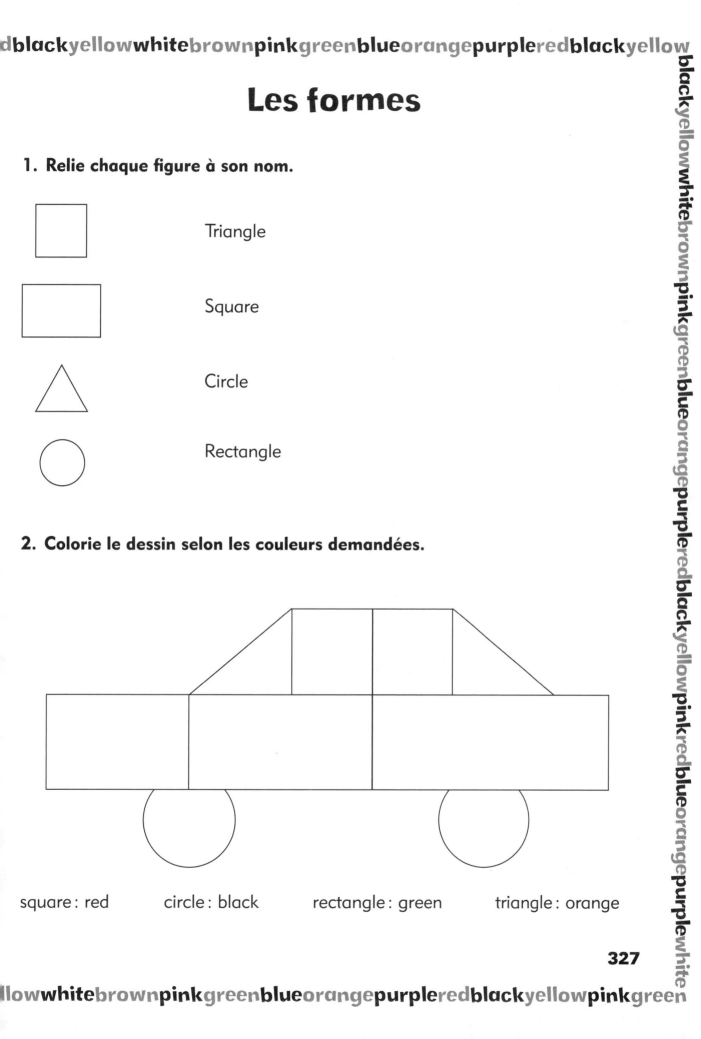

Triangle

Square

Circle

Rectangle

2. Colorie le dessin selon les couleurs demandées.

square : red   circle : black   rectangle : green   triangle : orange

327

Les membres de la famille

Observe les mots suivants.

mère = mother
père = father
frère = brother
sœur = sister

Voici la famille Boulé.

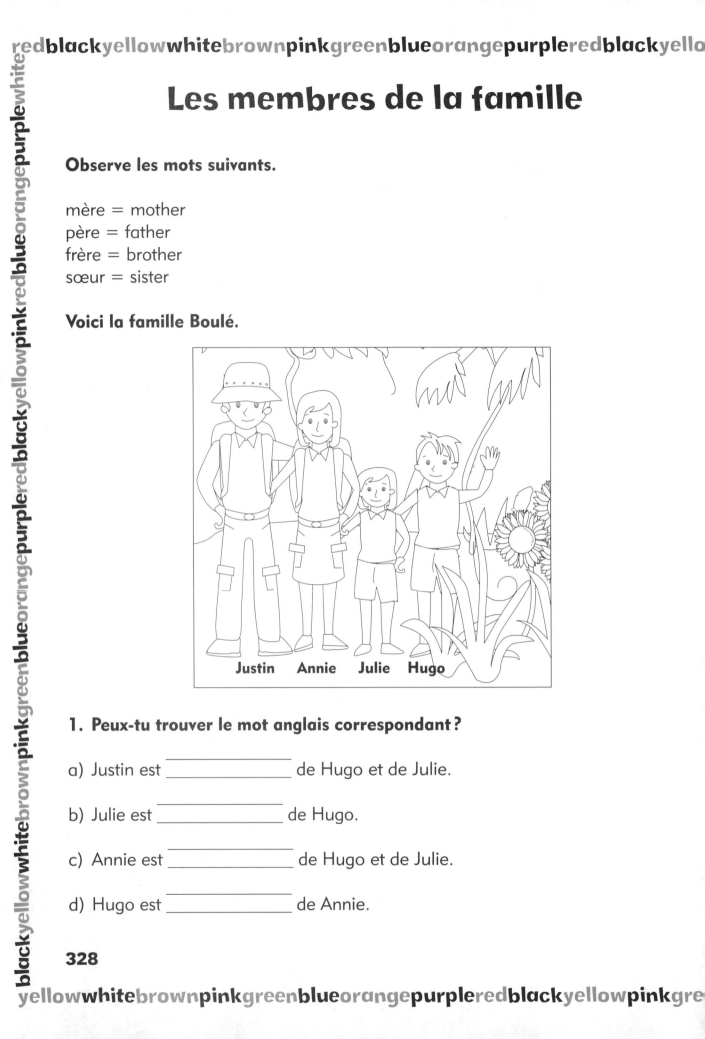

Justin   Annie   Julie   Hugo

1. Peux-tu trouver le mot anglais correspondant?

a) Justin est _____ de Hugo et de Julie.

b) Julie est _____ de Hugo.

c) Annie est _____ de Hugo et de Julie.

d) Hugo est _____ de Annie.

328

Les membres de la famille

2. Peux-tu écrire le mot anglais qui correspond au mot en gras dans les phrases suivantes ?

a) Ma **mère** est fatiguée : _____

b) Mon **frère** a fait un beau
   bonhomme de neige : _____

c) Mon **père** est pompier : _____

d) Ma **sœur** est en 1re année : _____

e) Ma **mère** est déguisée en sorcière : _____

f) Ma **sœur** joue du violon : _____

329

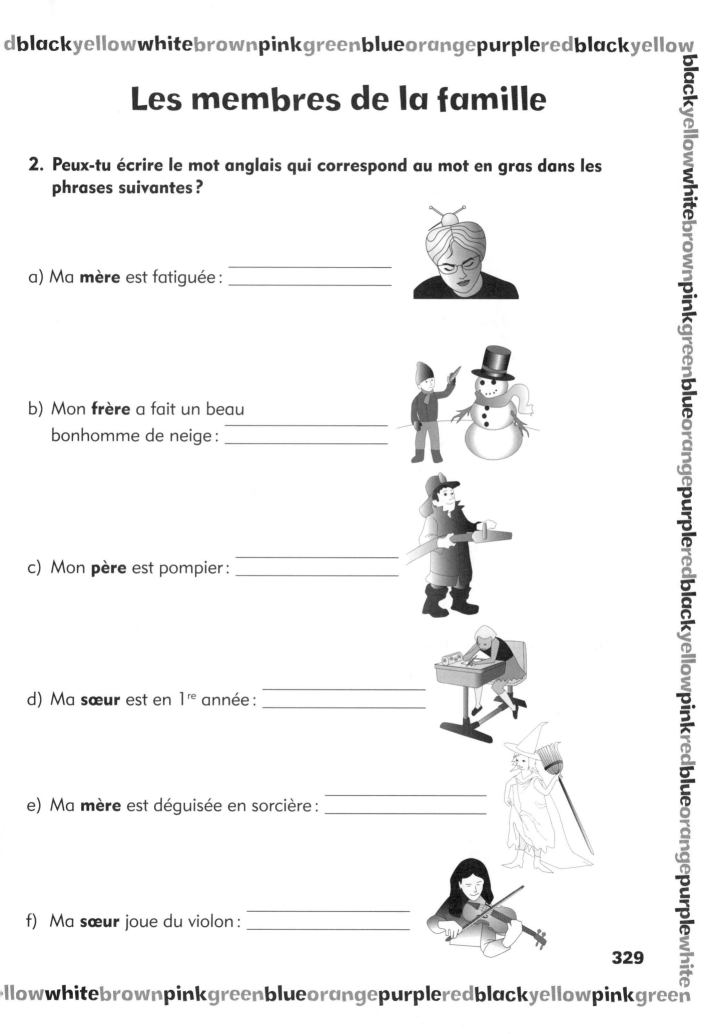

Les saisons

1. Relie chaque saison à son nom anglais.

été	spring
printemps	fall
automne	summer
hiver	winter

2. Complète les phrases suivantes. Aide-toi des mots à droite de l'exercice.

La saison…

a) de ma fête est : _____

b) de la rentrée scolaire est : _____   winter

c) de la semaine de relâche est : _____   spring

d) du poisson d'avril est : _____   fall

e) de l'Halloween est : _____   summer

3. Fais un dessin de ton choix pour chacune des saisons.

winter	spring	summer	fall

Les saisons

4. Écris le nom des saisons sous les images correspondantes.

a) _____

b) _____

c) _____

d) _____

Les formules de politesse

1. **Complète les mots suivants. Pour t'aider, regarde les lettres dans l'encadré ci-dessous. Attention! Chaque lettre ne revient qu'une fois.**

g	t	h	e	n

a) merci = ___hank you

b) bonjour = ___ello

c) bonsoir = ___ood evening

d) bonne nuit = good ___ight

e) au revoir = by___

2. **Regarde les images suivantes. Parmi les cinq mots anglais que tu viens d'apprendre, lequel ou lesquels crois-tu que les personnages des illustrations disent? Écris ta ou tes réponses sur les traits.**

a)  _____

b) 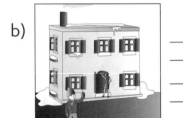 _____

c)  _____

d)  _____

e) 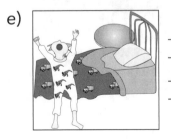 _____

f)  _____

Les verbes

1. Complète chacun des mots anglais suivants. Pour t'aider, utilise les lettres dans l'encadré. Attention! Chaque lettre ne revient qu'une fois.

e	e	m	n	t	h	y

a) manger = to ea___

b) jouer = to pla___

c) nager = to swi___

d) courir = to ru___

e) promener = to rid___

f) sourire = to smil___

g) laver = to was___

333

Les verbes

2. Peux-tu trouver le bon verbe qui va sous chaque illustration ? Aide-toi des mots que tu viens de découvrir.

a)

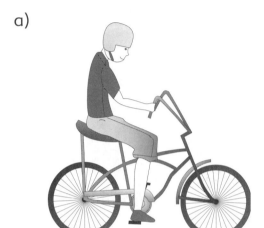

Mathieu se **promène** à vélo :

_____

_____

b)

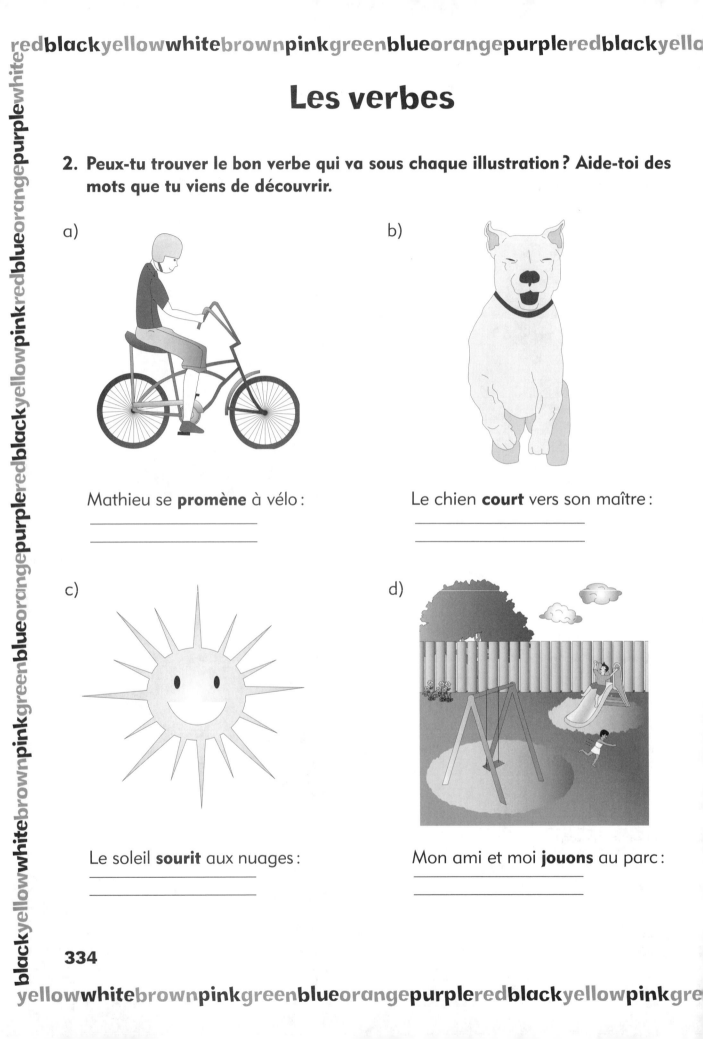

Le chien **court** vers son maître :

_____

_____

c)

Le soleil **sourit** aux nuages :

_____

_____

d)

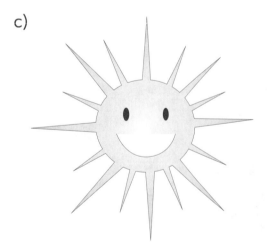

Mon ami et moi **jouons** au parc :

_____

_____

334

Les verbes

e)

Émilie **mange** une pomme :
_____
_____

f)

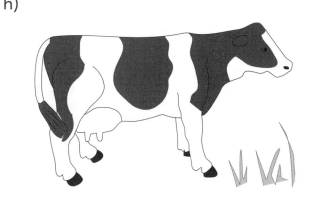

Justine **nage** dans la piscine :
_____
_____

g)

Hugo se **lave** les mains :
_____
_____

h)

La vache **mange** de l'herbe :
_____
_____

335

Les adjectifs

Observe bien les mots suivants.

beau = beautiful   gros = big   long = long
petit = small   chaud = hot   froid = cold

1. Écris le mot anglais qui correspond à chacun des mots en gras dans les phrases suivantes.

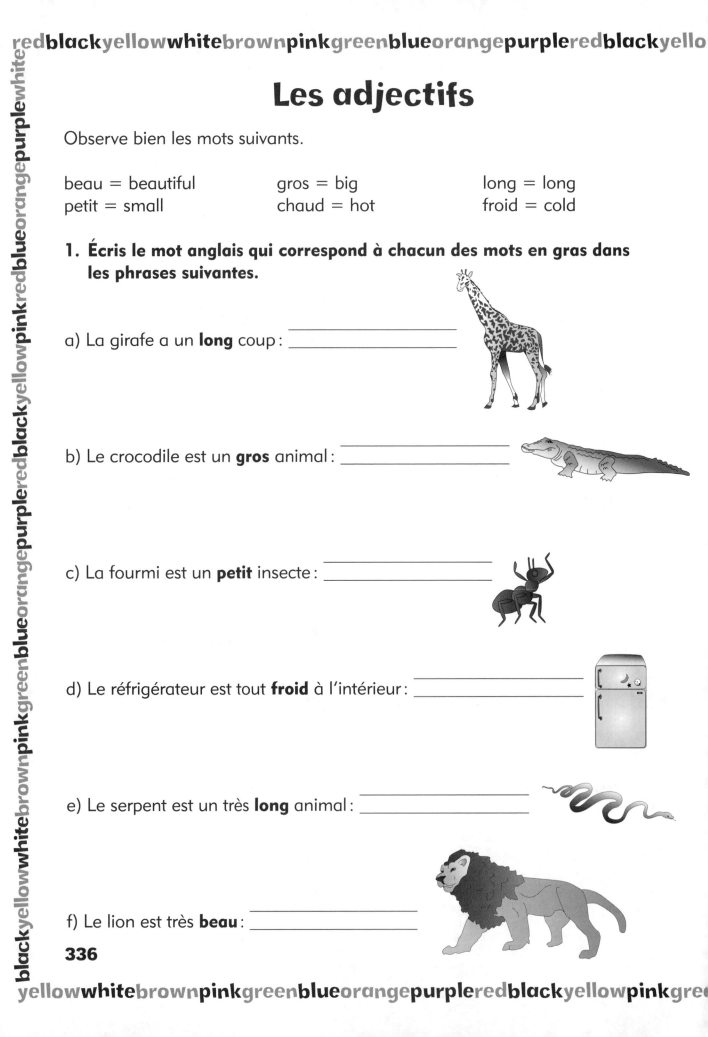

a) La girafe a un **long** coup : _____

b) Le crocodile est un **gros** animal : _____

c) La fourmi est un **petit** insecte : _____

d) Le réfrigérateur est tout **froid** à l'intérieur : _____

e) Le serpent est un très **long** animal : _____

f) Le lion est très **beau** : _____

Les adjectifs

beau = beautiful
petit = small

gros = big
chaud = hot

long = long
froid = cold

g) Le cochon a un **gros** ventre : _____

h) Attention ! Le four est très **chaud** ! _____

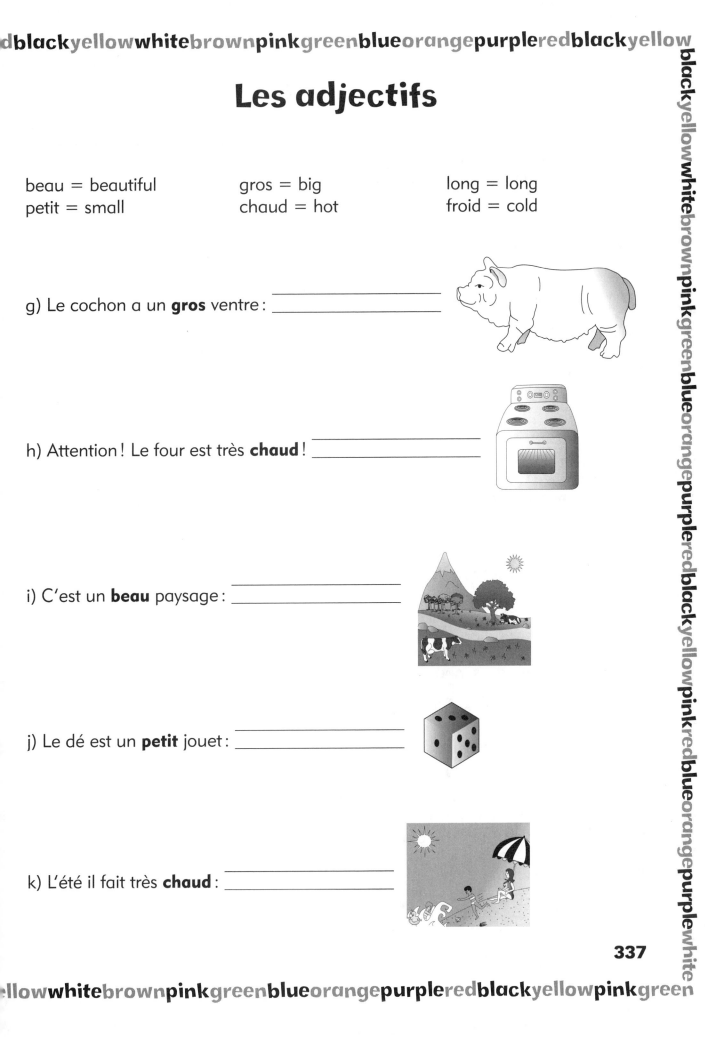

i) C'est un **beau** paysage : _____

j) Le dé est un **petit** jouet : _____

k) L'été il fait très **chaud** : _____

Des comptines

1. **Voici la comptine _Mary Had a Little Lamb_. Lis-la à voix haute. Encercle ensuite les mots _mouton_, _neige_ et _école_ dans la comptine. Pour t'aider, regarde les illustrations dans le texte.**

Mary Had a Little Lamb

Mary had a little lamb ,

Little lamb , little lamb ,

Mary had a little lamb ,

Its fleece was white as snow. ❄❄❄

Everywhere that Mary went,

Mary went, Mary went,

Everywhere that Mary went,

The lamb was sure to go.

It lamb followed her to school one day,

School one day, school one day,

It lamb followed her to school one day,

Which was against the rules.

It made the children laugh ☺ and play,

Laugh ☺ and play, laugh ☺ and play,

It made the children laugh ☺ and play,

To see 👁 a lamb in school .

2. Encercle tous les nombres écrits en lettres. Pour t'aider, regarde les images de nombres et le premier exemple dans le texte.

🐜 The Ants Go Marching 🐜

The ants 🐜 go marching (one) by (one)
Hurray! Hurray!
The ants 🐜 go marching one by one,
Hurray! Hurray!
The ants 🐜go marching one by one,

The little one stops 🛑 to suck her thumb,
And they all go marching down, ⬇
To the ground;

To get out, of the rain, ☁
Boom 🗑, boom 🗑, boom 🗑, boom! 🗑
The ants 🐜🐜go marching two by two,
Hurray! Hurray!
The ants 🐜🐜go marching two by two,
Hurray! Hurray!
The ants 🐜🐜go marching two by two,

The little one stops 🛑 to tie her shoe. 👟
And they all go marching down, ⬇
To the ground;

To get out, of the rain, ☁
Boom 🗑, boom 🗑, boom 🗑, boom! 🗑

The ants 🐜🐜🐜 go marching three by three,
Hurray! Hurray!
The ants 🐜🐜🐜 go marching three by three,
Hurray! Hurray!
The ants 🐜🐜🐜go marching three by three,
The little one stops 🛑 to ride a bee. 🐝

339

Science

L'univers matériel
L'aimant

Trace une ligne de l'aimant jusqu'aux objets que l'aimant attire.

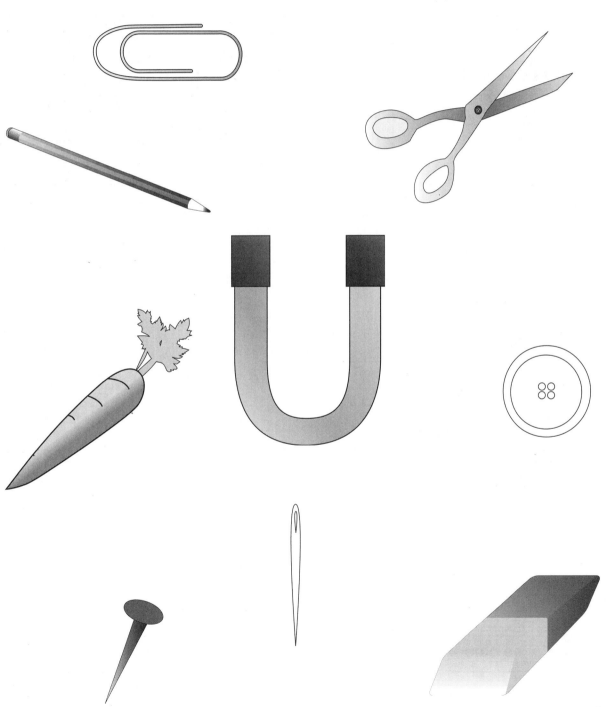

L'univers matériel
La perméabilité et l'imperméabilité

Coche la case appropriée. Un objet est perméable si l'eau passe au travers et imperméable si l'eau ne passe pas au travers.

		Perméable	Imperméable
a)	Bottes de caoutchouc		
b)	Morceau de coton		
c)	Disque compact		
d)	Feuille de papier		
e)	Mitaines de laine		
f)	Sac de plastique		
g)	Papier de bricolage		
h)	Papier essuie-tout		
i)	Bouteille de plastique		
j)	Pièce de 1 $		
k)	Filtre à café		
l)	Papier de toilette		
m)	Stylo		
n)	Maillot de bain		

L'univers matériel
Les produits domestiques courants

Les produits d'entretien ménager portent des symboles pour t'indiquer qu'ils présentent des dangers. Relie les symboles à leur signification.

a)

INFLAMMABLE

Le produit ou les vapeurs qu'il dégage peuvent s'enflammer facilement.

b)

POISON
Si le produit est avalé, léché ou respiré, il peut provoquer des blessures graves ou la mort.

c)

EXPLOSIF
Le contenant peut exploser s'il est chauffé ou perforé.

d)

CORROSIF
Le produit peut brûler la peau ou les yeux. S'il est avalé, il causera des blessures à la gorge et à l'estomac.

L'univers matériel
Les mélanges miscibles
et non miscibles

Matériel
huile
eau
lait
vinaigre
verres

a) Mélange 60 ml d'eau et 60 ml de vinaigre. Est-ce que les deux liquides se mélangent ? Note tes résultats.

_____
_____

b) Mélange 60 ml d'eau et 60 ml d'huile. Est-ce que les deux liquides se mélangent ? Note tes résultats.

_____
_____

c) Mélange 60 ml de vinaigre et 60 ml d'huile. Est-ce que les deux liquides se mélangent ? Note tes résultats.

_____
_____

d) Mélange 60 ml de vinaigre et 60 ml de lait. Est-ce que les deux liquides se mélangent ? Note tes résultats.

_____
_____

e) Quel liquide ne se mélange pas avec les autres ?

_____
_____

L'univers matériel
Les mélanges solubles et non solubles

Matériel
verres
eau
cuillers
sucre, sel, grains de riz, sucre en poudre, farine

a) Mélange 15 ml de sucre à un verre rempli d'eau. Est-ce que le sucre se dissout? Note tes observations.

_____
_____

b) Mélange 15 ml de sel à un verre rempli d'eau. Est-ce que le sel se dissout? Note tes observations.

_____
_____

c) Mélange 15 ml de grains de riz à un verre rempli d'eau. Est-ce que le riz se dissout? Note tes observations.

_____
_____

d) Mélange 15 ml de sucre en poudre à un verre rempli d'eau. Est-ce que le sucre se dissout? Note tes observations.

_____
_____

e) Mélange 15 ml de farine à un verre rempli d'eau. Est-ce que la farine se dissout? Note tes observations.

_____
_____

L'univers vivant
Les vivants et les non-vivants

Fais un x dans la case appropriée.

		Vivant	Non- vivant
a)	Chat		
b)	Vélo		
c)	Poisson		
d)	Fleur		
e)	Cheval		
f)	Rocher		
g)	Eau		
h)	Zèbre		
i)	Livre		
j)	Lune		
k)	Ver de terre		
l)	Téléviseur		
m)	Ourson en peluche		
n)	Oiseau		

L'univers vivant
L'alimentation des animaux

Certains animaux sont carnivores, c'est-à-dire qu'ils mangent de la viande.
D'autres sont herbivores, ils se nourrissent d'herbe et certains sont
insectivores, ils se nourrissent d'insectes.
Coche la case appropriée.

		Carnivore	Herbivore	Insectivore
a)	Lion			
b)	Vache			
c)	Grenouille			
d)	Loup			
e)	Cheval			
f)	Hérisson			
g)	Zèbre			
h)	Crocodile			
i)	Girafe			
j)	Lynx			
k)	Hirondelle			
l)	Chauve-souris			
m)	Jaguar			
n)	Lézard			
o)	Chevreuil			

L'univers vivant
La plante

Comment faire pousser un avocatier

- Fais tremper le noyau d'un avocat dans l'eau chaude pendant 30 minutes. Laisse sécher.

- Plante le noyau dans un mélange de terreau ($^2/_3$) et de sable ($^1/_3$).

- Enterre le noyau jusqu'à la moitié de la hauteur, le bout pointu vers le haut.

- Place dans un endroit très ensoleillé.

- Arrose toutes les semaines. La germination peut prendre jusqu'à 7 semaines.

- Ensuite, arrose toutes les deux semaines environ.

- Pour éviter d'avoir une longue tige surmontée de quelques feuilles, il faut « pincer » ta plante. Lorsque le nombre de feuilles est suffisamment important, coupe le haut de la tige juste au-dessus de la 6e feuille en partant de la base.

Note ici les étapes de la croissance de ta plante.

Date de plantation : _____

Nombre de semaines avant qu'une tige apparaisse : _____

Hauteur après 12 semaines : _____

Date à laquelle tu as pincé ta plante : _____

L'univers vivant
Les techniques alimentaires

Le boulanger a mélangé l'ordre des étapes de la fabrication du pain. Remets les étapes dans l'ordre en les numérotant de 1 à 8.

La fabrication du pain

L'apprêt _____
Déposer la pâte sur la couche (tissu spécial pour le gonflement du pain). La pâte gonfle encore une fois.

Le pointage _____
Déposer la boule dans un récipient et laisser gonfler.

Le pétrissage _____
Mélanger la farine, l'eau, le sel et la levure. Pétrir la pâte jusqu'à la formation d'une boule.

La division _____
Diviser la boule en plus petites boules. Les petites boules s'appellent des *pâtons*.

La détente _____
Laisser reposer les pâtons.

La sortie du four _____
Le pain est bien cuit. C'est le moment de défourner le pain (le sortir du four).

La cuisson _____
C'est maintenant le moment de faire cuire le pain.

Le façonnage _____
Façonner la pâte selon la forme désirée : baguette, miche, etc.

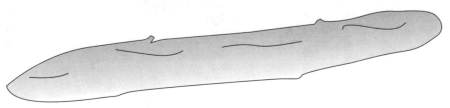

La Terre et l'espace
L'ombre

Sers-toi d'une lampe, d'une lampe de poche ou toute autre source de lumière pour projeter tes ombres sur le mur ou sur un carton blanc. Voici des animaux que tu pourras projeter.

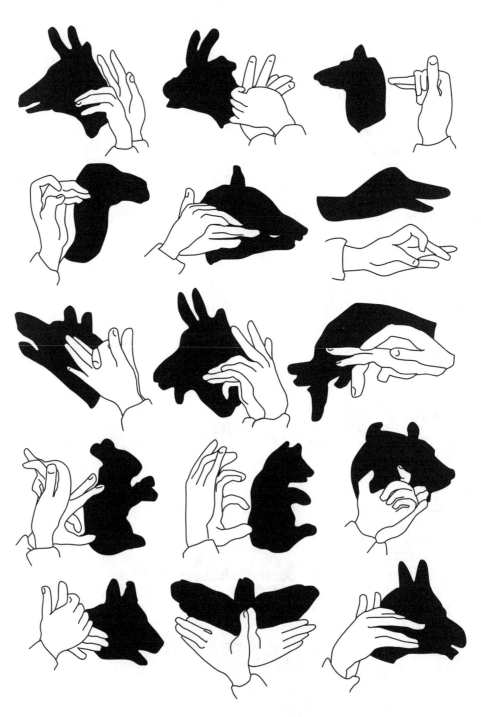

L'univers vivant
L'alimentation

Écris sous chaque illustration s'il s'agit d'un fruit ou d'un légume.

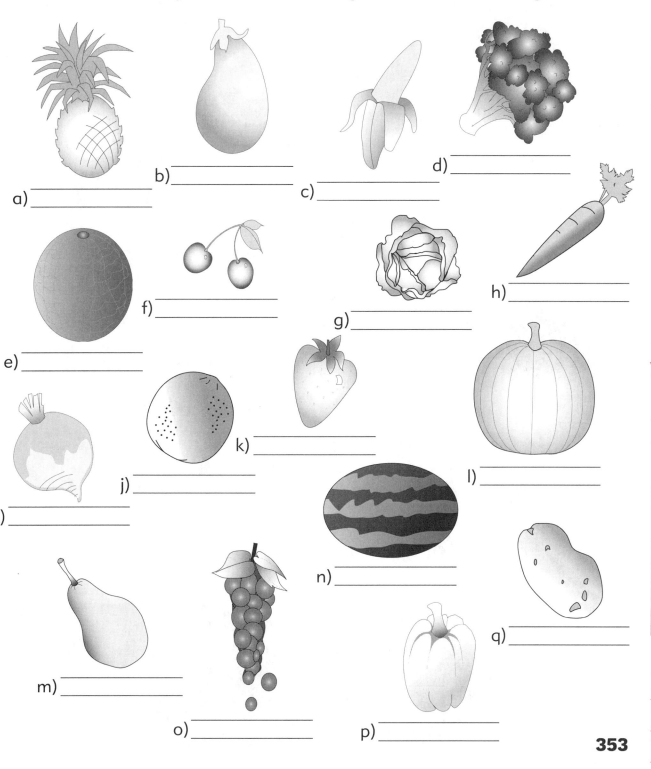

a) _____

b) _____

c) _____

d) _____

e) _____

f) _____

g) _____

h) _____

i) _____

j) _____

k) _____

l) _____

m) _____

n) _____

o) _____

p) _____

q) _____

L'univers matériel
La flottaison

Colorie en bleu les objets qui flottent et en rouge ceux qui ne flottent pas.

Éthique et culture religieuse

Mes sentiments

Encercle la binette qui correspond à tes sentiments dans les situations suivantes. Ensuite, explique à haute voix plus en détails tes émotions.

a) Quelqu'un s'est moqué de moi dans la cour d'école.

b) J'ai eu une mauvaise note dans ma dictée.

c) J'ai reçu le cadeau dont je rêvais depuis longtemps.

d) J'ai perdu un objet auquel je tenais.

e) J'ai eu une bonne note pour mon travail de mathématique.

f) Mes parents m'ont préparé mon mets favori.

g) Je suis arrivé dernier à la course.

h) Mon équipe a remporté la finale.

Ma croissance

1. **Tu auras besoin de l'aide de tes parents pour répondre à certaines des questions suivantes.**

   a) Quel était ton poids à la naissance ? _____

   b) Quel est ton poids actuel ? _____

   c) Quelle est la différence entre ton poids à la naissance et ton poids actuel ? Sers-toi d'une calculatrice ou demande à un adulte de faire le calcul à ta place. _____

   d) Quelle était ta taille à la naissance ? _____

   e) Quelle est ta taille actuelle ? _____

   f) Quelle est la différence entre ta taille à la naissance et ta taille actuelle ? Sers-toi d'une calculatrice ou demande à un adulte de faire le calcul à ta place. _____

2. **Comme tu peux le voir, tu as beaucoup grandi et grossi depuis ta naissance. Pour grandir en santé, il faut bien s'alimenter. Encercle les aliments qui sont bons pour la santé.**

Le cycle de vie d'une plante

Replace dans le bon ordre les étapes de croissance d'une plante en les numérotant de 1 à 5.

a)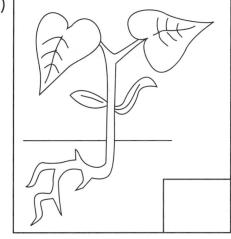

b)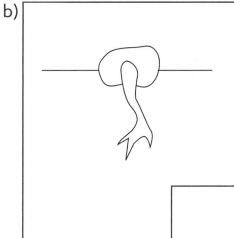

c)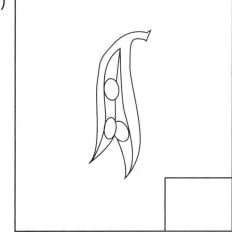

d)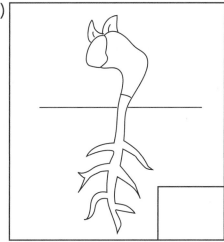

e)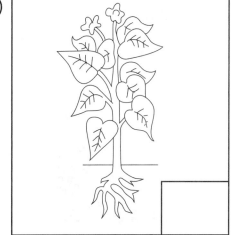

Les règles de vie

**Dans chaque famille il existe des règles et des valeurs.
En voici quelques exemples.**

Participer aux tâches ménagères.	Se coucher tôt.
Bien s'alimenter.	Faire preuve de générosité.
Respecter les autres.	

Donne quelques règles que tu dois suivre chez toi.

_____
_____
_____

Quelles sont les tâches que tu dois accomplir à la maison ?

_____
_____
_____

Quelles sont les valeurs importantes que tes parents veulent te transmettre ?

_____
_____
_____

Demande à un ou une ami(e) quelles sont les tâches qu'il (elle) doit accomplir
à la maison.

_____
_____
_____

Sont-elles pareilles aux tiennes ou sont-elles différentes ? _____

Est-ce que tu aimes accomplir ces tâches ? _____

Noël

Noël est une célébration en l'honneur de la naissance de Jésus à Bethléem. La période qui précède s'appelle l'avent. Durant cette période, les chrétiens se préparent à fêter la naissance du Christ.

Suis les étapes pour fabriquer un calendrier de l'avent.

Reproduis 24 fois la forme suivante sur du carton épais.

Découpe ces formes et numérote-les de 1 à 24.

Tu peux ajouter de la couleur si tu désires.

Plie les cubes en te basant sur les lignes.

Laisse un des côtés ouvert et insères-y un petit cadeau, une friandise, un chocolat, etc.

Colle les rabats (là où il y des pointillés).

Tu peux coller les boîtes sur du carton épais, les mettre dans un sac, les disposer sur un plateau, etc.

À partir du 1er décembre, tu peux ouvrir une boîte par jour.

Tu ouvriras la dernière le 24 décembre.

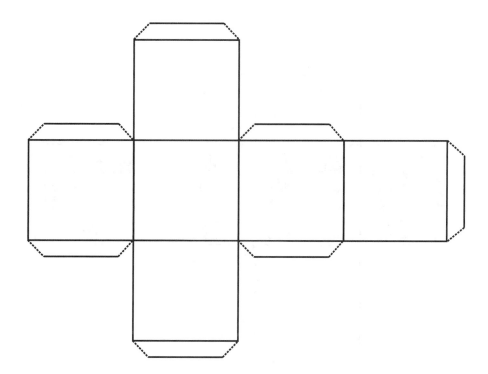

Hanoukka

La fête juive de Hanoukka est célébrée pendant huit jours en novembre ou décembre. Cette fête, également appelée fête de la Dédicace ou des Lumières, commémore, entre autres, le miracle de fiole d'huile. Il y a longtemps, des juifs qui s'étaient réfugiés dans un temple pour éviter leurs ennemis avait une fiole contenant de l'huile pour une journée seulement, mais la flamme a éclairé le temple pendant huit jours.

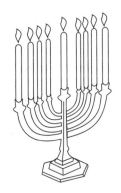

Durant cette fête, on allume une chandelle par jour en partant de la droite vers la gauche. Le chandelier qui est utilisé s'appelle un hanoukkia.

La coutume veut qu'on s'offre des cadeaux durant cette fête. Parmi les cadeaux, on trouve la toupie.

Suis les étapes pour fabriquer une toupie (dreidel).

Reproduis la forme suivante sur du carton épais. Découpe-la et perce un trou dans le cercle noir. Tu peux ajouter de la couleur si tu désires. Plie le cube en te basant sur les lignes. Colle les rabats (là où il y des pointillés). Insère un crayon dans le trou.

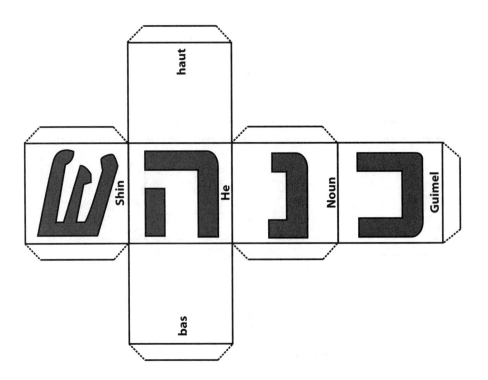

Les règles du jeu :

Chaque joueur reçoit au début de la partie 10 bonbons ou autres petits objets.
Avant de lancer la toupie, chaque joueur met un bonbon au milieu.
Le premier joueur fait tourner la toupie.

Noun (rien) :   le joueur suivant fait tourner la toupie.

Guimel (tout) : le joueur ramasse tous les bonbons au milieu.
Chaque joueur doit mettre un autre bonbon au centre.

He (moitié) :   il ne prend que la moitié des bonbons au centre.
Arrondir au chiffre supérieur, en cas de nombre impair
de bonbons.

Shin (mets) :   le joueur rajoute un bonbon dans le centre.

Le gagnant est celui qui réussit à gagner tous les bonbons !

Les formes de dialogue

Pour bien se comprendre et exposer son point de vue il faut utiliser une ou l'autre des formes de dialogue. Nous te donnons les définitions, associe-les avec la bonne forme de dialogue.

L'entrevue	La discussion	Le débat
La conversation	La délibération	La narration

a) Échange entre deux ou plusieurs personnes dans le but de partager des propos, des idées ou des expériences.

Forme de dialogue : _____

b) Échange suivi et structuré de propos, d'opinions ou d'idées dans le but d'en faire l'examen, d'en considérer tous les aspects.

Forme de dialogue : _____

c) Récit détaillé, oral ou écrit, d'une suite de faits et d'événements précis.

Forme de dialogue : _____

d) Examen minutieux avec d'autres personnes des différents aspects d'une question (des faits, des intérêts en jeu, des normes et des valeurs, des conséquences probables d'une décision, etc.) pour en arriver à une décision commune.

Forme de dialogue : _____

e) Rencontre concertée entre deux ou plusieurs personnes pour en interroger une sur ses activités, ses idées, ses opinions, ses expériences, son expertise, etc.

Forme de dialogue : _____

f) Échange encadré entre des personnes ayant des avis différents sur une situation problématique ou un sujet controversé.

Forme de dialogue : _____

Test final

Test de français

1. Classe les mots suivants dans l'ordre alphabétique.

moteur   camion   vouloir   chanson   femme   avenir

_____

_____

2. Encercle les noms et encadre les déterminants dans les phrases suivantes.

a) Mon amie a mangé des carottes pour dîner.

b) Le voyage était long et pénible.

c) La vache mange de l'herbe dans le pré.

3. Colorie en rouge les noms communs et les noms propres en bleu. Ensuite, réécris la majuscule par-dessus la minuscule si c'est un nom propre.

amour   france   silence   montréal   temps   angleterre

justine   antoine   soulier   année   frédéric   aveugle

4. Écris un ou une devant les mots suivants.

a) _____ soleil   b) _____ chat   c) _____ souris   d) _____ avion

e) _____ assiette   f) _____ école   g) _____ nuit   h) _____ étoile

5. Mets les mots suivants au pluriel.

a) jeu : _____   b) ballon : _____   c) genou : _____

d) oiseau : _____   e) travail : _____   f) sapin : _____

6. Trouve l'antonyme de chacun des mots suivants.

a) gros : _____   b) triste : _____   c) noir : _____

d) laid : _____   e) ami : _____   f) vieux : _____

7. Écris f ou ph pour compléter les mots.

a) ___ leur   b) ___ otographe   c) gira ___ e   d) ___ oque

365

8. Indique si les phrases suivantes sont au passé, au présent ou au futur.

a) Je fais mes devoirs avec Anne-Marie. _____

b) Je serai astronaute quand je serai grande. _____

c) Je suis allé au Portugal l'été dernier. _____

9. Encercle les verbes dans les phrases suivantes.

a) L'ours a mangé le miel de la ruche.

b) Quentin téléphone à son ami Tristan.

c) Anne-Sophie joue au ballon avec Maude.

10. Complète les phrases en te servant du bon mot.

a) ancre ou encre

L' _____ de mon stylo a coulé sur ma chemise.

Le bateau a perdu son _____.

b) mais ou mes

J'aimerais manger des bonbons, _____ ce n'est pas bon pour les dents.

J'ai perdu _____ gants préférés.

11. Écris les jours de la semaine dans l'ordre en commençant par lundi.

_____

_____

12. Encercle les illustrations qui contiennent le son *ou*.

13. Écris le nom de l'objet illustré. Ensuite, encercle le son o dans chacun des mots.

a) _____   b) _____   c) _____

d) _____   e) _____   f) _____

14. Replace les mots dans le bon ordre pour former des phrases qui ont du sens.

a) ballon joue Félix au. _____

b) mange pomme une Marie. _____

c) livre lit Justine un. _____

15. Trouve un mot de la même famille pour chacun des mots suivants.

a) arbre : _____   b) sport : _____   c) soir : _____

16. Écris les mois de l'année dans le bon ordre.

_____

_____

17. Complète les mots suivants en utilisant *an*, *am*, *en* ou *em*.

a) ch _____ pignon   b) d _____ t   c) sept _____ bre

d) abs _____ t   e) g _____ t   f) bl _____ c

g) j _____ bon   h) longt _____ ps   i) m _____ ton

18. Encercle les mots qui ont le son *s* qui se prononce comme *z*.

a) framboise   b) semaine   c) cuisine   d) chemise   e) caresse   f) maison

Test de mathématique

1. Compare les différents ensemble en utilisant <, > ou =.

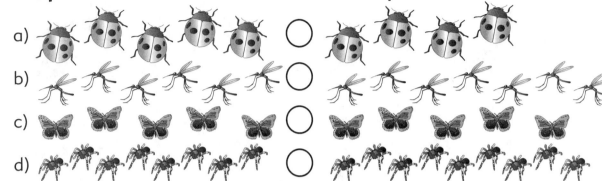

a) ○

b) ○

c) ○

d) ○

2. Fais le total des pièces de monnaie.

a)

b)

c)

3. Colorie seulement les nombres compris entre 0 et 49.

50	81	1	68	39	62
82	67	28	64	44	51
57	61	41	76	23	55
56	75	12	77	5	76
65	70	22	59	49	63
75	69	15	24	49	80
83	74	85	53	33	71
58	84	73	78	37	79
52	66	54	72	11	60

4. Rose a acheté plusieurs vêtements. Classe les vêtements dans l'ordre croissant (du moins cher au plus cher).

14 $ 70 $ 35 $ 11 $ 33 $ 9 $

1 : _____   2 : _____   3 : _____

4 : _____   5 : _____   6 : _____

5. Maria a **10** affiches de son acteur préféré.
Elle en donne **3** à son amie. Combien lui en reste-t-il? _____

6. Adrien a **9** petites voitures. Il en a donné
quelques-unes. Il lui en reste **3**. Combien en a-t-il donné? _____

7. Magalie a **4** ans. Quel âge aura-t-elle dans **7** ans? _____

8. Les parents de Trang ont apporté **9** gâteaux pour la fête
du village. Les parents de Roberto en ont apporté **4**. Les parents
d'Émilie en ont apporté **5**. Combien y a-t-il de gâteaux en tout? _____

9. Effectue les opérations suivantes.

a) 9 + 1 = _____   b) 6 + 6 = _____   c) 9 – 5 = _____   d) 8 – 4 = _____

e) 2 + 9 = _____   f) 7 – 5 = _____   g) 5 + 3 = _____   h) 10 – 7 = _____

10. Partage équitablement les **12** fraises en **4**.

11. Colorie $\frac{1}{4}$ de chaque figure en rouge.

12. Encercle l'objet qui complète la suite.

a)

b)

13. Colorie tous les ballons qui contiennent un nombre impair.

5   8   6   9   7   19   33   14   88   31

14. Écris la suite pour que l'abeille se rende à sa ruche en faisant des bonds de 5.

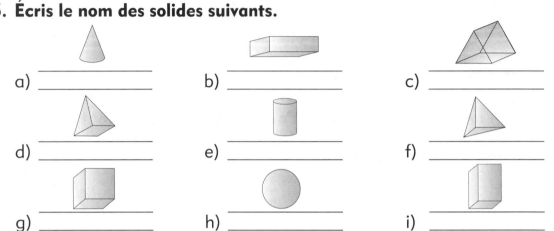

| 10 | | | | 35 | | | | | 70 | | | 90 | |

15. Écris le nom des solides suivants.

a) _____

b) _____

c) _____

d) _____

e) _____

f) _____

g) _____

h) _____

i) _____

16. Dessine les formes suivantes.

a) carré

b) triangle

c) cercle

d) rectangle

17. Dessine les aiguilles pour indiquer l'heure qu'il est.

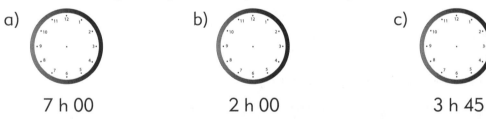

a) 7 h 00

b) 2 h 00

c) 3 h 45

18. Écris la température indiquée sur chaque thermomètre.

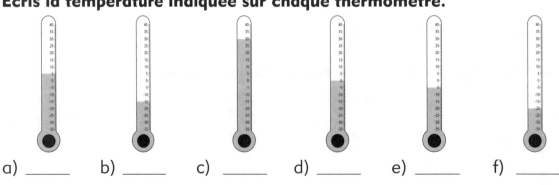

a) _____ b) _____ c) _____ d) _____ e) _____ f) _____

Test d'anglais

1. Écris les jours de la semaine en anglais en commençant par Monday.

_____

2. Écris, en anglais, de quelle couleur sont les objets suivants.

a) le soleil :
_____

b) un nuage :
_____

c) une tomate :
_____

d) une citrouille :
_____

e) le ciel le jour :
_____

f) le ciel la nuit :
_____

3. Écris les parties du corps en anglais.

a) _____

b) _____

c) _____

d) _____

e) _____

f) _____

4. Écris en anglais le nom des moyens de transport suivants.

a) _____

b) _____

c) _____

d) _____

e) _____

f) _____

5. Écris en anglais le nom des quatre saisons.

_____

6. Écris en anglais les formules de politesse.

a) merci :
_____

b) bonsoir :
_____

c) bonne nuit :
_____

Test Science et Éthique et culture religieuse

1. Explique ce que veut dire le pictogramme suivant.

_____

2. Tous les animaux suivants sont carnivores sauf un. Encercle-le.

| girafe | crocodile | lion | lynx | loup |

3. Encercle tous les objets qui flottent.

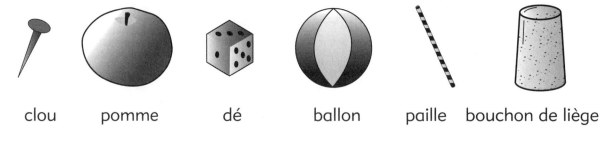

clou   pomme   dé   ballon   paille   bouchon de liège

4. Lequel des éléments suivants est imperméable, c'est-à-dire qu'il ne laisse pas passer l'eau.

papier essuie-tout   filtre à café   bottes de caoutchouc   mitaines de laine

5. Comment s'appelle la fête célébrée par les juifs pendant laquelle on allume une chandelle par jour et qui a lieu en novembre-décembre?

_____

6. Nomme une des formes de dialogue que tu peux utiliser pour mieux communiquer.

_____

Corrigé

Français

Page 44

b et d : cube, o**d**eur, or**d**inateur, **b**onjour, jam**b**on, per**d**u, ra**d**is, ron**d**, **d**écembre, **b**elle, su**d**, ha**b**it, a**d**ieu, **b**oîte, **b**ond. **p et q :** cir**q**ue, **p**omme, **p**oisson, in**q**uiet, jon**q**uille, am**p**oule, cam**p**, musi**q**ue, pi**q**uant, **q**uai, a**p**rès, ca**p**itaine, **p**a**p**a, a**pp**orter, pi**q**ûre. **s et c :** **c**adeau, aus**s**i, **c**aresse, ab**s**ent, i**c**i, lan**c**er, aprè**s**, adre**ss**e, mor**c**eau, a**ss**iette, le**c**ture, maju**s**cule, **s**oulier, **s**or**c**ière, dé**c**embre. **m et n :** **m**e**n**u, u**n**iforme, **m**i**n**ute, a**m**ie, **m**a**m**ie, ba**n**a**n**e, la**m**a, lu**n**e, a**n**a**n**as, **m**a**n**te, to**m**ate, fa**n**é, **n**ylo**n**, ra**m**e, **m**atou. **w et v :** hi**v**er, **w**agon, mau**v**ais, oli**v**e, **W**illiam, ki**w**i, no**v**embre, lou**v**e, clo**w**n, **w**apiti, na**v**ire, locomoti**v**e, la**v**abo, jan**v**ier, **w**ig**w**am. **g et j :** â**g**e, bon**j**our, dé**j**euner, **g**a**gn**ant, ber**g**er, ca**g**e, **j**ouet, **j**upe, tou**j**ours, nei**g**e, **j**ungle, **j**oyeux, dra**g**on, escar**g**ot, **j**ardin.

Page 45

M**a** peti**t**e va**ch**e / Ma petite vache a mal aux pattes / Tirons-la par la queue / Elle deviendra mieux / Dans un jour ou deux... **A**l**ou**e**tt**e / Alouette, gentille Alouette, / Alouette, je te plumerai. / Alouette, gentille Alouette, / Alouette, je te plumerai. / Je te plumerai le bec, / Je te plumerai le bec, / Et le bec, et le bec.

Page 46

a) soulier b) botte c) chapeau d) pantalon
e) jupe f) casquette g) foulard h) chaussette
i) gant j) ballon k) robe l) pantoufle

Page 48

a) pomme b) chat c) cheval d) soleil
e) tomate f) sorcière g) chapeau h) ballon

Page 49

a) chien b) lapin c) coq d) cochon e) âne
f) vache g) poussin h) chat i) canard
j) chèvre k) mouton l) poule

Page 50

a) renard b) ours c) mouffette d) hibou
e) raton laveur f) castor g) renne
h) orignal i) écureuil j) loup

Page 51

Mots cachés : tu travailles fort

Page 52

a) mère b) pomme c) bicyclette d) garçon
e) école f) oiseau g) père h) ballon
i) feuille j) cheval k) étoile l) cœur

m) citrouille n) sorcière o) mouton
p) porte q) avion r) arbre s) piano
t) chat u) chaise

Page 53

a) oiseau b) fenêtre c) porte d) arbre
e) poules f) chat g) vache h) mouton i) chien
j) cheval

Page 55

Livre : 2 fois ; cadeau : 5 fois ; bateau : 4 fois ; auto : 4 fois

Page 56

1. Hibou, caillou, genou, pou, doute, loupe, soupe, coucou, mouchoir, fou, bonjour, cantaloup.
2. Il faut passer par genou, caillou, coup, bouche, mou, souris, trouve, rouge, ours, ouvre, poupée, boule, poule, soupe.

Page 57

3. mot caché : goutte
4. a) hibou b) kangourou c) loup d) genou
e) rouge f) mouton

Page 58

1. a) xylophone b) avion c) pyjama d) fille
e) ami f) lundi g) cycliste h) otarie i) rallye
j) cygne
2. a) souris b) bicyclette e) hibou f) cygne

Page 59

1. **An** : chanter, gant, blanc, janvier **am** : champion, trampoline, bambin, jambon **en** : dent, absent, menton, tente **em** : septembre, longtemps, décembre, trempette
2. a) vent b) ambulance c) décembre
d) blanc e) printemps f) tente g) gants

Page 60

```
                          12
                           A
        8        2 D E C E M B R E
1 O R A N G E        B          14
        A        D   U           T
        N     3 E N V E L O P P E
4 P A N T A L O N    A   I       N
        C            N   N   M   T
        E         5 F R A M B O I S E
                     M       E   N
                6 V A M P I R E   T
                  L   O
              7 K A N G O U R O U
                  N   L
                  G   E
                  U
                  E
```

Page 61

s
samedi
sœur
restaurant
costume
castor
casquette
histoire

ç
suçon
glaçon
leçon
façon
balançoire
garçon
français

Page 62

1. Ce <u>matin</u> j'ai rencontré un <u>lapin</u> sur mon <u>chemin</u>. J'ai voulu lui donner du <u>raisin</u> mais il n'avait pas <u>faim</u>. J'ai voulu l'<u>inviter</u> à faire du <u>patin</u> mais il m'a dit qu'il ne savait pas patiner. Je l'ai <u>invité</u> à jouer dans notre <u>jardin</u>. Il ne pouvait pas, sa maman l'attendait pour prendre son <u>bain</u>. Je lui ai donné rendez-vous <u>demain</u> chez mon <u>cousin</u> pour jouer avec le <u>train</u> électrique qu'il a reçu pour son anniversaire.
2. **In :** bouquin, coussin, festin, jardin, linge, matin, **Ain :** bain, demain, certain, main, pain, train **ein :** ceinture, feindre, frein, geindre, peintre, peinture.

Page 63

3. a) dauphin b) pain c) pinceau d) lapin
e) lutin f) train g) main h) poussin i) sapin
j) singe k) imperméable l) moulin

Page 64

1. mot mystère : ordinateurs

Page 65

2. a) école b) cerveau c) domino
d) aujourd'hui e) chaussure f) haute g) peau
h) museau i) robe j) pauvre k) traîneau
l) vaisseau m) rose n) saumon o) tomate

Page 66

1. a) peigne b) fête c) chaise d) baleine
e) raisin f) rêve g) secret h) cornet i) bête
j) bouquet k) élève l) jouet m) forêt n) saison
o) laine p) lumière q) neige r) père
s) première t) reine

Page 67

2. a) è

chèvre	moto	trois
sapin	règle	fête
jeton	laid	sorcière

b) *ai*

bateau	capitaine	été
lundi	épais	table
tuque	lait	pirate

c) *ê*

école	gâter	trois
rêve	tête	fête
gentil	matin	puce

d) *et*

élève	pomme	poulet
maison	mais	robinet
fou	soir	déchet

e) *ei*

neige	otarie	forêt
reine	même	laine
baleine	nuit	laid

Page 68

1. Les mots avec le son *gu* à colorier en bleu : bague, gigue, guenon, guêpe, guéri, gui, ligue, longue, mangue. Les mots avec le son *gn* à colorier en rouge : baignade, beigne, cigogne, cogner, cygne, gagnant, montagne, signal, vigne.

Page 69

Les mots avec le son *gn* à colorier en rouge : cogner, baignade, cygne, ligne, signet, beignet, montagne, vigne.

Page 70

Les mots avec le son *eu* à colorier en rouge : curieux, lieux, baveux, meunier, peureux, pluvieux, mieux, milieu, banlieue, ceux, lieu, deux, fâcheux, silencieux, dangereux, joyeux, vieux, queue, amoureux, feu, jeu, furieux, malheureux, peu, jeudi, creux, cheveu, bleu, adieu, vaniteux, juteux, pieux.

Page 71

2. Les mots avec le son *eu* comme dans peur : meilleur, bagarreur, intérieur, pleurs, vapeur, ampleur, fleur, beurre, bonheur, peur, professeur, leur, ingénieur. Les mots avec le son *eu* comme dans bleu : silencieux, lieux, cheveu, jeudi, ceux, adieu, deux.

Page 72

1. mot mystère : chocolat

Page 73

1. Il faut passer par : cuisine, cuire, fruit, guide, huile, parapluie, tuile puits, truite, ennui, suite, pluie, cuivre, ruine, luire, suivant, juillet, menuisier, suivre, nuit, enfui, celui, buisson, conduite, cuisinière, suite, guichet.

Page 74

1. nez b) bébé c) écolier d) cahier e) pépin f) soulier g) légume h) papier i) février j) boulanger k) décembre l) janvier
2. *cahier* est relié à *er* ; *nez* est relié à *ez* ; *école* est relié à *é*.

Page 75

1. a) gaffe b) phoque c) affoler d) nénuphar e) différent f) difficulté g) catastrophe h) photographie.
2. **f** : fenêtre, girafe, filet, fête. **ff** : coffret, chauffer, chiffon, bouffon. **ph** : photo, téléphone, phoque, phénomène.

Page 76

1. Il faut passer sur bonsoir, froid, voiture, roi, quoi, voile, avoir, doigt, joie, noir, soir, toi, toile, trois, poil.

Page 77

S qui se prononce comme *z* : chemise, cuisine, framboise, heureuse, maison, raisin, rose, voisin. *S* qui se prononce *s* : caresse, classe, costume, poisson, samedi, saucisse, sel, semaine.

Page 78

1. **C doux** : cigale, racine, cerise, cerf-volant, centaine, cette. **C dur** : copier, carotte, casquette, caresse, canari, escalier.
2. **C doux** : puce, farce, prince, race, face, lacet, bercer, ciel, céleri. **C dur** : carie, colle, caramel, volcan, crocodile, cabane, canard, cru, cube, clou, corps, croustille, crabe, écurie, calme, carotte, croquette, cape, cadeau.

Page 79

1. **G dur** : dragon, galaxie, galette, gratter, gare, garçon. **G doux** : géant, image, gymnastique, magie, girafe, plumage.

Page 80

1. a) crapaud b) bras c) hibou d) soie e) hiver f) chocolat g) gris
2. Il faut passer par mot, loup, lit, gars, gant, gros, regard, brebis, chat, blanc, crapaud, scie, tapis.

Page 81

1. a) bébé b) bête c) café d) chèvre e) cinéma f) crêpe g) décembre h) fenêtre i) fête j) forêt k) océan l) père m) pièce n) poupée o) règle p) rêve q) rivière r) sorcière s) frère t) école
2. a) mère b) être c) zéro d) génie e) pêche f) école

Page 82

3. **Les mots avec un accent circonflexe** : âge, bâton, château, crâne, dégoût, flûte, forêt, gâteau, île, Noël, pêche, râteau. **Les mots avec un accent grave** : bibliothèque, calèche, colère, cuisinière, frère, jambière, lumière, pièce, progrès, règne.
4. **ï** : haïr, maïs **ë** : Joëlle, Noël **é** : légume, métal **ô** : bientôt, hôtel **ù** : où **è** : règle, très **ê** : guêpe, tête **à** : là **î** : connaît, île **û** : flûte, goût **â** : âge, château

Page 83

1. a, e, i, o, u, y
2. **Une souris verte** Une souris verte qui courait dans l'herbe / Je l'attrape par la queue / Je la montre à ces messieurs. / Ces messieurs me disent : / trempez-la dans l'huile, / trempez-la dans l'eau / Ça fera un escargot tout chaud / Je la mets dans mon chapeau / Elle me dit qu'il fait trop chaud. / Je la mets dans mon tiroir / Elle me dit qu'il fait trop noir. / Je la mets dans ma culotte / Elle me fait trois petites crottes. / Je la mets là dans ma main / Elle me dit qu'elle est très bien.
3. **Jamais on n'a vu** Jamais on n'a vu, vu, vu / Jamais on ne verra, ra, ra, / La queue d'une souris / Dans l'oreille d'un chat.

Page 84

4. a) agitation b) beaucoup c) moineau d) silencieux e) roman f) domino g) sauterelle h) cygne i) menuisier j) chapeau
6. aimer, carotte, balançoire, coquillage, chou, eau, cycliste, gai, mignon, yeux, plume, vingt

Page 85

1. a) 4 b) 5 c) 2 d) 2 e) 3 f) 3 g) 2 h) 5 i) 4 j) 1 k) 1 l) 3
2. hi/bou, au/cun, ci/tron, li/vre, é/cu/reuil, fram/boi/se, ins/tru/ment, au/to, sor/ci/è/re, gym/nas/ti/que, haut, nei/ge, to/ma/te, mi/gnon/ne, jo/lie, mir/oir
3. logis, piquant, saumon, raisin

Page 86

4. a) 3 b) 1 c) 3 d) 2 e) 2 f) 2 g) 2 h) 2 i) 2 j) 2 k) 3 l) 1 m) 3

Page 87

1. a) papa b) Caroline c) Chicoutimi d) pain e) Marc f) Fido
2. **Majuscule :** Marie, Paul, Mathieu, Antoine **Minuscule :** vache, maman, chien, chaise
3. a) majuscule b) minuscule c) minuscule d) majuscule e) minuscule f) majuscule

Page 88

4.

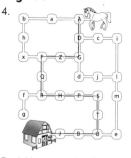

5. a) Mon amie Amélie est en voyage en Floride. b) Mon frère Mario vit au Manitoba.

Page 89

1. a) abc b) fgh c) lmn d) rst e) uvw f) def g) pqr h) jkl i) nop j) xyz
2. a) abc b) def c) ghi d) jkl e) mno f) pqr g) uvw h) xyz
3. a) d b) t c) n d) p e) f x g) s h) r i) c j) q
4. a) i b) k c) y d) n e) w f) e g) f h) g i) j j) t
5. a) f b) u c) y d) j e) w

Page 90

6. a) d b) o c) y d) q
7. ami, chat, garçon, maman, ordinateur, papa

Page 91

1. <u>Marie mange une pomme.</u> Il manquait la majuscule et le point.
2. Mes amis sont partis en vacances à Gaspé<u>.</u>
3. La phrase a) ne contient pas d'erreur. Dans b) le point est manquant et dans c) il faut un majuscule à Afrique.

Page 92

1. a) faux b) vrai c) vrai d) vrai e) vrai f) faux
2. a) le matin b) le midi c) le soir d) le matin, le midi et le soir
3.

Page 94

2. a) samedi b) mardi c) vendredi d) mardi e) dimanche f) mercredi g) jeudi
3. Lundi, mardi, mercredi, jeudi, vendredi, samedi, dimanche
4. a) jeudi b) mardi c) dimanche d) samedi e) mercredi f) lundi g) vendredi

Page 95

1. a) décembre b) octobre c) mars d) juin
2. a) février b) décembre c) mars d) septembre
3. janvier, février, mars, avril, mai, juin, juillet, août (ou aout*), septembre, octobre, novembre, décembre
4. février, juin, août, novembre

Page 97

1. **Printemps :** mars, avril, mai, juin **Été :** juin, juillet, août (ou aout*), septembre **Automne :** septembre, octobre, novembre, décembre **Hiver :** décembre, janvier, février, mars
2. a) printemps b) hiver

Page 98

3. a) été b) automne c) printemps d) hiver
4. a) faux b) vrai c) vrai d) faux e) vrai f) vrai g) faux h) vrai i) faux

Page 99

3. a) dans b) à côté ou à droite c) derrière

Page 101

6.

Page 104

2. a-4, b-5, c-2, d-8, e-3, f-7, g-1, h-6
3. **Fruits :** pomme, banane, orange, kiwi **Légumes :** carotte, tomate, citrouille, céleri

Page 105

1. 1. œil 2. nez 3. bras 4. jambe 5. orteil 6. oreille 7. bouche 8. main 9. genou 10. pied
2.

Page 106

1. La vue est reliée à l'œil. L'odorat est relié au nez. Le goût est relié à la bouche. Le toucher est relié à la main. L'ouïe est reliée à l'oreille.

Page 107

1. 1. frein 2. selle 3. porte-bagages 4. roue 5. dérailleur 6. guidon 7. pneu 8. pédale

Page 108

1. 1. webcaméra 2. écran 3. clavier 4. lecteur 5. haut-parleurs 6. souris 7. tapis de souris
2. 1. bouclier 2. bâton 3. masque 4. mitaine 5. jambière 6. patins

Page 109

1. a) botte b) chapeau c) souliers d) chemise e) manteau f) gant g) tuque h) robe i) jupe j) pantalon k) pantoufle l) mitaine

Page 111

2. a) rose b) rouge c) jaune d) vert e) violet f) brun g) noir h) gris i) blanc
3. Il faut souligner grise, blanche, noire et jaune

Page 113

1. **Animaux de la ferme :** poule, cochon, vache, mouton, cheval **Animaux de nos forêts :** moufette, raton laveur, faisan, renne, orignal **Animaux de la jungle :** lion, girafe, perroquet, éléphant, rhinocéros

Page 115

1. a) flûte b) maracas c) violon d) batterie e) piano f) xylophone g) guitare h) banjo i) trompette

Page 116

1. a) Hercule b) tapis c) désaccord d) j'aime e) vitesse f) fatigué g) foyer

Page 117

2. cadeau rime avec château ; jonquille rime avec quille ; garçon rime avec leçon ; lunettes rime avec trompette ; trottoir rime avec voir ; carotte rime avec marmotte ; amoureux rime avec joyeux ; août rime avec loup
3. a) maison b) abeille c) genou d) joyeux e) jeudi f) raconter g) bassine

Page 118

1. absent est relié à présent ; rien est relié à tout ; adresse est relié à maladresse ; jeune est relié à vieux ; mouillé est relié à sec ; blanc est relié à noir ; bien est relié à mal ; oui est relié à non
2. a) vrai b) vrai c) faux d) faux e) vrai f) vrai

Page 119

3. Les chaise à encercler sont b) c) e) g) et h).

Page 120

4. Les contraires sont : gauche et droite ; endormi et éveillé ; devant et derrière ; faible et fort ; sous et sur ; aimer et détester.

Page 121

1. a) la b) les c) l' d) la e) les f) les g) l' h) la i) le j) le k) le l) les
2. a) une b) une c) un d) un e) les f) les g) un h) les i) les j) une
3. Le lundi et le mardi je vais à <u>mon</u> cours <u>de</u> piano. <u>Le</u> professeur m'enseigne <u>une</u> sonate. C'est difficile mais je travaille fort. Je m'exerce souvent pour apprendre par cœur <u>ce</u> morceau <u>de</u> musique.

Page 122

4. bataille est relié à la ; cafetière est relié à la ; frère est relié à le ; loup est relié à le ; fenêtre est relié à la ;
5. a) la b) l' c) la d) le e) la f) la g) l' h) la i) le j) le k) le l) le m) le n) la o) la p) le q) le r) l' s) la t) l'
6. déterminants féminins : la, une, cette déterminants masculins : le, un, ce.

Page 123

1. **Masculin :** poisson, nez, pirate, autobus **Féminin :** sorcière, pomme, neige, horloge
2. Les mots féminins sont : mère, pomme, table, sorcière, souris, maison, bicyclette, robe, nouvelle, heureuse
3. a) <u>Ma sœur</u> mange <u>une pomme</u>. b) Mon frère et <u>ma cousine</u> font du patin à <u>roues alignées</u>. c) <u>Ma tante</u> me donne un cadeau pour mon anniversaire. d) <u>Ma chatte</u> a eu des petits.

Page 124

4. a) mouton, brebis b) lion, lionne c) chat, chatte d) chien, chienne e) cheval, jument f) poule, coq
5. a) directrice b) boulangère c) vendeuse d) infirmière e) mécanicienne f) enseignante g) danseuse h) chanteuse i) illustratrice j) écrivaine

Page 125

6. a) la b) la c) la d) le e) le f) le g) le h) le i) le j) le
7. Il faut passer par souris, banane, laitue, patate, carotte, tomate, bonne, blanche, belle, forte, femme, fille, sœur, botte, mitaine, chemise

Page 126

8. a) La b) Les c) Les d) La e) Les
9. Les mots pluriels sont maisons, poissons, châteaux, rivaux, sorcières, fleurs, hiboux
10. a) dragons b) jumeaux c) coraux
d) carottes e) poux f) feux

Page 127

11. assiette est relié à assiettes; genou est relié à genoux; journal est relié à journaux; kangourou est relié à kangourous; singe est relié à singes
12. **Singulier** : robinet, lavabo, feu, chapeau
Pluriel : olives, oiseaux, peurs, géants
13. a) Mes amis m'ont donné des billes.
b) Les chats de la voisine viennent chez nous. c) Les ballerines ont donné un bon spectacle. d) Ma mère achète des bas de laine à mes frères.

Page 128

14. a) chaton b) caillou c) travail d) souris
e) grand-mère f) prix
15. a) La mitaine rouge. b) Le tableau
c) Le bon gâteau
16. a) arbres b) barreaux c) oiseaux
d) cailloux e) gâteaux f) peaux

Page 129

17. Les mots au pluriel sont amis, écoles, chèvres, ciseaux, hiboux, boîtes, étoiles, légumes, chemins, tomates, cirques, timbres

Page 130

1. a) Nous b) Elles c) Il d) Elle e) Ils
2. a) Elles b) Tu c) Je d) Vous e) Nous

Page 131

1. a) voici b) toujours c) chez d) dans e) très
f) pour g) jamais h) près

Page 132

1. **Noms propres** : Nathalie, Italie, Espagne, Mathieu, Coralie, Fido, Mario **Noms communs** : arbre, école, maman, auto, craie, papa, oiseau, tableau, chien

Page 133

2. a) Antoine mange une salade de fruits.
b) Mon amie Diane fait du ski alpin. c) Mon frère et ma sœur sont en voyage aux États-Unis. d) Ma chatte Princesse a eu des chatons. e) Grand-maman cultive des roses dans son jardin.
3. a) Le chien dort dans sa niche. b) Les chanteuses chantent à l'unisson. c) Les vaches sont dans l'étable. d) Les enfants jouent dans la cour d'école. e) Ma sœur achète des citrons à la fruiterie. f) Il y a douze beignes dans une boîte.

Page 134

1. a) présent b) futur c) présent d) passé
e) passé f) passé g) présent h) présent
i) futur j) passé k) présent l) présent m) futur

Page 135

2. Les verbes sont marcher, regarder, lire, écouter, marcher, démolir, recevoir, écrire, rouler, manger.
3. a) Je vais à l'école tous les jours de la semaine. b) Il mange une banane. c) Elle regarde la télévision. d) Tu es le meilleur défenseur de ton équipe. e) Nous savons par cœur le poème que nous devons réciter.
f) Vous jouez de la flûte à bec. g) Elles jouent au ballon. h) Je lis une bande dessinée.

Page 136

4. Les verbes sont : regarder, écouter, marcher, lire, courir, écrire, jouer.

Page 137

5. a) L'acrobate se balance dans les airs.
b) Les deux petits chiens dansent. c) Le clown fait des grimaces. d) Le tigre saute au travers un cerceau. e) Les spectateurs applaudissent les vedettes du cirque. f) L'éléphant se couche sur le sol. g) Les chevaux font la révérence. h) L'ours grimpe dans une échelle.
i) L'homme fort soulève un cheval. j) Les enfants mangent du maïs soufflé durant le spectacle. k) Les enfants rient des blagues du clown. l) Le dompteur présente son lion.

Page 138

1. a) hibou b) matin c) maman d) grave
2. détaché, détachant, détacheur, détachement, etc.
3. pardonner, pardon et pardonnable; copier, copie et copieur; insecticide, insecte et insectarium; rondelle, rond et arrondir; chefferie, chef et cheftaine; parachutiste, parachute et parachutage.

Page 139

4. a) baleine b) ours c) lion d) renard
e) éléphant f) chat g) louve h) porc
5. a) nuageux b) hauteur c) tigresse
d) soirée e) sportif f) froideur g) fillette
h) oreiller) deuxième j) longueur

Page 140

a) Mon père a planté un pin dans le jardin. Ma sœur n'aime pas le **pain** blanc b) J'ai mis de l'**encre** dans ma plume. Le bateau a jeté l'**ancre**. c) J'ai perdu beaucoup de **sang**. J'ai **cent** timbres dans ma collection.
d) J'ai mis mes sous **dans** ma tirelire. La fée des **dents** a laissé de l'argent sous mon oreiller. e) J'ai bu de l'**eau**. Le sommet de la montagne est **haut**. f) L'oiseau bat des **ailes**. **Elle** mange une pomme.

Page 141

2. a) haut b) foie c) aile d) coup e) voix f) son
g) chant h) cette i) nid j) scie k) sang l) chaîne

Page 142

1. a) comique, drôle b) triste, malheureux
c) bonbon, friandise d) énorme, gros
e) petit, minuscule f) affreux, laid

Page 143

2. a) minuscule b) jolie c) aimable
d) épuisée e) camarade f) monté
3. a) laid b) triste c) blanc d) sale e) fermé
f) vide g) jeune h) chauve i) non j) garçon
k) mauvais l) endormi m) jamais n) droite
o) derrière p) mal q) faible r) sous s) détester
t) nuit u) pâle v) vieux w) descendre
x) dedans

Page 144

1. a-3; b-6; c-1; d-5; e-2; f-7; g-4

Page 145

2. a) Laura prend des cours de danse.
b) Émile joue au soccer. c) Kelly-Ann dessine une maison rouge. d) Francis caresse son chat. e) Estelle mange des légumes.
f) Pascal marche sur un fil. g) Clémence a de belles tresses blondes. h) Philippe lit une bande dessinée. i) Bianca dort dans son lit.
j) André nage dans le lac. k) Marie fait du ski. l) Loïc aide sa mère. m) Léa va au cinéma. n) Julien marche avec son chien.
o) Zoé parle au téléphone. p) Alexis fait de la peinture.

Page 146

3. a) Germain lance une balle. b) Éva paie à la caisse. c) Justine fait du ski. d) Léo se lave les mains. e) Gilles plante des fleurs. f) Alex étudie ses leçons.

Page 148

1. a) Elle trouva refuge entre deux édifices.
b) Elle avait peur de se faire battre par son père. c) Elle a vu un poêle à bois qui dégageait une douce chaleur. d) Elle a vu sa grand-mère.

Page 151

4. a) lionceau b) 7 kilos c) le roi des animaux d) 20 heures e) au bruit du tonnerre f) la lionne g) 150 à 238 kilos

Page 152

5. Il faut numéroter les illustrations dans l'ordre suivant : 5, 1, 4, 2, 3

Page 157

1. Les mots à donner en dictée sont en gras. Il y a longtemps, le **chien** était la seule créature qui pouvait parler. Il a alors révélé tous les **secrets** de la création. Voyant que le chien ne pouvait garder un secret, le Créateur a pris la minuscule **queue** du chien et l'a mise dans sa **bouche**. Puis, le Créateur a pris la longue langue du chien et l'a mise à la place de sa queue. C'est **pourquoi** maintenant, quand le Chien veut **vous** dire quelque **chose**, il remue la queue.
2. chat, ami, crayon, grosse, sorcière, porte, regarde, mange, magie, courte, glace, feuille, nez, corps, jamais, je sais, oui, non, dix, janvier, mes, les, pas, il y a

Page 158

a) lion b) requin c) poussin d) vache
e) renard f) bonhomme de neige g) clown
h) citrouille

Mathématique

Page 161

1. a) sept b) cinq c) quatre d) neuf e) trois
f) deux g) dix h) un i) huit j) six

Page 162

1. a) 10 b) 1 c) 4 d) 7 e) 9 f) 2 g) 5 h) 6
i) 3 j) 8

Page 163

1.

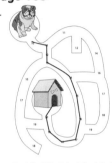

2. 11, 12, 13, 14, 15, 16, 17, 18, 19, 20
3. a) 15 b) 11 c) 20 d) 18

Page 164

1. a) 26 b) 20, 21, 22, 23, 24, 25, 27, 28, 30
c) 20, 21, 22, 23, 24, 25, 26, 27, 28, 29, 30

Page 165

1. Une fusée
2. a) 35 b) 30 c) 39 d) 38
3. 30, 31, 32, 33, 34, 35, 36 37, 38, 39, 40
4. 40, 39, 38, 37, 36, 35, 34, 33, 32, 31, 30

Page 166

1. 43, 46, 49
2. 41, 42, 43, 44, 45, 46, 47, 48, 49, 50
3. a) 43 b) 41, 43 c) 44 d) 45 e) 49 f) 46,
48 g) 41 h) 48, 50 i) 39 j) 43

Page 167

1.

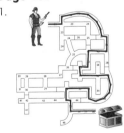

Page 168

1. Un dinosaure

Page 170

1. Avant : a) 39 b) 47 c) 29 d) 60 e) 79 f) 19
Entre : a) 62 b) 60 c) 73 d) 49 e) 72 f) 28
Après : a) 60 b) 71 c) 48 d) 64 e) 26 f) 9
2. 53, 54, 55, 56, 57, 58, 59, 60, 61, 62,
63, 64, 65, 66, 67, 68, 69, 70, 71, 72, 73,
74, 75, 76, 77, 78, 79, 80, 81, 82, 83, 84,
85, 86, 87, 88, 89
3. 77, 76, 75, 74, 73, 72, 71, 70, 69, 68,
67, 66, 65, 64, 63, 62, 61, 60, 59, 58, 57,
56, 55, 54, 53, 52, 51, 50, 49, 48, 47, 46,
45, 44, 43, 42, 41, 40, 39, 38, 37, 36, 35,
34, 33, 32, 31

Page 171

1. a) 75, 76, 77, 78, 79, 80, 81, 82, 83 b)
35, 36, 37, 38, 39, 40, 41, 42, 43 c) 84,
85, 86, 87, 88, 89, 90, 91, 92 d) 59, 60,
61, 62, 63, 64, 65, 66, 67 e) 90, 91, 92,
93, 94, 95, 96, 97, 98
2. le chiffre 7

Page 173

1. Il faut suivre les nombres 2, 4, 6, 8…
jusqu'à 54 pour se rendre à l'arrivée.
2. 31, 33, 35, 37, 39, 41, 43, 45, 47, 49,
51, 53, 55, 57, 59, 61, 63, 65, 67, 69

Page 174

1. Une chauve-souris
2. 40, 45, 50, 55, 60, 65, 70, 75

Page 175

1. 10, 20, 30, 40, 50, 60, 70, 80, 90, 100,
110, 120, 130, 140, 150, 160, 170, 180,
190, 200, 210, 220, 230, 240, 250, 260,
270, 280, 290

Page 176

1. f, b, d, e, a, c
2. a) 34, 37, 46, 65, 66, 82, 90 b) 28, 38,
59, 69, 72, 76, 84, 86, 87, 92
c) 17, 26, 40, 51, 62, 66, 71, 93, 96, 99
d) 11, 20, 34, 41, 53, 56, 78, 84, 94, 95

Page 177

3. a) 23, 51, 65, 72, 78, 84, 95. 100 b) 12,
35, 54, 65, 66, 75, 89, 99 c) 12, 30, 36,
45, 52, 61, 67, 99 d) 12, 31, 35, 55, 62,
88, 95
4. Il faut passer par 10, 11, 12, 13, 14, 15,
16.

Page 178

1. a)10 de carreau, 9 de carreau,
7 de carreau, 6 de carreau, 4 de carreau,
2 de carreau
b)10 pique, 9 de pique, 7 de pique, 6 de
pique, 2 de pique, as de pique
2. disques, timbres, cuillers, poupées,
peluches, livres

Page 179

1. autos : 2 dizaines et 2 unités, ciseaux :
1 dizaine et 2 unités, ballons : 1 dizaine et
3 unitéslivres : 2 dizaines et 4 unités
2. 5 groupements de 10

Page 180

3. a) 5 dizaines et 8 unités b) 3 dizaines et
6 unités c) 1 dizaine et 7 unités d) 7 dizaines
et 4 unités e) 6 dizaines et 8 unités
f) 3 dizaines et 0 unité

Page 181

4.

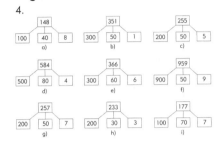

5. 8 dizaines et 8 unités

Page 182

6. a) 2 dizaines et 2 unités b) 3 dizaines et
7 unités c) 6 dizaines et 4 unités d) 1 dizaine
et 2 unités e) 4 dizaines et 7 unités
f) 5 dizaines et 5 unités

Page 183

7. a) 2 centaines, 3 dizaines et 5 unités
b) 4 centaines, 8 dizaines et 8 unités
c) 5 centaines, 7 dizaines et 3 unités
d) 7 centaines, 2 dizaines et 1 unité
e) 1 centaine, 9 dizaines et 3 unités
f) 3 centaines, 3 dizaines et 3 unités
g) 3 centaines, 7 dizaines et 5 unités
h) 4 centaines, 2 dizaines et 2 unités

Page 184

8. 55 = 5 dizaines et 5 unités ; 49 =
4 dizaines et 9 unités ; 32 = 3 dizaines et
2 unités ; 77 = 7 dizaines et 7 unités ;
99 = 9 dizaines et 9 unités
9. a) **5** dizaines et 7 unités b) 2 dizaines et **1**
unité c) 4 dizaines et **4** unités d) **3** dizaines
et 2 unités

Page 185

10. a) 27 b) 77 c) 15 d) 34 e) 19 f) 74 g) 93
h) 57 i) 81 j) 12 k) 63 l) 25 m) 61 n) 43
11. a) 34 + 62 = 96 b) 24 + 34 = 58
c) 21 + 31 = 52

Page 186

12. a) 159 b) 32 c) 50 d) 113
13. a)1 dizaine et 7 unités b) 1 dizaine et
9 unités
14. 77 et 57, par exemple
15. 31 et 36, par exemple

Page 187

17. 4 dizaines et 2 unités

Page 188

1. Il faut passer par 2, 4, 6, 8, 10, 12, 14, 16, 18, 20, 22, 24, 26, 28, 30, 32, 34, 36, 38, 40

Page 189

2. Il faut passer par 2, 6, 14, 22, 36, 44, 48, 56, 92, 84, 70, 66, 6, 4, 22, 34, 40, 8, 10, 78, 80
3. 2, 4, 6, 8, 10
4. 2, 4, 6, 8, 10, 12, 14, 16, 18, 20, 22, 24, 26, 28

Page 190

1. Un scorpion
2. 1, 3, 5, 7, 9, 11, 13, 15, 17, 19, 21, 23, 25, 27, 29, 31, 33, 35, 37, 39
3. 1, 3, 5, 7, 9

Page 191

4. b, d, e, g

Page 192

1. b) 4 + 1 = 5 c) 2 + 2 = 4 d) 5 + 3 = 8 e) 3 + 2 = 5 f) 7 + 2 = 9

Page 193

2. a) 1 + 1 = 2 b) 2 + 2 = 4 c) 3 + 1 = 4 d) 2 + 0 = 2 e) 5 + 2 = 7 f) 3 + 3 = 6 g) 5 + 4 = 9 h) 4 + 3 = 7 i) 8 + 2 = 10 j) 9 + 1 = 10 k) 7 + 3 = 10 l) 5 + 5 = 10 m) 6 + 3 = 9 n) 6 + 2 = 8 o) 3 + 5 = 8 p) 4 + 4 = 8

Page 194

3. a) 5 b) 7 c) 11 d) 8 e) 10 f) 11 g) 13 h) 12 i) 7 j) 13 k) 10 l) 9
4. 2
5.

a) 7 + 3 = **10**
\+ + +
4 + 4 = 8
11 + 7 = 18

b) 1 + 6 = **7**
\+ + +
2 + 4 = 6
3 + **10** = **13**

c) 1 + 9 = **10**
\+ + +
5 + 6 = **11**
6 + **15** = **21**

d) 4 + 3 = **7**
\+ + +
1 + 0 = **1**
5 + **3** = **8**

e) 4 + 6 = **10**
\+ + +
8 + 1 = **9**
12 + **7** = **19**

f) 6 + 7 = **13**
\+ + +
1 + 3 = **4**
8 + **10** = **17**

Page 196

7.

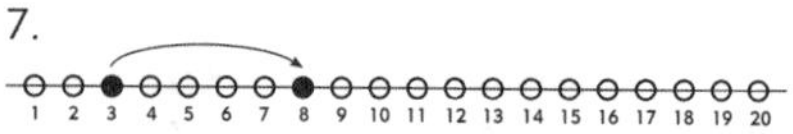

a) 3 + 5 = 8

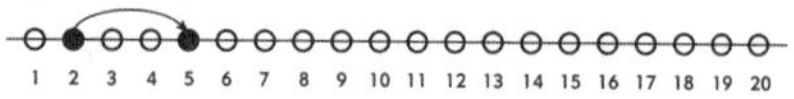

b) 2 + 3 = 5

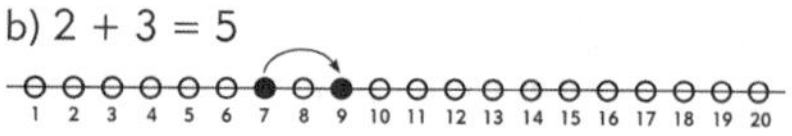

c) 7 + 2 = 9

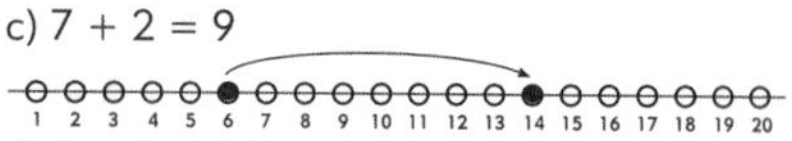

d) 6 + 8 = 14

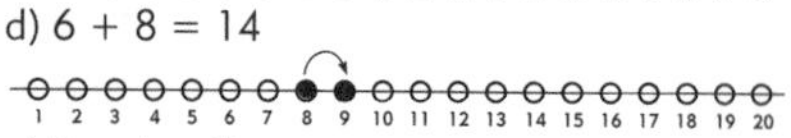

e) 8 + 1 = 9

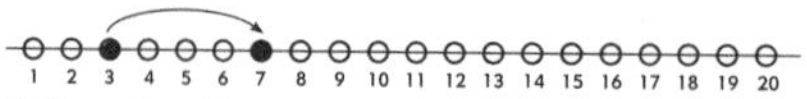

f) 3 + 4 = 7

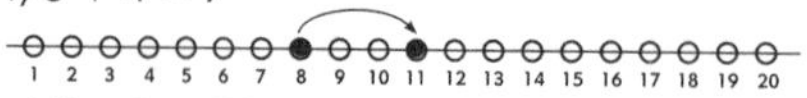

g) 8 + 3 = 11

Page 197

8. 3 + 4 = 7
9. 7 + 7 = 14
10. 9 + 3 = 12
11. Aurélie: 10 + 8 = 18 Océane: 5 + 3 = 8

Page 198

12. 3 + 3 = 6
13. a) 2 + 1 + 3 + 2 + 4 + 1 = 13 b) 1 + 2 + 4 = 7 c) 2 + 3 + 1 = 6 d) 2 + 1 + 3 + 2 = 8 e) 2 + 1 = 3

Page 199

14. a) 9 + 1 + 2 = 12 b) 3 + 6 + 2 = 11 c) 3 + 3 = 6 d) 4 + 3 = 7 e) 3 + 1 + 3 = 7 f) 3 + 7 = 10 g) 6 + 3 = 9 h) 4 + 4 = 8 i) 1 + 8 + 1 = 10 j) 1 + 2 + 3 = 6
15.

7	9	8	10	6	5
7+0	9+0	8+0	10+0	6+0	5+0
6+1	8+1	7+1	9+1	5+1	4+1
5+2	7+2	6+2	8+2	4+2	3+2
4+3	6+3	5+3	7+3	3+3	
	5+4	4+4	6+4		
			5+5		

3	12	14	16
3+0	12+0	14+0	16+0
2+1	11+1	13+1	15+1
	10+2	12+2	14+2
	9+3	11+3	13+3
	8+4	10+4	12+4
	7+5	9+5	11+5
	6+6	8+6	10+6
		7+7	9+7
			8+8

Page 200

16. a) 63 b) 69 c) 99 d) 67 e) 40 f) 99 g) 86 h) 79 i) 68 j) 36 k) 79 l) 99 m) 88 n) 67 o) 77 p) 48
17.

a)

	+	→
49	7	56
+ ↓ 23	1	24
72	8	80

b)

	+	→
51	3	54
+ ↓ 21	3	24
72	6	78

c)

	+	→
30	7	37
+ ↓ 40	2	42
70	9	79

d)

	+	→
22	6	28
+ ↓ 12	7	19
34	13	47

Page 201

18.

a) 20 + 7
20 + 7
40 + 14 = 54

b) 20 + 6
40 + 6
60 + 12 = 72

c) 20 + 6
10 + 9
30 + 15 = 45

d) 10 + 7
10 + 8
20 + 15 = 35

e) 10 + 9
10 + 6
20 + 15 = 35

f) 50 + 9
10 + 1
60 + 10 = 70

g) 60 + 9
20 + 6
80 + 15 = 95

h) 20 + 8
10 + 4
30 + 12 = 42

i) 40 + 7
30 + 7
70 + 14 = 84

j) 40 + 6
20 + 4
60 + 10 = 70

k) 50 + 8
20 + 8
70 + 16 = 86

l) 20 + 5
30 + 7
50 + 12 = 62

19. b) 100 c) 62 d) 91 e) 40 f) 71 g) 31 h) 50 i) 64 j) 91 k) 70 l) 84

Page 202

1. b) 4 - 1 = 3 c) 2 - 2 = 0 d) 5 - 3 = 2 e) 3 - 2 = 1 f) 7 - 2 = 5

Page 203

2. a) 5 - 1 = 4 b) 2 - 2 = 0 c) 3 - 1 = 2 d) 4 - 2 = 2 e) 5 - 2 = 3 f) 7 - 2 = 5 g) 5 - 4 = 1 h) 4 - 3 = 1 i) 8 - 2 = 6 j) 9 - 8 = 1 k) 7 - 3 = 4 l) 5 - 3 = 2 m) 6 - 3 = 3 n) 6 - 2 = 4 o) 10 - 6 = 4 p) 8 - 3 = 5

Page 204

3.

- ↓	**7**	**8**	**6**	**9**	**14**	**13**	**10**	**12**	**11**
2	5	6	4	7	12	11	8	10	9
3	4	5	3	6	11	10	7	9	8
5	2	3	1	4	9	8	5	7	6
1	6	7	5	8	13	12	9	11	10
6	1	2	0	3	8	7	4	6	5
4	3	4	2	5	10	9	6	8	7

4.

5 - 1 = 4	6 - 1 = 5	8 - 7 = 1
6 - 2 = 4	10 - 5 = 5	10 - 1 = 9
9 - 7 = 2	4 - 1 = 3	5 - 3 = 2
7 - 2 = 5	9 - 6 = 3	7 - 5 = 2
7 - 6 = 1	9 - 4 = 5	6 - 4 = 2
3 - 2 = 1	5 - 2 = 3	10 - 4 = 6
8 - 6 = 2	4 - 3 = 1	7 - 1 = 6
10 - 8 = 2	9 - 3 = 6	10 - 3 = 7
10 - 2 = 8	8 - 5 = 3	8 - 3 = 5
8 - 2 = 6	10 - 7 = 3	9 - 5 = 4
8 - 4 = 4	9 - 2 = 7	7 - 3 = 4
5 - 4 = 1	6 - 3 = 3	7 - 7= 0
9 - 1 = 8	4 - 2 = 2	10 - 6 = 4
9 - 8 = 1		

Page 205

5. a) 3 b) 3 c) 5 d) 4 e) 4 f) 7 g) 3 h) 6 i) 5 j) 7 k) 1 l) 2
7.

a)

-							
	8	4	10	7	5	6	9
	3	2	7	5	1	3	5
	5	2	3	2	4	3	4

b)

-							
	8	4	10	7	5	6	9
	2	1	5	3	4	5	4
	6	3	5	4	1	1	5

c)

-							
	10	7	8	6	9	5	4
	3	4	6	4	7	2	4
	7	3	2	2	2	3	0

Page 207

9.

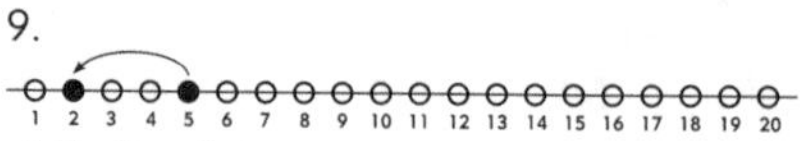

a) 5 - 3 = 2

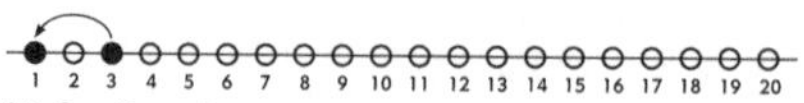

b) 3 - 2 = 1

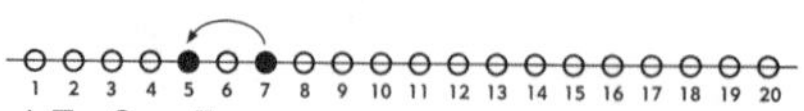

c) 7 - 2 = 5

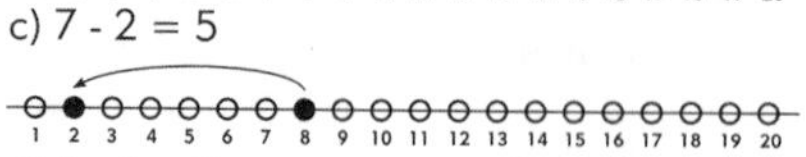

d) 8 - 6 = 2

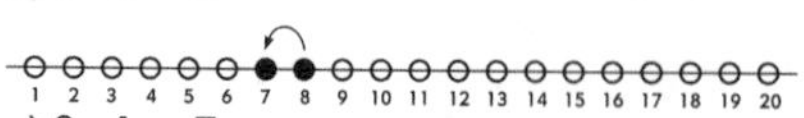

e) 8 - 1 = 7

f) 5 - 4 = 1

g) 4 - 2 = 2

h) 9 - 5 = 4

i) 8 - 3 = 5

Page 208
10. 7 - 5 = 2
11. 10 - 4 = 6
12. 10 - 7 = 3
13. 8 - 3 = 5
14. 8 - 6 = 2

Page 209
15. 10 - 4 - 1 = 5
16. 9 - 4 = 5
17. 10 - 4 = 6
18. 8 - 2 = 4

Page 210
19. a) 9 - 1 - 3 = 5 b) 6 - 2 - 2 = 2
c) 9 - 3 = 6 d) 7 - 3 = 4 e) 9 - 3 - 4 = 2
f) 8 - 7 = 1 g) 8 - 4 = 4 h) 6 - 2 = 4
i) 10 - 4 - 5 = 1 j) 5 - 2 - 3 = 0
20.

1	3	5	2	4	6
10 - 9	10 - 7	10 - 5	10 - 8	10 - 6	10 - 4
9 - 8	9 - 6	9 - 4	9 - 7	9 - 5	9 - 3
8 - 7	8 - 5	8 - 3	8 - 6	8 - 4	8 - 2
7 - 6	7 - 4	7 - 2	7 - 5	7 - 3	7 - 1
6 - 5	6 - 3	6 - 1	6 - 4	6 - 2	6 - 0
5 - 4	5 - 2	5 - 0	5 - 3	5 - 1	
4 - 3	4 - 1		4 - 2	4 - 0	
3 - 2	3 - 0		3 - 1		
2 - 1			2 - 0		
1 - 0					

Page 211
22. a) 58 b) 29 c) 44 d) 35 e) 565 f) 19
g) 15 h) 16

Page 212
1. a) - b) + c) - d) + e) + f) - g) + h) - i) - j) -
2. a) - b) + c) + d) - e) - f) - g) +

Page 213
1. a) 6 b) 6
2. a) 4 b) 3
3. a) les deux ensembles de trois poussins
b) les deux ensembles de sept bateaux

Page 214
4. a) 7 b) 36 c) 17 d) 8
5. a) 100 b) 80 c) 99 d) 71
6. a) 15 b) 53 c) 73 d) 66

Page 215
7. a) 8 < 9 b) 6 = 6 c) 4 < 6 d) 10 > 8
e) 9 = 9 f) 6 > 5

Page 216
8. a) 56 > 26 b) 94 > 36 c) 30 = 30
d) 10 < 11 e) 41 > 30 f) 24 > 23
g) 97 < 98 h) 9 > 7 i) 37 > 35 j) 22 = 22
k) 57 < 95 l) 41 < 42 m) 100 = 100
n) 51 < 85 o) 12 > 9 p) 97 > 85
q) 66 > 65 r) 74 = 74
9. 46, 47, 48, 49
10. 91, 92, 93, 94, 95, 96, 97, 98, 99

Page 217
11. a) il faut dessiner 7 ballons. b) Il faut
dessiner 5 ballons ou plus. c) Il faut dessiner
1 ou 2 ballons. d) Il faut dessiner 7 ballons.
e) Il faut dessiner 4 ballons.

Page 218
1. Il faut colorier b, d, e, g, h

Page 219
2. Il faut colorier a, c, h

Page 220
3. Il faut colorier b

Page 222
4. Il faut colorier 1 partie sur 3.
5. Il faut colorier 1 partie sur 2.
6. Il faut colorier 1 partie sur 4.

Page 223
8. Non, parce que Benjamin a 2 bonbons
de plus.
9. oui, tous ont le même nombre de
bonbons.

Page 224
1. a) 10 ¢ b) 50 ¢ c) 7 ¢ d) 5 ¢ e) 3 ¢
f) 35 ¢ g) 3 $ h) 2 $ i) 41 ¢
2. a) 1 $ b) 5 ¢ c) 25 ¢ d) 1 ¢ e) 2 $ f) 10 ¢

Page 225
3. a) 5,15 $ b) 40 ¢ c) 53 ¢ d) 5 $
4. a) 22 ¢ b) 41 ¢ c) 16 ¢
5. a) 15 ¢ b) 50 ¢ c) 55 ¢ d) 24 ¢

Page 226
1. a) pelle b) masque c) ananas d) auto,
avion e) vache f) fleur, cerises

Page 227
1. a) courbe b) courbe c) courbe d) brisée
e) brisée f) brisée g) courbe h) brisée
i) courbe j) brisée k) brisée l) courbe

Page 228
1. a) fermée b) fermée c) fermée d) fermée
e) ouverte f) ouverte g) fermée h) fermée
i) ouverte j) ouverte k) fermée l) fermée

Page 229
2. a) courbe et fermée b) brisée et ouverte
c) brisée et fermée d) courbe et ouverte
e) brisée et ouverte f) brisée et fermée
g) courbe et ouverte h) courbe et fermée
i) brisée et ouverte j) courbe et fermée
k) brisée et ouverte l) courbe et ouverte

Page 232
1.

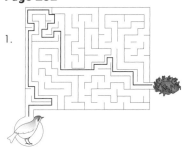

Page 233
2.

Page 234
2. a) triangle b) carré c) cercle d) rectangle
e) triangle f) rectangle

Page 240
8. a) rectangle b) triangle c) carré d) cercle
e) cercle f) triangle g) cercle h) cercle
i) triangle j) rectangle k) triangle l) rectangle

Page 241
9. a) triangle b) carré c) cercle d) carré sur
la pointe e) carré f) rectangle g) ovale
h) carré sur la pointe

Page 242
10.

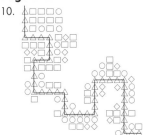

Page 243
11.

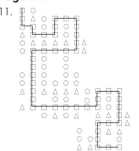

Page 244

12.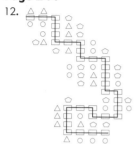

Page 246

14. a) 5 côtés b) 3 côtés c) 4 côtés
d) 4 côtés e) 4 côtés f) 6 côtés g) 3 côtés
h) 4 côtés

Page 254

19.

Page 256

21. a) 5 côtés b) 3 côtés c) 4 côtés
d) 4 côtés e) 4 côtés f) 6 côtés

Page 257

1. a) boule ou sphère b) cône c) cube
d) cylindre e) prisme à base triangulaire
f) pyramide à base carrée g) pyramide à
base triangulaire h) prisme à base carrée
i) prisme à base rectangulaire

Page 267

11. a) carré b) cercle c) rectangle d) triangle
12. a) dé b) cône c) ballon d) tente
e) rouleau de papier hygiènique

Page 268

13. a)   e)

b)   f)

c)   g)

d)   h)

Page 269

14. b

Page 270

15. a, b, d, e, g, h

Page 271

16. f, i

Page 272

17. a) 4 b) 2 c) 2 d) 4 e) 1 f) 3 g) 2

Page 273

18. a) sphère, cône b) sphères, cylindre
c) cylindres, prisme à base carrée ou à base
rectangulaire d) cube, pyramide à base
carrée e) cube

Page 274

19. a) 5 cylindres, 3 sphères, 1 prisme à
base rectangulaire b) 5 cylindres, 1 sphère,
2 cônes c) 3 cylindres, 3 pyramides, 1 cône
d) 1 sphère, 6 cônes

Page 275

20. a) 6 faces b) 3 faces c) 4 faces
d) 5 faces e) 2 faces f) 6 faces g) 5 faces
h) 6 faces

Page 276

21. a, c, i

Page 277

22. a, b, c, d, e, g, h, i

Page 278

23. a) cône b) prisme à base triangulaire
c) boule d) pyramide à base carrée e) cône
f) prisme à base carré g) cylindre h) prisme
à base rectangulaire i) prisme à base carrée
j) prisme à base carrée k) cône l) cylindre

Page 281

1. a) rectangle noir b) cerises c) flèche vers
le haut d) étoile à 8 branches
2. a) cercle noir b) ourson c) losange noir

Page 282

●■▲◆●■▲

Page 283

1. a, c
2. a, c

Page 285

1. a) 4 cm b) 6 cm c) 3 cm d) 7 cm e) 3 cm
f) 4 cm g) 6 cm h) 6 cm i) 6 cm

Page 286

2. b

Page 287

3. en bleu : guitare, brosse à dents,
marteau, livre, chien, verre, cheval
en rouge : bateau, autobus, maison

Page 288

4. 43 km

Page 289

5. d, a, e, b, c, f

Page 290

8. a) 8 cm b) 9 cm c) 4 cm d) 4 cm e) 3 cm
f) 7 cm g) 5 cm h) 6 cm i) 4 cm j) 6 cm
k) 3 cm l) 2 cm

Page 291

9. a) 3 cm b) 6 cm c) 4 cm d) 7 cm e) 8 cm
f) 5 cm
10. a) plus de un mètre b) environ un mètre
c) plus de un mètre d) moins de un mètre

Page 292

11. a) 6 cm b) 2 cm c) 9 cm d) 3 cm
e) 10 cm f) 20 cm g) 27 cm
12. a) 1 dm = 10 cm b) 1 cm < 1 m
c) 10 dm = 1 m d) 10 cm < 3 dm
e) 20 cm < 2 m e) 15 cm < 1 dm

Page 293

14. brosse à dents, marteau, fleur

Page 294

15. a) Il faut colorier 7 cases b) Il faut
colorier 5 cases c) Il faut colorier 6 cases
d) Il faut colorier 10 cases e) Il faut colorier
8 cases

Page 295

1.

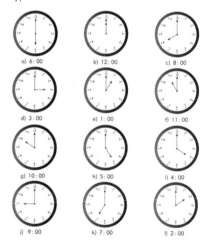

a) 6:00   b) 12:00   c) 8:00
d) 3:00   e) 1:00   f) 11:00
g) 10:00   h) 5:00   i) 4:00
j) 9:00   k) 7:00   l) 2:00

Page 296

2. a) 11 h b) 7 h c) 3 h d) 4 h e) 1 h f) midi
g) 9 h h) 8 h i) 6 h j) 5 h k) 10 h l) 2 h

Page 297

3.

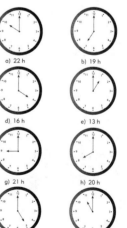

a) 22 h   b) 19 h   c) 15 h
d) 16 h   e) 13 h   f) minuit
g) 21 h   h) 20 h   i) 18 h
j) 17 h   k) 23 h   l) 14 h

Page 298

4.

a) 19 h 15 b) 9 h 15 c) 15 h 45
d) 8 h 30 e) 18 h 05 f) 4 h 25
g) 2 h 35 h) 3 h 20 i) 7 h 10
j) 5 h 15 k) 6 h 45 l) 9 h 10

Page 299

5. a) 8 h b) midi c) 10 h d) 7 h e) 2 h

Page 300

7. a) 60 b) 90 c) 120
9. a) le matin b) le soir c) midi

Page 301

1. a) 20 °C b) 15 °C c) -10 °C d) 19 °C
e) 30 °C f) -5 °C g) 2 °C h) -25 °C i) 25 °C
j) -20 °C k) 10 °C l) 35 °C

Page 302

2. thermomètre
3. short
4. a) 0 °C b) -20 °C d) 20 °C
5.

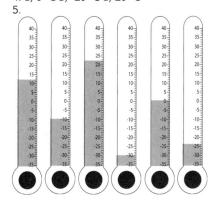

Page 303

1. a) 22 b) 26 c) 36 d) 14 e) 140 f) 58

Page 304

2. a) 44 b) 50 c) 50 d) 182 e) 38

Page 306

1. a) impossible b) réponse au choix
c) impossible d) réponse au choix

Page 307

2.

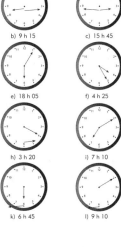

Page 307

1.

2	3	6
7	5	4
9	8	1

2.

8	5	6
1	3	9
2	7	4

Page 308

F	H	C
E	D	I
B	G	A

8	5	7
3	2	4
1	9	6

Anglais

Page 311

1. a) Wednesday b) Monday and Thursday
c) Sunday d) Saturday
2. a) Monday b) Saturday c) Sunday
d) Friday e) Tuesday f) Thursday

Page 312

3. Réponses au choix
4. Il faut passer par Sunday, Monday,
Tuesday, Wednesday, Thursday, Friday,
Saturday

Page 313

2. a) brun b) rouge c) gris d) rose e) vert
f) jaune g) vert, bleu et rouge h) brun i) gris
j) orange

Page 316

1. neck = cou, ear = oreille, leg = jambe,
arm = bras, eye = oeil, foot = pied,
hand = main

Page 317

2. Mouth = bouche; nose = nez; eyes = yeux

Page 318

1. c
2. Luc marche vers sa **house**. Il va à la
cuisine, ouvre le **fridge** et prend une **apple**.
Il la coupe avec un **knife**. Il s'assoit sur une
chair pour la manger. Oups! Il en échappe
quelques morceaux par terre. Il passe le
broom. Ouf! Le plancher est propre.

Page 319

3. Il faut colorier la maison en brun, le balai
en bleu, la table en orange, le four en vert,
la radio en gris et le couteau en mauve.

Page 320

1. a) cycling b) to play tennis c) swimming
d) gymnastic

Page 321

2. 1. Marie se prépare pour l' **school**. Elle
met ses **books** dans son **school bag**. Elle
prend le **school bus**. Arrivée à l'école, elle
entre dans sa **classroom**. Elle travaille très
fort jusqu'à la récréation. Ses **friends** et elle
iront jouer dehors!

Page 322

1. Tree, bird, flower, grass, fire, river

Page 323

1. Bicycle = vélo; boat = bateau;
plane = avion; truck = camion;
school bus = autobus scolaire; car = auto

Page 324

1. a) happy b) tired c) angry d) sad

Page 325

1. a) 8 b) 3 c) 5 d) 2 e) 6 f) 7 g) 10 h) 4 i) 9
j) 1

Page 326

2. one, two, three, four, five, six, seven,
eigth, nine, ten

Page 327

1. triangle = triangle; square = carré;
circle = cercle; rectangle = rectangle
2. Il faut colorier les carrés en rouge, les
cercles en noir, les rectangles en vert et les
triangles en orange.

Page 328

1. a) Justin est **father** de Hugo et de Julie.
b) Julie est **sister** de Hugo. c) Annie est
mother de Hugo et Julie. d) Hugo est
brother de Annie.

Page 329

2. a) mother b) brother c) father d) sister
c) mother d) sister

Page 330

1. été = summer; printemps = spring;
automne = fall; hiver = winter
2. b) summer c) winter d) spring e) fall

Page 331

4. a) winter b) spring c) fall d) summer

Page 332

a) thank you b) hello c) good evening
d) good night e) bye
2. a) thank you b) bye c) hello d) hello ou
bye e) good night f) thank you

Page 333

1. a) to eat b) to play c) to swim d) to run
e) to ride f) to smile g) to wash

Page 334

2. a) ride b) run c) smile d) play

Page 335

e) eat f) swim g) wash h) eat

Page 336

1. a) long b) big c) small d) cold e) long
f) beautiful

Page 337

g) big h) hot i) beautiful j) small k) hot

Page 338

1. Mouton = lamb ; neige = snow école =
school

Science

Page 343

L'aimant attire le trombone, les ciseaux,
l'aiguille et le clou.

Page 344

a) imperméable b) perméable
c) imperméable d) perméable
e) perméable f) imperméable
g) perméable h) perméable
i) imperméable j) imperméable
k) perméable l) perméable m) imperméable
n) perméable

Page 345

a) explosif b) corrosif c) inflammable
d) poison

Page 346

a) Les deux liquides se mélangent. b) Les
liquides ne se mélangent pas. c) Les liquides
se mélangent mais finissent par se séparer.
d) Les liquides se mélangent. e) l'huile

Page 347

a) Le sucre se dissout. b) Le sel se dissout.
c) Le riz ne se dissout pas. d) Le sucre se
dissout. e) La farine rend le liquide
blanchâtre.

Page 348

a) vivant b) non-vivant c) vivant d) vivant
e) vivant f) non-vivant g) non-vivant
h) vivant i) non-vivant j) non-vivant k) vivant
l) non-vivant m) non-vivant n) vivant

Page 349

a) carnivore b) herbivore c) insectivore
d) carnivore e) herbivore f) insectivore
g) herbovire h) carnivore i) herbivore
j) carnivore k) insectivore l) insectivore
m) carnivore n) insectivore o) herbivore

Page 350

Réponses variées

Page 351

1 : pétrissage, 2 : pointage, 3 : division,
4 : la détente, 5 : façonnage, 6 : apprêt,
7 : cuisson, 8 : sortie du four

Page 353

a) fruit b) légume c) fruit d) légume e) fruit
f) fruit g) légume h) légume i) légume j) fruit
k) fruit l) légume m) fruit n) fruit o) fruit
p) légume q) légume

Page 354

en bleu : a) b) e) f) i) k) l)
en rouge : c) d) g) h) j) m) n)

Éthique et culture religieuse

Page 358

Il faut encercler le brocoli, la bouteille d'eau,
la carotte, le maïs, la fraise, la banane et
l'ananas.

Page 359

a) étape 3 b) étape 1 c) étape 5
d) étape 2 e) étape 4

Page 364

a) La conversation b) La discussion
c) La narration d) La délibération
e) L'entrevue f) Le débat

Test final

Page 365

Test de français

1. Avenir, camion, chanson, femme, moteur,
vouloir.

2. a) Mon [amie] a mangé des [carottes]
pour [dîner].

b) Le [voyage] était long et pénible.

c) La [vache] mange de l'[herbe] dans le [pré].

3. Noms communs : amour, silence,
temps, soulier, année, aveugle
Noms propres : France, Montréal,
Angleterre, Justine, Antoine, Frédéric

4. a) un soleil b) un chat c) une souris
d) un avion e) une assiette f) une école
g) une nuit h) une étoile

5. a) jeux b) ballons c) genoux d) oiseaux
e) travaux f) sapins

6. a) petit, minuscule b) joyeux, gai c) blanc
d) beau, joli e) ennemi f) jeune

7. a) fleur b) photographe c) girafe
d) phoque

Page 366

8. a) présent b) futur c) passé

9. a) L'ours **a mangé** le miel de la ruche.
b) Quentin **téléphone** à son ami Tristan.
c) Anne-Sophie **joue** au ballon avec Maude.

10. a) **L'encre** de mon stylo a coulé sur
ma chemise. Le bateau a perdu son **ancre**.
b) J'aimerais manger des bonbons, **mais** ce
n'est pas bon pour les dents. J'ai perdu **mes**
gants préférés.

11. Lundi, mardi, mercredi, jeudi, vendredi,
samedi, dimanche.

12. Il faut encercler la citrouille, la bouteille,
la souris et le hibou.

Page 367

13. a) ba<u>te</u>au b) car<u>o</u>tte c) <u>au</u>to d) r<u>o</u>be
e) gâ<u>te</u>au f) ch<u>au</u>ssure

14. a) Félix joue au ballon. b) Marie mange
une pomme. c) Justine lit un livre.

15. a) arbuste, arboricole, arbrisseau,
arbrustif, etc. b) sportif, sportive,
sportivement, etc. c) soirée

16. Janvier, février, mars, avril, mai, juin,
juillet, août (ou aout*), septembre, octobre,
novembre, décembre

17. a) champignon b) dent c) septembre
d) absent e) gant f) blanc g) jambon
h) longtemps i) menton

18. Il faut encercler a) framboise c) cuisine
d) chemise f) maison

Page 368

Test de mathématique

1. a) > b) < c) = d) <
2. a) 84 ¢ b) 5,00 $ c) 3,15 $

3.

50	81	1	68	39	62
82	67	28	64	44	51
57	61	41	76	23	55
56	75	12	77	5	76
65	70	22	59	49	63
75	69	15	24	49	80
83	74	85	53	33	71
58	84	73	78	37	79
52	66	54	72	11	60

4. 1) foulard : 9 $ 2) t-shirt : 11 $
3) jupe : 14 $ 4) robe : 33 $ 5) tablier : 35 $
6) manteau : 70 $

Page 369

5. 7 affiches

6. 6 voitures

7. 11 ans

8. 18 gâteaux

9. a) 9 + 1 = 10 b) 6 + 6 = 12
c) 9 − 5 = 4 d) 8 − 4 = 4 e) 2 + 9 = 11
f) 7 − 5 = 2 g) 5 + 3 = 8 h) 10 − 7 = 3

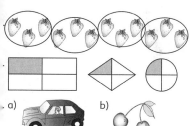

Il faut colorier 5, 9, 7, 19 33, 31

ge 370

10 **15 20 25 30** 35 **40 45 50 55 60 65** 70 **75 80 85** 90 **95**

Écris le nom des solides suivants.
a) cône b) prisme à base rectangulaire
c) prisme à base triangulaire
d) pyramide à base carrée e) cylindre
f) pyramide à base triangulaire g) cube
h) sphère i) prisme à base carrée

a) [ ] b) △
c) ○ d) [rectangle]

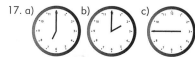

17. a) [horloge] b) [horloge] c) [horloge]

18. a) 5 °C b) -15°C c) 30 °C d) 0 °C
e) -5 °C f) -20 °C

Page 371
Test d'anglais
1. Monday, Tuesday, Wednesday, Thursday, Friday, Saturday, Sunday
2. a) yellow b) white c) red d) orange
e) blue f) black
3. a) lips or mouth b) eye c) ear d) foot
e) nose f) hand
4. a) bicycle b) car c) truck d) bus
e) plane f) boat
5. spring, summer, fall or autumn, winter
6. a) thank you b) good evening
c) good night

Page 372
Test Science et
Éthique et culture religieuse
1. Poison : Si le produit est avalé, léché ou respiré, il peut provoquer des blessures graves ou la mort.
2. girafe
3. Il faut encercler la pomme, le ballon, la paille et le bouchon de liège.
4. bottes de caoutchouc
5. Hannouka
6. La conversation, la discussion, la narration, la délibération, l'entrevue, le débat